Ik ben d'r ook nog

Voor Francis en Jan Hein

Ik ben d'r ook nog

Handleiding voor assertiviteitstraining

Jan Schouten

Thema, bedrijfswetenschappelijke en educatieve uitgeverij

© Jan Schouten 2002

'Ik ben d'r ook nog' verscheen voor het eerst bij Uitgeverij Boom, Amsterdam, Meppel.

Alle rechten voorbehouden. Niets uit deze uitgave mag worden vermenigvuldigd, opgeslagen in een geautomatiseerd gegevensbestand of openbaar gemaakt, in enige vorm of op enige wijze, hetzij elektronisch, mechanisch, door fotokopieën, opnamen of op enig andere manier, zonder voorafgaande schriftelijke toestemming van de uitgever.

Omslagontwerp: M/V Ontwerpers, Nijmegen
Grafische productie: Tailormade, Buren

ISBN 90.5871.091.2
NUR 777
TREFWOORD assertiviteitstraining

www.uitgeverijthema.nl

Inhoud

Voorwoord bij deze herziene uitgave   7

Hoe is dit boek totstandgekomen?   11

1   Eerste kennismaking met dit boek en het begrip 'assertiviteit'   15
2   Hoe komt het dat ik bang geworden ben voor mensen?   25
3   De grote lijnen van de assertiviteitstraining   34
4   Enige misverstanden over gedragstherapie en assertiviteitstraining   50
5   Het gebruik en de verdere opzet van dit hoek   55
6   Subassertief, agressief en assertief gedrag   59
7   Het doel van de assertiviteitstraining   81
8   De opzet van de assertiviteitstraining   86
9   De inhoud van de training   96
10   Trainers, deelnemers, thuisfront   114
11   Opmerkingen die van belang kunnen zijn voor deelnemers en trainers   127
12   Oefeningen en ander trainingsmateriaal   133
13   Het bijhouden van een dagboek en andere huiswerktaken   204
14   Evaluatielijst assertieve training; de Primulaschaal   213
15   De opzet van een evaluatie; evaluatie-instrumenten, literatuuroverzicht   237

Voorwoord bij deze herziene uitgave

Assertief optreden houdt in: opkomen voor je eigen mening en je gevoelens kunnen uiten zonder een ander nodeloos te kwetsen. Ik ben blij dat het woord 'assertief' in deze betekenis ingang heeft gevonden. Bovendien ben ik er trots op dat ik met dit boek – dat 25 jaar geleden (in 1977) voor het eerst verscheen – hieraan een bijdrage heb kunnen leveren.

Ik ben d'r ook nog trok al spoedig na verschijnen de aandacht van de AVRO en was aanleiding tot een televisie- en radiocursus 'assertiviteit'. Gedurende het najaar 1979 volgden honderdduizenden mensen de dertien wekelijkse televisie-uitzendingen op *prime time* en de 26 daarop aansluitende radio-uitzendingen. Boudewijn Klap, Ferry Tromp, Jan Boorsma, Ineke Hilhorst en Jan Ravenstein waren binnen de AVRO de trekkers van dit project. Dwars tegen het klimaat in, dat de wereld indertijd verdeelde in een rechts en een links kamp, brachten zij dit onderwerp vanuit een omroep die 'dat eigenlijk niet zou mogen'. Een mooie daad waar velen baat bij hebben gevonden.

Ik streef ernaar mijn boeken, ook wanneer ze voor een wetenschappelijk publiek zijn bedoeld, in begrijpelijke taal te schrijven. Wetenschappelijke verwijzingen en aantekeningen mogen in de bijlage. Even los van de vraag of ik hierin voldoende slaag, doe ik dat omdat ik meen dat een wetenschapper ook verantwoording moet afleggen aan de leek die vaak niet ingevoerd is in wetenschappelijk jargon. Deze opvatting – in Nederland sterk verwoord door mijn promotor Pieter van Strien – is vooral ook nuttig in die gevallen waarin specialistische kennis wordt toegepast bij mensen die zeer afhankelijk zijn van de betrokken specialisten. Dit is in het bijzonder het geval in de gezondheidszorg en met name bij begeleiding en therapie.

Deze overwegingen samen met mijn liefde voor de Nederlandse taal, hebben mij ertoe gebracht dit boek – meer dan 25 jaar geleden – te schrijven in de stijl die u nu aantreft.

Dat het boek in de loop der jaren zijn weg heeft gevonden bij tienduizenden 'gewone mensen' die af willen van hun subassertieve gedrag en die meer willen weten over assertiviteitstrainingen beschouw ik als een groot compliment.

De eerste periode na het verschijnen van *Ik ben d'r ook nog*, mocht ik, samen met Joke Lingsma, Tobias Mens, Boris Nelissen en Cor Visser de opgedane kennis overdragen aan honderden collega's in de geestelijk gezondheidszorg.

In 1980 beëindigde ik mijn persoonlijke psychotherapiepraktijk en heb ik mijn kennis ingebracht in Recovery en later in Schouten & Nelissen.

Het werk op het gebied van assertiviteitstrainingen is in alle Riagg's, IMP's en andere GGZ-instellingen verbeterd en aangepast; honderden collega's helpen nu jaarlijks vele duizenden mensen met hun sociale angst en subassertief gedrag.

Voor werkende mensen ontwikkelde Schouten & Nelissen in de loop der jaren een geschikte assertiviteitstraining. Met veel zorg hebben de volgende personen de training verder vormgegeven en voor duizenden werkende mensen beschikbaar gemaakt: Lex Eckhardt, Boris Nelissen, Ad Aarts, Anne Schouten, Paul Effting, Marcel van Bronswijk, Jeu Consten, Hans Elbers en Annelies Hustings. Ik ben hun en de honderden collega-assertiviteitstrainsters en -trainers, die binnen Schouten & Nelissen werken of hebben gewerkt, veel dank verschuldigd. Zij hebben – en doen dat nog steeds – op een goede manier mijn gedachtegoed overgedragen.

De rest is geschiedenis. Een geschiedenis die begon met een unieke groep mensen waaraan ik leiding mocht geven en die hun idealen vormgaven in een verantwoorde en breed toepasbare trainingsvorm. Deze groep mensen werkte een tijd lang binnen de Faculteit Bedrijfskunde van de Universiteit van Eindhoven onder de naam OOG (Organisatie Ontwikkeling en Gedragsverandering) en bestond uit Cor Visser, Jan Schouten, Carina Rosielle, Mieke Paulussen, Boris Nelissen en Max Beekers. OOG richtte zich op de menselijke kant van bedrijf en organisatie en heeft lange tijd succes gehad; tekenend voor het liberale klimaat dat in die tijd binnen Bedrijfskunde heerste. Terugkijkend stel ik vast dat ik, in die periode, alles geleerd heb wat ik nodig had om met succes Recovery en het latere Schouten & Nelissen op te richten. Ik bedank daarvoor alle toenmalige collega's, met name Henk Feitsma, Wim Monhemius, Wim de Beer en Arie Nagel. Op deze plaats wil ik vooral ook Matthe Daniels bedanken: omdat hij mij veel heeft geleerd, omdat hij deze 'vrije vogel niet heeft vernietigd' en omdat hij mij heeft gegeven waar ieder mens het meest van groeit: weerstand.

Het is lang geleden dat Carina Rosielle, vriendin, mij aanspoorde 'alles snel op papier te zetten voordat de Amerikanen vertaald zouden worden'. Er is natuurlijk ook veel gebeurd; veel collega's hebben verder gewerkt en gepubliceerd over assertiviteit. In hoofdstuk 15 staan een paar recente boektitels over dit onderwerp. Ondertussen ben ik trots en tevreden dat uitgever Thema en haar directeur Monique Lindzen het de moeite waard hebben gevonden *Ik ben d'r ook nog* opnieuw en in nieuwe vorm uit te geven. Aan de inhoud is, met uitzondering van enkele details, niets veranderd. Het is dus de originele tekst uit 1977. Ik ben benieuwd hoe dat gaat bevallen.

Tot slot nog dit. Assertiviteitstraining helpt mensen zich assertiever op te stellen in situaties waarin ze dat voorheen niet durfden als ze dat willen. Keuzevrijheid is het sleutelwoord: het gaat er uiteindelijk om dat je beseft, dat als het erop aankomt, je ervoor kunt kiezen mondig te zijn. Uitgangspunt is een wereld waarin mondigheid toegestaan is, dat wil zeggen: wordt aangemoedigd en niet wordt bestraft. En met 'bestraft' bedoel ik in dit verband: fysiek bestraft, bijvoorbeeld door het onthouden of remmen van salaris- of positieverbetering, door uitsluiting of dreiging met verlating of ontslag, of door publieke bespotting en karaktermoord.

Vrijheid is geen vanzelfsprekendheid en moet verdedigd worden. De ruimte voor het vrije woord en het daadwerkelijke recht op mondigheid zonder fysieke straf geeft hieraan concrete invulling. Daarom wil ik deze herdruk opdragen aan alle vrije geesten die de moed hebben om – al is het met zweet in de handen – ongeacht de druk van de hiërarchie, ongeacht politieke correctheid, ongeacht 'groupthinking' en ongeacht staatspropaganda op een loyale ongehoorzame wijze en vooral concreet en in de praktijk te strijden voor het vrije woord.

Jan Schouten, Zaltbommel zomer 2002

Hoe is dit boek totstandgekomen?

Van 1967 tot 1975 werkte ik aan de Technische Hogeschool te Eindhoven. Mijn werk: onderzoek en onderwijs op het gebied van de sociale psychologie van organisaties. Ik was verbonden aan de Faculteit Bedrijfskunde. Wat doet een psycholoog daar? Misschien wel wandelend in de wolken van de jaren zestig, zoals Blokker dat uitdrukt, koos ik voor de volgende taak: het bevorderen van het welzijn van de werknemers van de organisatie. Samen met de organisatieleden ontwerpt de organisatiepsycholoog taken en structuren die welzijn bevorderen. Door woord, gebaar en geschrift beweegt hij de bedrijfsleiding taken en structuren aan te brengen die welzijn bevorderen.

Dit resulteerde onder andere in een studie, waarin werd nagegaan welke nadelige gevolgen een geringe vrijheid in het werk en een autoritaire organisatiestructuur kunnen hebben voor het welzijn van de medewerkers.

Mooi zo, dacht ik even, toen *Vrijheid in het werk* was verschenen. En even later: waarom zal ik me druk maken over de vrijheid van productiewerkers, als zij dat zelf niet doen? Ik haalde me evenwel een paar (van de 72) onderzochte bedrijven voor de geest, waar ik in gesprekken met de directie het gevoel kreeg dat hun medewerkers wel mondiger zouden mogen worden. En van hun medewerkers kreeg ik te horen dat zij ook wel wat meer van zich wilden laten horen. Beide partijen deelden echter mee dat de medewerkers nauwelijks hun mond open durfden te doen. Niet zo verwonderlijk. De directeuren waren weliswaar jong en nieuw, maar de meeste medewerkers hadden hun hele werkende leven in een autoritaire sfeer doorgebracht. Zoals zo veel collega's hadden zij het daarmee, de eerste tijd, moeilijk gehad. Het was moeilijk geweest zich te schikken: om hun eigen gevoelens, ideeën, wensen en verlangens zonder commentaar ondergeschikt te maken aan die van het management. Daarna hadden ze zich aangepast. Ze hadden geleerd te luisteren. 'Platgemaakt' door een structuur die jammer genoeg in nog te veel organisaties voorkomt. Konden ze anders?

Geïnspireerd door dit soort ervaringen ontwikkelde ik het idee om systematische zelfstandigheidstrainingen voor zich democratiserende bedrijven te gaan ontwikkelen.
In het kader van mijn psychotherapie-opleidingen leerde ik Herwig Schacht kennen. Hij, Ed Klip en Leonie Fischer brachten mij op het spoor van de individuele assertiviteitstraining (AT), zoals die – in ongestructureerde vorm – binnen de gedragstherapie was ontwikkeld. Herman van Engeland aan de Universiteit van Utrecht, Alberti & Emmons in de Verenigde Staten en Rita Ullrich in München waren andere bronnen van inspiratie voor de opzet van een groepsgewijze AT voor algemeen subassertieve mensen. Deze sprong is natuurlijk minder groot dan zij lijkt: een zelfstandigheidstraining voor de werknemers zou de vorm moeten krijgen van een AT voor situationeel subassertieve mensen. Een dergelijke training vereist een grondige voorbereiding, die uitstekend te verwerven is vanuit het werk met algemeen subassertieve mensen.

Inmiddels was ik binnen de Faculteit Bedrijfskunde betrokken geraakt hij de oprichting van de Groep Organisatie Ontwikkeling en Gedragsverandering (OOG). Als een van de vele activiteiten van OOG gingen wij met de ontwikkeling van de AT aan de slag. Mieke Paulussen vertaalde en bewerkte het boekje van Alberti & Emmons *Durf nee te zeggen*: een korte handleiding voor de begeleiding van situationeel subassertieve mensen. In de loop van twee jaar werd dit boekje onder duizenden geïnteresseerde Nederlanders kosteloos door OOG en de Faculteit Bedrijfskunde verstrekt.
In 1974 verscheen bij de OOG het boek *Assertiviteit*. Dit was een handleiding voor de begeleiding van algemeen subassertieve mensen. Deze handleiding was het resultaat van mijn gemeenschappelijk werk met Mieke Paulussen en Carina Rosielle en in een latere fase: Vincent Beekers en Boris Nelissen. Het bevat een uitvoerige beschrijving van een AT plus een grondige evaluatie van twee trainingen die wij opgezet hadden.

Het boek dat nu voor u ligt is voor een belangrijk deel het resultaat van mijn samenwerking met Mieke, Carina, Vincent en Boris. Daarom zijn zij hier als medewerkers aan het boek vermeld. De bewuste handleiding raakte uitverkocht; het was bovendien aan een grondige herziening toe. Mijn ontwikkeling stond ondertussen niet stil: in telkens andere vormen begeleidde ik AT-groepen, totdat er in de loop der tijd één ontstond die mij het meest aansprak. Er ontstond een groeiende belangstelling voor de training. Ik kreeg tijd om een nieuw boek te schrijven. Allemaal motieven die er mij toe brachten dagelijks met het boek bezig te zijn, totdat het klaar was.

Een belangrijke stimulans voor het schrijven van dit boek vormde voor mij de, door vele voormalig subassertieve personen en collega's gedeelde, zekerheid dat deze training een uiterst effectief instrument vormt voor de behandeling van sociale angst.

Behalve de eerder genoemden wil ik voor hun medewerking in diverse fasen van het AT-werk danken: Bregje Arends, Marieke Heerakkers, Rendel de Jong, Arnold Goedhart, Freek Smulders, Tobias Mens, Peter van Eyk, Anja van Mierlo en Jaap Praagman. Guido Cohen, Bart van Strien, Leo Modderman, Mario Boekhoudt, Bart Luiting en Anneke Rogier dank ik voor hun voortdurende aandacht voor mijn persoon en werk. Mijn grote bewondering gaat uit naar de deelnemers aan onze trainingen. Ik heb veel plezier in mijn werk en dat dank ik voor een belangrijk deel aan hen.

Jan Schouten

PS In dit boek houd ik voor de leesbaarheid de mannelijke vorm aan als ik spreek over subassertieve mensen, cursisten, trainers et cetera. Het spreekt voor zich dat ik hiermee ook vrouwen bedoel.

1 Eerste kennismaking met dit boek en het begrip 'assertiviteit'

1 Daar zit ik dan
Ik heb mij voorgenomen nu te beginnen met dit boek. Maar mijn hoofd staat er niet naar. Griesje is weggelopen. De kat is in behandeling voor een formidabele wond aan zijn hoofd. Iedere ochtend komt een vriendin het katertje verzorgen. Hij maakte het steeds beter. Griesje liep met een beschermingskapje om zijn kop. Zo'n omgekeerde trechter, zodat hij zich niet verder kan maltraiteren. 'Deuren dicht', had Malou – de vriendin – gezegd, 'want hij ziet zo bijna niets en buiten is hij volkomen weerloos tegen auto's en andere boze beesten.' 'Goed Malou.'
Maar nu is hij weg. Ik kwam beneden. Deur wagenwijd open. Verdwenen. 'Griesje is weg', zei Jan Hein, mijn zoontje. En toen ik doorvroeg: 'Hij zat zo te mauwen. Hij wilde eruit. Ik vind het niet leuk als de poes opgesloten is.' Het schoot me te binnen dat ik hem juist de vorige dag uitvoerig had uitgelegd, waarom Griesje binnen moest blijven. Dat ik dat beter vond en dat ik het daarom wilde. Maar daar staat mijn vijfjarige zoontje tegenover me: 'Ik heb hem eruit gelaten.' His beautiful brown eyes full of determination. Hij ging verder met timmeren.
Ik heb de politie gebeld, een mevrouw van de dierenbescherming, het asiel. Verder Flosje, mijn andere poes, opdracht gegeven zijn vriendje te zoeken. Zelf heb ik regelmatig een rondje gemaakt langs achtertuinen en straten in de buurt. Aangebeld bij de buren links en rechts. Bij een akelige meneer langs geweest, die Griesje al eens in elkaar geslagen heeft. Hetzelfde gedaan bij een mevrouw vijf huizen achter, die stukken glas rond haar erf strooit tegen katten. Ten slotte ben ik langs geweest bij een echtpaar dat geregeld mijn poezen 'wast': met een volle emmer water vanuit het raam van de eerste verdieping.
Geen Griesje. Misschien komt hij vannacht wel uit zichzelf terug.

2   Feest!
Het katertje is gisteren om 23.56 uur binnengelopen.

3   Jan Hein door de bocht
Ik ga nog eens terug naar gisteren. Ben ik lastige situaties tegengekomen? Reken maar. Jan Hein ook. Zijn vader had hem duidelijk te verstaan gegeven dat hij Griesje binnen moest houden. Jan Hein vindt het daarentegen vervelend om de kat op te sluiten en wil Griesje eruit laten. Voor Jan Hein ontstaat een conflictsituatie:

'Jan Hein, jij moet ◄──────► 'Ik wil Griesje eruit laten.'
Griesje binnen houden.'

U weet nu wat Jan Hein deed: wat hij zelf wilde. Toen zijn vader hem dat vroeg zei hij waar het op neer kwam. Zonder verontschuldiging. Afwachtend kijken wat ik zou doen; vriendelijk, maar vastbesloten. Deze gedragsvorm wordt in dit boek *assertief gedrag* genoemd.
Jan Hein had ook anders kunnen reageren: hij had zich *subassertief* kunnen gedragen. In dat geval had hij, tegen zijn eigen mening in, de deur stijf dicht gehouden, bang voor de eventuele reactie van zijn vader als hij Griesje er toch uit had gelaten. En verder had hij misschien stilletjes verdrietig zitten wezen om dat arme zielige poesje dat opgesloten is en niet naar buiten mag.
De jongen had ook woedend kunnen worden. Hij had dan de kat en deur een trap gegeven en zijn vader kunnen uitschelden. Ook deze niet-constructieve vorm van *agressief gedrag* had tot de mogelijkheden behoord.

Ook de heer Peters en zijn vrouw verkeren in een dergelijke conflictsituatie. Zij dineren in een restaurant. De heer Peters heeft een licht gebraden biefstuk besteld, maar als die wordt opgediend blijkt hij, tegen de order in, verre van mals. Peters probeert nog even: het vlees is zo taai als een leren zool. Hij kan nu op een assertieve, subassertieve of agressieve manier optreden:
Subassertief: de heer Peters moppert tegen zijn vrouw over de

aangebrande biefstuk. Stilletjes mompelt hij: 'Hier ga ik nooit meer naar toe.' Hij zegt niets tegen de serveerster. Hij antwoordt 'prima' op haar vraag of alles naar wens is. Zijn diner en zijn avond verlopen zeer onbevredigend. Hij voel zich schuldig omdat hij niets ondernomen heeft. Het zelfrespect van Peters heeft een deuk gekregen. Zijn vrouw beschouwt hem als een slappeling – denkt hij. Misschien denkt zij dat ook van hem.

Assertief: de heer Peters wenkt de serveerster naar zijn tafel. Hij kijkt haar rustig aan en zegt dat hij een licht gebraden biefstuk had besteld. Vervolgens laat hij haar het door-en-door-gebraden vlees zien en eventueel proeven en verzoekt haar vriendelijk maar vastbesloten de biefstuk terug te nemen en te vervangen voor het licht gebraden stuk vlees dat hij had besteld. Het meisje verontschuldigt zich voor de vergissing en komt met een malse biefstuk terug. Het echtpaar Peters geniet van hun eten en de heer Peters is tevreden met zichzelf.

Agressief: rood aangelopen van woede roept Peters de serveerster naar zijn tafel. Hij geeft haar luidruchtig een uitbrander: 'Wat is dat hier voor een zaak!' Zijn handelswijze maakt het meisje belachelijk en brengt mevrouw Peters in verlegenheid. Hij vraagt en krijgt nu de biefstuk zoals hij hem wilde hebben. Hij vindt dat hij de situatie in de hand heeft, maar de verwarring van mevrouw Peters veroorzaakt wrijving tussen hen en bederft de avond. De serveerster is vernederd, boos en uit het veld geslagen.

4 Waar gaat dit boek over?

Hoe vaak komt u hem tegen: de geremde zich aanpassende persoon, die het moeilijk vindt voor zijn eigen rechten op te komen, uiting te geven aan zijn gevoelens, verlangens, verwachtingen en meningen en die bang is voor mensen? Deze vorm van gedrag, waarin (dreigende) intermenselijke conflictsituaties worden vermeden, wordt in dit boek aangeduid als *subassertief.* Gedrag waaruit blijkt dat men voor zijn rechten opkomt en zijn gevoelens en gedachten uit, wordt *assertief* genoemd, in het besef dat ook andere aanduidingen mogelijk zijn: onafhankelijk, zelfstandig, niet-toegevend of confronterend gedrag. Deze termen dekken de lading echter niet volledig.

Personen die in veel – of enkele belangrijke – situaties subassertief gedrag vertonen, beschouwen dit vaak als een hinderlijk gedragstekort. Neem bijvoorbeeld de werknemer die merkt dat hij in zijn organisatie geen gebruik durft te maken van zijn rechten. Of de vrouw die in alle mogelijke situaties, tegen haar eigen gevoel in, toegeeft aan de dwingelandij van haar dominerende man. Of de mensen die, uit angst voor afwijzing, niet de weg durven vragen of zich in winkels laten afschepen met producten van slechte kwaliteit. Subassertieve mensen – mensen die in betrekkelijk veel situaties subassertief gedrag vertonen – kunnen, als zij dat willen, bij de overwinning van hun gedragstekort worden geholpen door het volgen van een *assertiviteitstraining* (AT).
Een assertiviteitstraining (AT) is een training voor de behandeling van sociale angst. Het is een methode die in de handen van een bekwaam trainer, subassertieve mensen leert om in tal van sociale situaties in plaats van angstig en onderdanig, assertief op te treden. Dit boek is een handleiding voor het geven van assertiviteitstrainingen.

5 Zijn dit lastige situaties?

Er kunnen zich in de loop van de dag vervelende situaties voordoen. Situaties waarin u zich gespannen, geïrriteerd, verlegen, gekwetst, bedonderd of gewoon niet prettig voelt; of waarvan u pijn in uw buik krijgt als u er alleen al aan denkt. Ik geef een paar voorbeelden. Misschien gaan ze niet allemaal voor u op, maar misschien wel voor mensen die u kent.

• U staat in een rij al een tijdje geduldig te wachten op uw beurt. Iemand kruipt voor.
• U loopt door het centrum van de stad. Het is druk. Wat is uw gewoonte: loopt u ook wel eens door tegemoetkomende groepen heen? Of is het uw gewoonte om uit te wijken, zodat u als het ware door de straat slalomt? Hoe voelt u zich daarbij?
• Na een drukke werkdag bent u neergestreken in een café. Even rustig een krantje lezen. Wat doet u met de praatgrage collega die u daarbij komt storen?

- Morgen moet u met een collega een zware klus uitvoeren. In het verleden rookte hij dan lekker een sigaretje en liet u het werk doen. Gebeurt dat morgen ook?
- Zaterdag een nieuwe broek kopen. Komt u terug met de broek die u, of met de broek die de verkoper mooi vindt?
- Vanavond een feestje bij De Deckere. Er zullen wel weer veel vreemden zijn. Leuk? Niet leuk?
- Wat te doen met de nieuwe sjaal die u gisteren gekocht hebt en waarin zojuist een gat is gevallen?
- U bent helemaal op. Vanavond wilt u 'voor de tv hangen'. Een goed glas wijn. Even lekker niks. Uw vrouw staat u echter al bij de deur in sportkleren op te wachten. Onverwachte verrassing: zij wil samen met u nog even een partijtje tennissen. En vanavond gezellig uit, zegt ze. Dat is nu al de derde keer deze week dat zij iets wil dat u helemaal niet ziet zitten.

6 Doe het zelf

Stel dat u gewend bent uw eigen problemen op te lossen; en dat u dat goed lukt. Toch hebt u de indruk dat u soms wel wat assertiever zou kunnen optreden. Een handige methode om uzelf te helpen, is het bijhouden van een dagboek. U legt daarin vast welke situaties u moeilijk afgaan. Ten slotte kunt u proberen uw probleem zelf op te lossen: door na te denken wat u anders had kunnen doen; daarover met anderen te praten; of te kijken hoe anderen het in een lastige situatie ervan afbrengen. Als de situatie nog eens voorkomt – bijvoorbeeld doordat u die bewust opzoekt – probeert u het anders en beter. De meeste mensen leren al doende, steeds met schade en schande wijzer wordend.

Voor het bijhouden van het dagboek kunt u gebruikmaken van onderstaande vragen. In assertieve trainingen waarin met het dagboek wordt gewerkt, vraagt de trainer aan de deelnemers het dagboek dagelijks bij te houden. Na iedere dag schrijven de deelnemers op, welke sociale situaties ze moeilijk vonden. Vervolgens beantwoorden ze zo scherp mogelijk de onderstaande vragen:

Wat was de situatie?	Wat gebeurde er? Wanneer? Waar? Wie waren er bij? Hebt u dit al eerder meegemaakt?
Wat deed u zelf?	Wat deed u? Wat zei u? Wat dacht u? Wat voelde u? Wat was uw houding?
Wat waren de gevolgen?	Voor uzelf? Voor anderen?

In de assertiviteitstrainingen die ik gaf gebruikte ik voorgedrukte formulieren met daarop schema's zoals op pagina 21. Het daarin opgenomen voorbeeld spreekt voor zichzelf.

Met behulp van dit schema kunt u zelf uw eigen subassertieve gedrag ontleden; een andere en assertieve opstelling kiezen en die dan een volgende keer in praktijk brengen. Ook kunt u, als u uzelf verder wilt en kunt helpen, proberen de AT, of delen daarvan, alleen uit te voeren.

7   Zo gemakkelijk is het niet voor veel mensen
Dat klopt. Als dat zo zou zijn, zou ik nu kunnen ophouden, mijn studeerkamer verlaten en iets anders plezierigs kunnen gaan doen. Dit boek zou ik dan nu kunnen afsluiten. Het boek zou een boekje zijn, dunner en vooral ook goedkoper. En u: u zou doorgaan met wat u altijd al gedaan hebt: zelf uw problemen oplossen zonder de begeleiding van een derde.
Er zijn nogal wat mensen die zich in zoveel situaties subassertief gedragen, dat je hen haast subassertief zou gaan noemen. Juist omdat zij subassertief 'zijn', komen zij er niet toe of slagen er niet in, alleen hun eigen gedrag te veranderen. Bijvoorbeeld: om een volgende keer rustig op de vaag bekende buurvrouw af te stappen moet je wel wat in je mars hebben. Je moet dan in staat zijn de bij je

opkomende spanningen onder controle te krijgen. Een subassertief iemand echter, heeft juist moeite om rustig te blijven of zichzelf rustig te maken. Als je op de buurvrouw afstapt moet je jezelf bovendien een houding weten te geven. Haar rustig aankijken. Vriendelijk goedendag zeggen. Een praatje aanknopen. Eventueel de buurvrouw voor een kopje thee uitnodigen. Maar een subassertief persoon heeft juist geleerd deze situatie te vermijden. Vaak kan hij een ander niet kalm aankijken, maar slaat zijn ogen neer of kijkt weg. Hij heeft niet geleerd hoe je dat praatje kunt beginnen en hoe je er een einde aan kunt maken. In ieder geval is hij bang voor deze situaties en gaat het het liefst uit de weg.

De subassertieve persoon zit als het ware vast: hij wil wel veranderen, maar zijn subassertieve gewoontes maken het hem onmogelijk dat zelf, zonder begeleiding, te doen. Daarom is het verstandig als hij begeleiding zoekt en zich aanmeldt voor een assertiviteitstraining.

Situatie

Ik liep gisteren om vier uur over de stoep naar huis, door een straat met aan beide zijden huizen. Er was verder niemand in de buurt, behalve dan één persoon die me in de verte over dezelfde stoep tegemoetkwam. Toen die op ongeveer vijftig meter was, herkende ik de mevrouw die vijf huizen van me vandaan woont. Ik ken haar wel van gezicht, maar we hebben nog nooit een woord met elkaar gewisseld. Zo lopen we elkaar tegemoet. Dit soort situaties ken ik van vroeger.

Wat doe ik zelf?

Ik voelde me meteen gespannen raken, toen ik zag wie het was. Ik voelde mijn knokkels spannen om het hengsel van de tas; ik begon te zweten. Wat een raar gevoel in mijn maag!
Ik dacht jeminee, wat moet ik tegen haar zeggen. Moet ik groeten? Als eerste? Of wachten? Maar ik ken haar niet. Misschien groet ze helemaal niet terug! Misschien begint ze wel een praatje? Wat moet ik zeggen? Hoe kom ik hieruit.

Hoewel ze nog erg ver was, durfde ik niet haar richting uit te kijken. Soms deed ik even alsof, maar dan keek ik over haar rechterschouder de ruimte in. Meestal waren mijn ogen neergeslagen. Ik zag niet zoveel meer. Ik stopte. Deed of ik wat in mijn tas zocht. Zonder in de richting van de naderende persoon te kijken stak ik de straat over. Ben daar bij de bakker binnengegaan en heb in mijn verwarring iets overbodigs gekocht.

Wat waren de gevolgen?

Ik voelde me bezopen, waardeloos.
Ik kwam te laat thuis, mijn kinderen hadden voor een toedeur gestaan.
Ik werd kribbig ten opzichte van de jongens; zij bleven de rest van de middag en avond jengelig.
Wat moet ik in hemelsnaam doen wanneer ik mevrouw X nog eens tegenkom? Als ik daaraan denk voel ik me weer gespannen worden.

8 Wat voelt een 'subassertief persoon'?

In mijn praktijk merkte ik vaak dat mensen zich moeilijk kunnen inleven in de gemoedstoestand van een subassertief persoon. Dat kan erg lastig zijn voor een deelnemer aan een AT. Hij heeft dan nogal eens het idee dat anderen hem niet begrijpen en hem ineens als 'abnormaal' gaan zien.
Als ik dat merkte maakte ik daar meteen een einde aan. Niet door te praten, maar door degene die zich begrijpelijkerwijs moeilijk kan inleven in wat een 'subassertief persoon' beleeft, wat te laten ervaren. Op kennismakingsavonden met partners en kennissen van de deelnemers aan een AT, laste ik wel eens een of meer van de volgende situaties in:
Stilte: 'Zo aan het begin van de avond zullen sommigen van u er misschien behoefte aan hebben de gedachten te ordenen. Ik stel voor om nu even een minuut stil te zijn. Ik waarschuw wel wanneer de tijd om is. We beginnen ... nu.'
Handvast-aankijken: 'Vaak is het moeilijk in te voelen met welke spanningen contact gepaard kan gaan. Toch is het prettig als wij hier vanavond op één golflengte zitten. We moeten oppassen de wereld te

verdelen in normaal-abnormaal of gezond-ziek. Dus laten we maar eens zien wat er gebeurt als we contact met elkaar maken (...) Geef uw buurman de hand en kijk hem of haar rustig in de ogen. We doen dat een halve minuut. Als iedereen begrijpt wat ik bedoel kunnen we nu beginnen.'

Verkeerd verhaal: Ik kondig aan, uiteen te zetten wat ik onder assertiviteit versta. Vervolgens begin ik aan een niet-ter-zake-doendespeech. Ik lees bijvoorbeeld een handleiding voor van een wasmachine of een menukaart of het hoofdartikel van een krant; en wacht tot er tegengas komt. Ook spannend om zelf te doen.

Tijdens zo'n AT-contactavond worden de ervaringen van de aanwezigen verder doorgesproken: wat is er ervaren? Wilde men meedoen? Zo nee: waarom toch gedaan wat ik wilde?
Als u moeite hebt om in te voelen wat sociale angst is, kunt u een of meer van deze oefeningen eens meemaken of uitvoeren. Ook kunt u het huiswerk dat verbonden is aan de AT zelf uitvoeren. Daarna praten wij verder.

9 Niet-angstige mensen en hun ervaringen

Ik denk overigens dat vrijwel iedereen, ook al is men over het algemeen tevreden over zijn sociale contacten, zal toegeven dat hij ook wel moeilijke situaties kent. Dat bleek bijvoorbeeld tijdens een demonstratie in een AT voor studenten van de Universiteit van Utrecht. Over het algemeen assertieve jongens en meisjes. Ik vroeg hun: 'Ken je situaties waarin je je subassertief opstelt? Zo ja: welke?'
Hieronder vat ik de antwoorden samen:
- 'Als iemand me afkeurend benadert, kritiek op me heeft, verstijf ik en voel ik me helemaal leeg van binnen.'
- 'Ik ben erachter gekomen dat ik het moeilijk vind mijn wensen en verlangens te uiten ten opzichte van mensen die ik graag mag. Ik ben dan bang dat ik het gunstige beeld dat zij van mij hebben zal verstoren.'
- '(...) als het stil is in een groep en ik ook stil ben.'

- 'Ik kan niet gewoon gezellig een gesprek voeren; dat maakt mij gespannen.'
- 'Ik vind het moeilijk met vreemden in contact te komen.'
- 'Ik pas mezelf aan bij de groep, ook al wil ik iets zeggen of doen dat tegen de groep in gaat.'
- 'Ik kan mijn eigen mening niet overtuigend brengen.'
- 'Ik ben verontschuldigend verlegen ten opzichte van gezagsfiguren.'

U kunt dit lijstje zelf eventueel aanvullen.

10 Dit is geen doe-het-zelfboek

Dit boek bevat een handleiding waarin bekwame trainers, een model vinden voor een praktische en doeltreffende behandeling van sociale angst. Subassertieve mensen kunnen hierin lezen hoe een AT in elkaar zit en kunnen op grond daarvan besluiten een AT te gaan volgen. Deelnemers aan een AT kunnen de handleiding als werkboek gebruiken. Voor hen, de trainers van assertiviteitstrainingen en de deelnemers, is dit boek in de eerste plaats geschreven.

Voor mensen die ik nu niet genoemd heb: als u dit boek gelezen hebt en de strekking ervan in uw achterhoofd houdt, kunt u misschien subassertieve mensen op het idee brengen, dat er voor de behandeling van hun klacht een gerichte therapie bestaat. Misschien wilt u zich ontwikkelen tot een trainer van groepen die een AT volgen? Lees dan paragraaf 27.

2 Hoe komt het dat ik bang geworden ben voor mensen?

11 'Het zit nu eenmaal in mijn karakter; er is toch niets aan te doen.'

Een subassertief persoon – iemand die in betrekkelijk veel situaties subassertief gedrag vertoont – weet uit ervaring dat praten niet helpt. Een goed gesprek is wel fijn, maar het helpt hem niet de dingen te gaan doen die hij altijd vermeden heeft. De subassertieve persoon weet dat *doen* de oplossing vormt. En als hij dat niet weet, dan wordt hem dat wel gezegd door zijn vrienden: 'Gewoon doen, joh.' Dat is onplezierig voor de subassertieve persoon, want hij is er juist erg bang voor om 'het gewoon maar te doen'. 'Het lukt me toch niet.' En dat zegt hij niet alleen op grond van zijn angst, maar ook omdat hij in de regel niet weet hoe en wat hij zou moeten doen. De subassertieve persoon vermijdt daarom veel situaties en iedere keer wordt het dan weer moeilijker om die situaties niet te vermijden. Vermijden doet lijden: zijn angst voor die situaties neemt toe.

Omdat hij merkt dat hem veel dingen niet lukken die hij wel graag zou willen doen, heeft de subassertieve persoon een lage dunk van zichzelf. Vaak hoor je dan: 'Ik heb een minderwaardigheidscomplex; ik ben niets waard.' 'Het zit nu eenmaal in mijn karakter, er is toch niets aan te doen.' 'Dat zit in me; ik heb dat hij mijn geboorte meegekregen: mijn vader was net zo en mijn broers ook.'
Is dat waar? Kun je subassertief 'zijn' door geboorte? Volgens mij is dat onzin: subassertief gedrag is geleerd. Sociale angst is geleerde angst. Kan angst dan geleerd worden?
Vraagt u zich bijvoorbeeld wel eens af waarom kinderen bang zijn voor onweer? Er is ongetwijfeld sprake van een primitief soort schrik: de donder is een plotseling hard geluid; de bliksem een plotseling fel licht. Het wordt op klaarlichte dag plotseling pikkedonker en het begint te waaien. Om die schrik gaat het niet: kinderen schrikken wel meer.

De vraag is echter wat er gebeurt als het voor de tweede, derde, zoveelste keer onweert. Sommige kinderen tekenen rustig door. Ze stellen vragen: hoe komt dat nu? Wanneer houdt het op: ik wil doorspelen. Andere kinderen beginnen te huilen, kruipen bij hun ouders in bed, sluiten de gordijnen of verschuilen zich onder de tafel. Hoe komt dat? Ik geef twee mogelijkheden:
1 Uit onderzoek blijkt dat mensen kunnen leren in een bepaalde situatie angstig te worden, doordat zij het angstige gevoel van iemand die belangrijk voor hen is overnemen. Als een moeder onrustig wordt tijdens onweer, is er een grote kans dat haar kind die spanning overneemt en ook onrustig wordt, ook op het moment dat de moeder er niet bij is.
2 Als de angst of spanning beloond wordt, is de kans groot dat die de volgende keer in versterkte mate terugkeert. Als een kind eenmaal gespannen is, kan de moeder haar of hem knuffelen; een koekje geven als het onder de tafel zit, of het huilende kind bij zich in bed nemen.

Dát een kind huilt, in een hoek wegkruipt, et cetera kan het weer van zijn ouders geleerd hebben. Een kind leert dat te doen door het voorbeeld te volgen van bijvoorbeeld een angstige moeder. Zeker als een kind ziet dat het gedrag van de moeder ertoe leidt dat zij door haar man extra verwend wordt.
Een kind kan dus leren bang voor onweer te worden doordat het de angst van een ouder overneemt. Het kan het voorbeeld volgen van de ouder en zich angstig gaan gedragen. De angst voor onweer houdt met name stand als een angstig kind daarvoor beloond wordt. Een grote kans dat het kind later als volwassene een hartgrondige angst voor onweer heeft: en dat haar of zijn kinderen dat ook hebben. Vraagt háár kind aan haar: 'Mama, waarom ben jij bang voor onweer?'

Moeder: 'Nou, dat heb ik bij mijn geboorte meegekregen.'
Kind: 'Ja maar, hoe is dat dan gekomen?'

Moeder: 'Dat zit er nu eenmaal in. Ik denk dat jouw zusjes en broertjes het daarom ook hebben.'

Zo zit dat dus *niet* in elkaar. Angst voor onweer is geleerde angst, zoals ook sociale angst geleerd is. Waar het om gaat is: die angst af te leren en leren je assertief op te stellen.

12 'Ik ben subassertief omdat ik een minderwaardigheidscomplex heb.'

De subassertieve persoon heeft als regel een machtige medestander in zijn begrijpelijke weerstand tegen verandering: het zogenaamde minderwaardigheidscomplex.

Vincent: 'Zoals ik je net al zei, denk ik dat het aan mijn karakter ligt. Ik geloof niet dat dat te veranderen is.'
Rick: 'Je bent bang dat je hier niet geholpen kunt worden.'
Vincent: 'Mensen kunnen niet veranderen. Ik heb dit altijd al gehad. Ik heb altijd al een minderwaardigheidscomplex gehad ... Ik ben subassertief en bang voor mensen omdat ik een minderwaardigheidscomplex heb.'

Wat is dan dat minderwaardigheidscomplex? In dit typische gesprek, waarin Vincent zijn angst uitspreekt of het ooit nog wel goed zal komen, gebruikt hij woorden die niets zeggen. Ze zeggen hem zelf ook niet veel. Alleen: door die woorden te gebruiken plaatst hij zichzelf in een patstelling: een minderwaardigheidscomplex heb je of heb je niet, nietwaar?! Tegenwoordig mag je dat hebben. En omdat zo langzamerhand iedereen is opgegroeid in dat maffe freudiaanse aftreksel, dat zegt dat mensen vaste onveranderlijke karaktertrekken hebben, bestaat het gevaar dat Vincent gaat denken dat hij helemaal niet hoeft te veranderen. Of, wat minstens even erg is: niet mag veranderen en de rest van zijn leven maar – met onnodige pijn in de buik – moet leren zichzelf te accepteren zoals hij 'is'. Arme Vincent? Nee. In de verdere gesprekken komt naar voren dat wat Vincent een minderwaardigheidscomplex noemt, iets tastbaars, iets verander-

baars is. Het verloop van deze gesprekken kan als volgt worden geschetst:
- 'Ik heb een minderwaardigheidscomplex. Dat is een vaste onveranderlijke trek van mijn karakter.'
- 'Ik voel me minderwaardig. Ik vind dat ik de moeite niet waard ben.'
- 'Maar is het nu zo dat ik me altijd en overal en in alle situaties minderwaardig voel? Nee, want toen ik twee dagen geleden klaar was met het timmeren van de keuken, was ik nog tevreden over mezelf. En zo ken ik nog een paar voorbeelden, ook van contacten met andere mensen.'
- 'Het is misschien de moeite waard om eens te kijken in welke concrete situaties ik mezelf de moeite niet waard vind. En in welke ik tevreden over mezelf ben.'
- 'Oh, oh, dat is moeilijk. Wat een waslijst van rotsituaties.'
 (Vincent heeft, na een reeks voorbereidende gesprekken, geïnventariseerd welke situaties hem gemakkelijk en welke hem moeilijk afgaan.)

Als iemand zegt: ik heb een minderwaardigheidscomplex, dan geeft hij zichzelf een slecht cijfer voor *alles* wat hij deed, doet en zal doen. Met dat slechte cijfer is niets te beginnen. Het is beter om vast te stellen op welke concreet gedrag en in welke concrete situaties die beoordeling is gebaseerd. De vraag is dan niet: hoe kom ik van het minderwaardigheidscomplex af? De vraag is: hoe kan ik leren om in die en die situaties (en situaties die daarop lijken) in plaats van subassertief, assertief op te treden?
Nu eerst de vraag: hoe komt de subassertieve persoon aan zijn lastige gedragstekort?

13 'Ik was als kind al verlegen.'
Dit hoor je subassertieve personen vaak zeggen. Ouders en partners bevestigen het beeld: hij was altijd al schuw, stil en op de achtergrond. Op feestjes durfde hij nooit meisjes te vragen met hem te dansen. Hij speelde meestal alleen. In de klas deed hij zijn mond

alleen open als hem iets gevraagd werd. Hij stond vaak met zijn mond vol tanden. Hij had weinig vriendjes. Hij hing er een beetje bij. Een stil kind kan natuurlijk ook heel gelukkig zijn. Maar waar het hier om gaat is dat de subassertieve personen die ik ontmoet, vrijwel altijd vertellen dat ze last hadden van hun teruggetrokken gedrag. Hun terughoudendheid was uit nood geboren. Ze waren bang en durfden zich niet te laten kennen.

14 Veel moeten, weinig mogen, mond houden

Een ander opvallend kenmerk is dat vele subassertieve personen in hun jeugd door een of beide ouders op een of andere manier zijn 'platgeslagen'. Die ouders gaven hun kinderen een – wat ik zou willen noemen – 'apenliefde': volstoppen en 'platdrukken'. Conflictsituaties komen aan de lopende band voor tussen mensen; zo ook tussen kinderen en hun ouders. Ik denk dat iedereen daar wel voorbeelden van kent. Hier moet u het woord conflict niet verwarren met ruzie. Ik gebruik het in een neutrale betekenis, namelijk als een verschil tussen twee of meer mensen in wat men wil, voelt, denkt of in de manier waarop men de wereld beziet. Dit soort conflicten zijn er legio. De belangrijke vraag is natuurlijk hoe zij worden opgelost.

Vader/moeder	Conflict	Kind
Heeft een oordeel A.		Heeft een oordeel B.
Geeft een opdracht X.		Wil Y, niet X.
Ziet de wereld op manier O.		Beziet de wereld als P.
Verbiedt M.		Doet M.

In gezinnen waar 'platslaan' gebruikelijk is, zijn de ouders voortdurend aan de winnende hand. Als het kind iets wil, voelt, denkt of doet dat verschilt van wat de ouders willen, voelen of denken, wordt het op zodanige manier beïnvloed of 'platgeslagen', totdat het openlijk zegt of doet wat de ouders goed vinden. Dat beïnvloeden gebeurt met straf. Soms wordt er zelfs letterlijk (plat)geslagen. Vaak wordt fysiek geweld gebruikt in de vorm van vrijheidsstraf of het intrekken van zakgeld en andere faciliteiten waardoor het kind niet kan doen wat het wil. Een andere manier van straffen is het kind zich schuldig laten voelen, door als ouder verdrietig te worden of 'zielig te doen'. In deze situatie straft het kind zichzelf met schuldgevoel.

In dit soort gezinnen leert het kind af uit te komen voor wat het vindt en wil; het leert af assertief te zijn.

15 Onderhandelen is de basis van een assertieve opstelling

Bij de assertieve personen die ik ontmoet, valt me op dat conflicten thuis op een andere manier werden of worden opgelost. Als er conflictsituaties optreden, wordt – om te beginnen – het kind geprezen omdat het voor zijn eigen mening of wil opkomt. Vervolgens ontstaat er een onderhandelingssituatie, een onderhandeling op basis van gelijkwaardigheid:

- Spontaan en zonder angst doen kind en ouder elk hun eigen zegje; ze streven ernaar om voor de ander zo duidelijk mogelijk te maken wat men wil en ook de ander zo goed mogelijk te begrijpen.
- Beide partijen accepteren dat de ander ergens anders over denkt, conflicten zijn heel gewoon.
- Beide partijen zien conflictsituaties als een gemeenschappelijk probleem dat, als zij dat willen, ook kan worden opgelost; zij zien de onderhandeling kalm tegemoet, omdat zij al eerder hebben ervaren dat deze een voor beide partijen positief resultaat kan opleveren.
- Beide partijen raken aan de praat; ouder noch kind verliest uit het oog wat het *zelf* wil, denkt, vindt of voelt; men luistert naar elkaar en vindt een oplossing die beiden bevredigt.

Het kost vrijwel alle gezinnen veel aandacht en moeite, om met elkaar deze gezonde manier van een conflict oplossen te leren. Het blijkt vaak te lukken. Het probleem voor de subassertieve persoon is echter dat hij deze vorm van omgang met andere mensen nooit heeft geleerd. In plaats daarvan wordt hij angstig bij de gedachte een afwijkende mening te moeten uiten. Hij heeft nooit geleerd hoe hij conflictsituaties kan hanteren. Hij houdt liever zijn mond. Evenals het verwende kind, dat evenmin geleerd heeft te onderhandelen, gaat hij met een grote handicap het leven in. Het hoeft gelukkig niet blijvend te zijn.

16 Ook als een kind niet wordt 'platgeslagen', kan het zich subassertief gaan gedragen
Dat gebeurt bijvoorbeeld als zijn ouders een erg teruggetrokken bestaan leiden: er is weinig aanloop, het huis staat wat afgelegen. Veel vriendjes komen ook al niet over de vloer. De ouders ontvangen weinig mensen; vader en moeder zijn zelf ook wat schuw. En er wordt weinig met elkaar gepraat.
In een dergelijke situatie komt een kind te weinig aan onderhandelen toe. Het ziet te weinig mensen. Het is te weinig betrokken in conflictsituaties en ziet ook te weinig voorbeelden van hoe je daarmee om kunt gaan.
Dit gebrek aan ervaring is niet zo pijnlijk als het kind ook later in dezelfde beschermende omgeving kan doorleven. Angst, gevoelens van minderwaardigheid, een subassertief gedrags- en belevingspatroon ontstaan in de regel pas als de omstandigheden zich wijzigen:
- Als het kind gaat werken in een heel andere omgeving waar hij met vele andere mensen moet omgaan en samenwerken.
- Als een zoon of dochter zelf een vaste relatie aan wil gaan met een ander. 'Hoe moet ik een meisje versieren?' 'Hoe moet ik een jongen aan de haak te slaan?' 'Waar vind ik hem of haar?'
- Als een zoon of dochter van een beschermde, bekende en veilige plek verhuist naar een onbekende omgeving. Als extreem voorbeeld noem ik de boerenzoon, die lang bij zijn ouders heeft gewoond, maar nu naar de stad moet, omdat nu ook zijn moeder gestorven is.

17 Kerk, school, werk en gezin

Als ik kijk naar wat er in gezinnen, in het onderwijs en op het werk gebeurt, kom ik tot de conclusie dat assertief gedrag vaak op elk van deze drie terreinen in de kiem wordt gesmoord. Daar komt bij dat ook vele kerkgenootschappen in hun diensten de uiting van gevoelens afremmen. Koele, overrationele en geremde geloofsverkondigers hebben de neiging hun eigen persoonlijke gebrek als hoogste goed te beschouwen. Over hun geremdheid en angst om de hogere of hoogste tegen de haren in te strijken, hoor je niet veel; wel over de deugden van nederigheid en zelfverloochening in relatie tot anderen.

Over het 'platmaken' in het gezin heb ik al gesproken: het is niet de enige bron van sociale angst – gebrek aan voorbeelden en oefenmogelijkheden is een andere – maar het komt wel vaak voor. In het gezin waar de 'apenliefde' troef is, wordt het kind direct gecorrigeerd als het voor zijn rechten wil opkomen of zijn gevoelens wil uiten. Het moeten luisteren naar vermaningen als 'zo praat je niet tegen je moeder', 'wees niet zo brutaal', 'laat me je dat woord nooit meer horen zeggen', draagt niet bij tot zelfbewust gedrag.

Ook leerkrachten – zowel de 'autoritaire' als de 'democratische' – kunnen zich schuldig maken aan het bevorderen van subassertief gedrag; in principe op dezelfde manier als vele ouders dat doen. Rustige, zich conformerende kinderen worden over het algemeen beloond, terwijl minder aangepaste kinderen, eerder stevig worden aangepakt. Deze wijze van opvoeden door ouders en school hebben grote invloed op ons functioneren in ons beroeps- en dagelijks leven.

Iedere werknemer heeft wel eens ervaren dat hij niet zomaar alles kan zeggen; liever houdt hij zijn mond over zaken die de organisatie in beroering kunnen brengen. De leidinggevende staat nog vaak 'boven', de medewerkers 'beneden' en voelen zich gedwongen te doen wat gevraagd wordt, zelfs als het doel van de opdracht niet helemaal duidelijk is.

Het gezin, de school maar dus ook de kerk en werkomgevingen leren mensen zorgvuldig het uiten van redelijke rechten te onderdrukken.

Zelfs zo dat je je rot kunt voelen als je voor je rechten bent opgekomen. De anti-assertieve invloeden van gezin, school, kerk en werk zijn als het ware ingebouwd in vele mensen en hebben hun belet zich verder te ontwikkelen. Iedereen die de angst en het verdriet kent dat gepaard gaat met subassertief gedrag, zal het eens zijn met de stelling dat deze invloeden ongezond zijn. Iedereen heeft het recht zichzelf te zijn, zich te uiten en zich daardoor goed te voelen, zolang hij in zijn contacten anderen niet schaadt.

18 Mensen kunnen dus op verschillende manieren een subassertief persoon worden

Zij kunnen in hun jeugd geschrokken zijn van de woede, het slaan en andere straffen die ouders gaven, zodra ze uiting gaven aan wat zij zelf voelden, vonden, wilden.

De angst voor conflictsituaties met ouders kan overslaan naar vele andere sociale situaties.

Het kind kan beloond worden voor zijn subassertieve gedrag. Het wordt geprezen als het braaf of lief is; in ieder geval krijgt het geen straf als het luistert.

Het kind dat 'platgemaakt' wordt, leert dat het beter is onderhandelingssituaties te vermijden. Het oefent daardoor niet in onderhandelen.

Het kind kan zelf verlegen en sociaal-angstige ouders hebben gehad. Dit vergroot de kans dat het de sociale angst van de ouders overneemt.

Het kind kan, op grond van een teruggetrokken leefwijze van de ouders, onvoldoende voorbeelden hebben gehad hoe het zichzelf kan blijven en voor zichzelf kan opkomen in vele uiteenlopende sociale situaties.

School, werk en kerk kunnen eveneens bijdragen tot de vorming van ongelukkige subassertieve mensen.

# 3 De grote lijnen van de assertiviteitstraining

19 Gelukkig is er met succes gezocht naar methoden om mensen te helpen hun angsten en negatieve gevoelens over zichzelf onder controle te krijgen

Kort na de Tweede Wereldoorlog publiceerde Jozef Wolpe, een psychotherapeut, een methode die op het volgende neerkomt: stel iemand is bang voor een bepaalde situatie, genaamd X. Er is dan sprake van een koppeling tussen situatie X en angst. Zij horen onverbrekelijk bij elkaar: telkens als de situatie voorkomt of de persoon stelt zich die situatie voor, volgt de angst. De persoon heeft deze koppeling in de loop van zijn leven geleerd. Omdat de persoon angstig is voor situatie X, doet of laat hij dingen die hij liever niet wil doen of laten. Hij beoordeelt zichzelf in die situatie negatief. De persoon krijgt een ongunstig beeld van zichzelf, zodra er meer van die angstoproepende situaties zijn waarin hij zijn doelen niet bereikt.

Hoe kunnen we nu iemand helpen om die angst ongedaan te maken? Wolpe redeneerde als volgt: stel de angstoproepende situatie doet zich weer voor, maar ik slaag er nu in de persoon iets te laten doen dat de angst bestrijdt. Hij voelt op dat moment en in die situatie die voorheen altijd angst opriep, nu geen angst. Wordt deze situatie een aantal malen herhaald, dan dooft als het ware de koppeling die vroeger bestond tussen situatie en angst. Daardoor help ik de persoon ongevoelig te worden voor de situatie, in die zin dat hij er niet meer met angst op reageert.

Wolpe was van huis uit medicus – had zelfkennis – en wist op grond daarvan dat bepaalde handelingen angst doen ophouden: ontspanning die gepaard gaat met lekker vrijen of lekker eten of die opgeroepen wordt door een ontspanningsoefening. Een andere angstremmende handeling is het uitvoeren van assertieve handelingen. Als iemand in het verleden geneigd was angstig en onderdanig 'ja' te knikken en zich te onderwerpen aan onredelijke verzoeken, leerde Wolpe hem in plaats daarvan assertief op te treden: 'nee' te zeggen bijvoorbeeld en daarbij een gevoel van gerechtvaardigde toorn op te wekken. Meestal zijn mensen niet voor één maar voor meer situaties bang. Daarom liet Wolpe de persoon die om hulp vroeg eerst al die situaties naar moeilijkheidsgraad rangschikken. Het doven van de angst begon dan met de makkelijkste (minst angstoproepende) situatie. Daarna de op een na makkelijkste, et cetera. Wolpe is een van de voorlopers van de gedragstherapie. Bandura is een ander. Hij stelde de vraag: hoe leren mensen nieuwe gevoelens en gedrag aan? Bijvoorbeeld: hoe kan een subassertief persoon leren zich assertief te gedragen? Bandura vestigde de aandacht op het feit dat mensen een nieuwe gedragsvorm het beste leren door het navolgen van een voorbeeld en door het grondig oefenen en instuderen van het nieuwe gedrag. In vele studies toonde hij aan hoe eenvoudig en doeltreffend het leren-naar-voorbeeld voor angstige mensen is.

Maar de vraag is: hoe is dit te oefenen? Psycho- en sociodrama zijn vormen van psychotherapie waarin het rollenspel centraal staat. Iemand brengt een probleem in. Er volgt een gesprek over dit probleem, gericht op een concrete beschrijving van de gehele probleemsituatie. Daarna wordt de probleemsituatie geconcretiseerd in een rollenspel. Hoewel de doelstellingen van de AT en psychodrama verschillen, staat in beide het rollenspel centraal.

20 Wat gebeurt er in een AT?

In de training wordt gebruikgemaakt van bovengenoemde doeltreffende elementen uit gedragstherapie en psychodrama. In de AT krijgt de deelnemer de kans te experimenteren met nieuwe, meer assertieve gedragsvormen. Deze leert hij door het zien en navolgen van voorbeelden van meer assertief gedrag. Als de deelnemer tevreden is met een bepaalde meer assertieve gedragsvorm, wordt deze ingestudeerd totdat het nieuwe gedrag naar het gevoel van de deelnemer echt bij hem hoort. Daarna kan de deelnemer proberen, de nieuw verworven assertieve gedragsvorm buiten de training (thuis, werk, straat, et cetera) te laten zien. Het resultaat van dit 'huiswerk' kan dan een volgende keer weer in de training worden doorgenomen.

Soms neemt een assertieve reactie in een situatie waarop men vroeger subassertief reageerde, al veel spanning weg. Meestal is het echter nodig dat de deelnemers aan een AT leren hun spanningen onder controle te krijgen en te houden. Daarom is ontspanningstraining een belangrijk onderdeel van iedere AT.

21 In een AT wordt gewerkt van gemakkelijk naar moeilijk

Dit komt op drie manieren tot uiting. In de eerste plaats bevat de training veel oefeningen; hierop kom ik verderop in dit boek nog uitvoerig terug. Deze, door de trainers van een AT bedachte oefeningen, zijn telkens naar moeilijkheidsgraad gerangschikt.

Bovendien zijn de eisen die door deelnemers onderling en door de trainers worden gesteld in het begin minder hoog dan aan het einde van de training. Wil een deelnemer aan het einde van een training waarderende woorden van zijn collega's krijgen, dan zal hij beter voor de dag komen dan aan het begin van de training: naarmate de deelnemers meer vooruit gaan, stellen zij hogere eisen aan zichzelf en anderen.

Dat de AT naar moeilijkheidsgraad geordend is, komt in de derde plaats tot uiting in de voortdurende aandacht voor iedere aparte deelnemer. Sommige deelnemers gaan harder dan andere. Sommige zijn goed in het ene type situatie en minder goed in een ander. Daarom is het ook de taak van de trainer te letten op de individuele vooruitgang van iedere deelnemer. Daarom past hij de moeilijkheidsgraad van oefeningen ook zo veel mogelijk aan aan het individuele niveau van de afzonderlijke deelnemers.

22 De grote lijnen van de in de AT gebruikte werkwijze

1 De deelnemer leert zijn spanningen onder controle te krijgen en te houden. Tijdens alle elementen van de AT wordt, wat geleerd is in de ontspanningstraining, voortdurend toegepast.
2 Tijdens ieder willekeurig moment in de training is een bepaalde moeilijke situatie aan de orde. Dat is één situatie uit een geheel van situaties die naar moeilijkheidsgraad zijn gerangschikt.

Bij het leren van assertief gedrag wordt in grote lijnen de volgende weg bewandeld:
- De situatie wordt zo scherp mogelijk omschreven.
- De situatie wordt in scène gezet.
- De deelnemer speelt in de situatie zoals hij dat gewend is te doen; in de regel op een subassertieve manier.
- De deelnemer geeft zijn oordeel over zijn optreden; eventueel doen een of meer andere deelnemers of een trainer voor hoe het ging, zodat de deelnemer zelf kan waarnemen hoe zijn subassertieve gedrag eruitziet; eventueel worden, als die gebruikt worden, video- en geluidsbanden teruggedraaid.
- De deelnemer krijgt van de andere deelnemers de positieve en de voor verbetering vatbare kanten van zijn gedrag te horen; een of meer andere deelnemers of de trainer laten zien welke assertieve gedragsvormen nog meer mogelijk zijn.
- De deelnemer kiest een manier van optreden die hem ligt; deze wordt ingestudeerd en net zo lang doorgeoefend totdat de deelnemer rolvast is.
- Andere deelnemers met problemen in dezelfde situatie krijgen gelegenheid om ook een meer bevredigende assertieve reactie te oefenen.
- De deelnemer (en eventueel zijn collega's) past het geleerde buiten de groep toe; en vertelt daarover bij de volgende bijeenkomst; eventueel vraagt hij de situatie nog eens te mogen oefenen.

23 De assertiviteitstraining die in dit boek wordt beschreven

Natuurlijk ga ik verderop in dit boek dieper in op de vorm en inhoud van de training. Het is echter zinvol op dit punt al aan te geven welke AT in dit boek wordt gepresenteerd. Ik beschrijf een groepsgewijze assertiviteitstraining, bestemd voor (jong) volwassenen die algemeen subassertief zijn en die op een veilig en neutraal terrein worden begeleid. Bovendien beschrijf ik de AT zoals die mij en de mensen die ik begeleid heb het beste bevallen is. In de paragrafen hieronder licht ik de inhoud van de training verder toe.

24 Groepsgewijze versus individuele assertiviteitstraining

Assertiviteitstraining in een groep heeft vele voordelen. Iemand met een grote sociale angst is ook in het gewone leven bang voor situaties waarin hij met groepen te maken heeft. Een AT kan daarom een 'laboratorium' zijn waarin je geleidelijk aan leert, rustig met andere mensen om te gaan. Bovendien: je bent minder eenzaam als je ontdekt dat anderen met soortgelijke problemen zitten. Mijn ervaring is dat het wederzijds begrip en de bereidheid om elkaar te helpen groot is. Wederkerige aanvaarding van elkaar groeit snel. Er is veiligheid genoeg om met nieuwe gedragsvormen te experimenteren.

Of een groep effectief kan samenwerken, hangt af van haar samenstelling, de bekwaamheden en gewoontes van de trainer en van de bereidheid van de deelnemers om open en eerlijk te zijn. Mijn ervaring is dat een dergelijke sfeer snel groeit en dat het gemeenschappelijke doel voldoende band geeft om een goede samenwerking tot stand te brengen.

Als meer mensen tegelijk een AT volgen, zijn er meer voorbeelden voorhanden van 'hoe het wel en hoe het niet moet'. Iedereen ziet anderen oefenen in assertief gedrag en leert van de zwakke en sterke kanten van de ander. In een groepssituatie is men minder afhankelijk van de trainer. Die afhankelijkheid is groot, als een subassertief persoon alleen wordt begeleid. Hij is wat de mogelijke voorbeelden van assertief gedrag en ook wat betreft de constructieve opmerkingen over zijn pogingen, uitsluitend aangewezen op de persoon van de trainer. In een groep daarentegen kan hij van meer kanten te horen krijgen hoe het gedrag is overgekomen.

Vaak vormen zich binnen de AT-groep kleine 'subgroepjes' die soms jaren nadat de training afgelopen is regelmatig contact houden, soms samen oefenen en zo garanderen dat het trainingsresultaat standhoudt.

Het aantal trainers van een AT-groep is relatief kleiner dan in de individuele begeleidingssituatie. Hoewel dit sterk zal afhangen van de wijze van honorering van de trainers, zullen de kosten verbonden aan deelneming aan een groepsgewijze AT voor de individuele deelnemer lager zijn dan wanneer hij individuele begeleiding zoekt. Bovendien kunnen per trainer meer subassertieve personen worden geholpen.

Om deze redenen gaf ik er zelf de voorkeur aan AT-groepen te begeleiden. Alleen als een subassertief persoon in het geheel niet in staat was de spanningen van contact met een groep te doorstaan, ging ik ertoe over het AT-programma met hem individueel door te nemen. Dit net zo lang totdat hij in staat was aan een AT-groep deel te nemen.

Tot slot: de training die in dit boek is beschreven, is een groepsgewijze AT. Dit neemt echter niet weg dat de training een leidraad kan zijn voor individuele begeleiding.

25 Een groepsgewijze AT voor (jong)volwassenen

De meeste deelnemers van mijn AT-groep waren niet jonger dan achttien jaar. De in dit boek beschreven training is dan ook gericht op de begeleiding van volwassenen. Dat is een duidelijke beperking. Voor de begeleiding van kinderen zullen andere methoden wellicht meer geschikt zijn. De begeleiding zal – hoe systematisch ook – een meer speels karakter moeten hebben.

Ik weet dat door een aantal collega's grondig werk gemaakt wordt van het begeleiden van subassertieve (angstige, schuwe, 'platgeslagen') kinderen. Hun werk vind ik belangrijk. Als ik de over het algemeen zeer serieuze, wat krampachtige houding van subassertieve volwassenen gadesloeg – die in het verloop van de AT gelukkig luchtiger werd – geloof ik dat ook zij in de toekomst veel zullen kunnen profiteren van speltherapie zoals die wordt gedaan met subassertieve kinderen. Maar ik ben geen speltherapeut. Dit – zeer waarschijnlijk vruchtbare – element is dan ook niet in deze training opgenomen.

26 De training voorziet in begeleiding van zogeheten algemeen subassertieve mensen

Het is van belang onderscheid te maken tussen twee 'typen' mensen die lijden onder hun subassertieve gedrag. Het eerste type betreft mensen van wie het gedrag in het algemeen zelfbewust is. Toch ervaren ook zij bij bepaalde sociale situaties veel angst; een angst die het voor hen moeilijk maakt op die specifieke situaties een goede reactie te geven. We noemen deze categorie personen *situationeel subassertief*.

De tweede categorie, *de algemeen subassertieve,* omvat personen die zich in bijna alle situaties subassertief opstellen. Deze mensen, vaak beschouwd als verlegen, timide of gereserveerd, voelen zich onder de meeste of bijna alle omstandigheden niet in staat voor hun eigen rechten op te komen of naar hun gevoel te handelen. Zo'n algemeen subassertief persoon zal niets doen wat anderen kan hinderen. Hij geeft steeds toe aan ieder verzoek dat men hem doet of voelt zich schuldig als hij iemand afwijst. Hij heeft altijd gedaan wat zijn ouders van hem wilden. Hij vindt dat hij zelf geen ideeën heeft en is vaak erg bang voor anderen.

Terwijl de meeste mensen tenminste een beetje zullen protesteren als hun rechten worden misbruikt, zal de algemeen subassertieve persoon helemaal niets zeggen. Als anderen bijvoorbeeld tijdens een film onbehoorlijk veel lawaai maken en storen, zullen de meesten van ons, als het te gek wordt, hun vragen ons verlangen naar rust te respecteren. De algemeen subassertieve persoon zal dan vermoedelijk echter in stilte lijden. Bij de minste gedachte dat de ander iets verkeerds of onaangenaams doet, kan hij zichzelf verwijten maken dat hij niet genoeg aanvaardt, of niet genoeg van de ander houdt. Hij werkt er vaak aan mee dat anderen over hem lopen en overdreven voordeel aan hem behalen. Sommige algemeen subassertieve personen vragen toestemming om te doen wat de meesten normaal vinden. Een man leende iemand voor een dag zijn auto. Toen die persoon pas drie dagen later de auto met weinig benzine en zonder verontschuldigingen terugbracht, zei de eigenaar niets, hoewel hij bijna ontplofte van woede. De algemeen subassertieve persoon is iemand die zichzelf erg laag aanslaat en voor wie bijna alle sociale situaties onbehagelijke angst veroorzaken. Zijn lage zelfwaardering, zijn spanningen vragen om diepgaande behandeling. De extreme onderdrukking van emotionele reacties van deze subassertieve persoon vereist een vergaande verandering in instelling en gedrag, die alleen mogelijk is in een relatie met een geoefend trainer.

27 Alvast iets over de bekwaamheid van de trainer

De training in dit boek is, zoals gezegd, er een voor de begeleiding van algemeen subassertieve personen. Deze uitgangspositie is om twee redenen van belang: het zegt iets over de noodzakelijke bekwaamheid van de trainer. Op de tweede plaats zegt dit uitgangspunt iets over de inhoud van de training: kan en wil deze efficiënt zijn, dan moet ze oefeningen bevatten.
Algemene subassertieve mensen mogen alleen begeleid worden door bekwame mensen. Over de aard van de bekwaamheid kom ik later te spreken. Ik geef echter hier alvast een waarschuwing. Voorkomen moet worden dat subassertieve mensen – dat zijn mensen in grote moeilijkheden – in de handen vallen van goed- of kwaadwillende freaks, kwakzalvers en welke personen nog meer onbedoeld of bedoeld mensen van de wal in de sloot helpen. Helaas is het moeilijk de vereiste bekwaamheid goed te omschrijven. Bovendien hebben we te maken met het feit dat – wederom helaas – mensen soms weliswaar de benodigde psychotherapeutische opleiding achter de rug hebben, dit lang niet alles zegt.
Ook situationeel subassertieve mensen kunnen profiteren van een op hun moeilijkheden afgestemde AT. Vanzelfsprekend zullen ook

hun trainers bekwaam moeten zijn. Omdat ik vermoed dat situationeel subassertieve mensen wat minder gevoelig zijn voor psychotherapeutische heilboodschappen en beter weerstand kunnen bieden aan de vaak dwingende kracht waarmee kwakzalvers ongelukkige mensen aan zich proberen te binden, geloof ik dat de formele garantie van bekwaamheid niet zo hoog gesteld hoeft te worden. Het is niet altijd gemakkelijk onderscheid te maken tussen situationeel en algemeen subassertief. Bovendien kan situationeel subassertief gedrag zijn ingebed in een breder en diepgaand klachtenpatroon. Om deze twee redenen is het altijd wenselijk dat iemand die werkt met situationeel subassertieve mensen direct of indirect begeleiding krijgt van een persoon die in staat is algemeen subassertieve mensen te begeleiden.

28 Assertiviteitstraining in de ongestructureerde vorm

Het feit dat een AT is opgezet voor algemeen subassertieve mensen heeft gevolgen voor de vorm van de training: deze zal, wil zij effectief en efficiënt zijn, oefeningen moeten bevatten. Anders gezegd: zij is niet uitsluitend ongestructureerd.

Een AT in de ongestructureerde vorm ziet er als volgt uit: Deelnemers en trainers zitten in een kring. De trainer vraagt: 'Wie heeft iets om aan te werken?' Of hij houdt zich stil en wacht tot een van de deelnemers een probleemsituatie aandraagt. Er is dan altijd wel een deelnemer die zich aanmeldt. Vervolgens gaat men aan de slag volgens het basisschema. Dat wil zeggen: het probleem wordt onderzocht en geconcretiseerd. En er wordt gezocht naar een assertieve gedragsvorm die de deelnemer bevalt waarna deze geoefend wordt. Alle deelnemers krijgen vervolgens de gelegenheid, te oefenen met assertiever gedrag in dezelfde situatie.

Om de deelnemers zelf al te helpen bij het oplossen en onthouden van de probleemsituaties waarmee zij in het dagelijkse leven worden geconfronteerd, kan er gewerkt worden met een dagboek. Daarnaast is de ontspanningstraining een standaardonderdeel. Deze benadering van AT noem ik de ongestructureerde benadering. Kenmerkend is dat de situatie die geoefend wordt, wordt bepaald door de

individuele deelnemer die een probleem inbrengt.
Een uitsluitend ongestructureerde werkwijze is naar mijn ervaring alleen geschikt voor situationeel subassertieve mensen. Vaak zullen deze ook voldoende zelfcontrole kunnen opbrengen, zodat ook de ontspanningsoefeningen achterwege kunnen blijven.
De vraag is of een AT voor algemeen subassertieve mensen uitsluitend kan bestaan uit deze ongestructureerde werkwijze. Ja dat kan, maar het is om een aantal redenen onverstandig om zo de training op te zetten.

29 Oefeningen zijn een basisonderdeel van de AT voor algemeen subassertieve mensen

De subassertieve persoon die aan een AT begint, staat voor een grote uitdaging. Al vanaf de eerste bijeenkomst zal hij vooruitgang bespeuren, maar een klus blijft het. Om de subassertieve persoon te helpen zijn doel te bereiken bevat de training veel oefeningen. Waarom oefeningen? Ik ken veel therapeuten die een zekere weerstand hebben tegen oefeningen in hun therapieën. Zij vinden het schools of strijdig met het romantische beeld van de psychotherapeut dat zij koesteren: iemand die onvoorbereid de beste en meest efficiënte methode weet te kiezen die spontaan bij hem opkomt. Als het echter gaat om de begeleiding van subassertieve personen kan en moet men oefeningen inlassen, als men tenminste de hulpvrager zo goed en zo snel mogelijk wil helpen.

Ik vergelijk de taak waaraan een deelnemer aan een AT begint, in dit verband wel met die van een beginnend pianoleerling. In de loop der tijd hebben musici ontdekt dat je, wil je het einddoel bereiken, een aantal essentiële vaardigheden nodig hebt, die een beginner niet heeft. Vandaar de noodzaak van vingeroefeningen, algemeen voorbereidend muziekonderwijs en maffe stukjes oefenen.

Op een dergelijke wijze benader ik ook de opzet van een AT voor algemeen subassertieve personen; zij zijn in vele opzichten ook beginners. Mijn collega's en ik hebben gekeken naar wat de subassertieve persoon mist aan vaardigheden, die hij nodig heeft om zich assertief te gaan gedragen. Vervolgens zijn er oefeningen ontwikkeld die gericht zijn op een zo snel mogelijke verwerving van die vaardigheden.

30 Het gebruik van goed gekozen oefeningen heeft vele voordelen boven een uitsluitend ongestructureerde benadering
- Het maakt het mogelijk om grondig essentiële vaardigheden meester te worden in een zo kort mogelijke tijd. In een ongestructureerde opzet zou het zeer lang duren voordat de deelnemers de basisvaardigheden onder de knie krijgen, als dat in de ongestructureerde opzet al lukt.
- Vanaf de eerste bijeenkomst wordt met oefeningen begonnen. Vanaf de eerste trainingsbijeenkomst kan de deelnemer het geoefende toepassen. Hij begint resultaat te zien. Op basis van zijn eigen ervaring begint hij steeds meer te geloven dat hij met de AT zal bereiken, wat hij nooit had durven hopen.
- Bij de in de training opgenomen oefeningen nemen de deelnemers allemaal in even grote mate deel. Degene die in de ongestructureerde benadering het meeste leert is de persoon wiens probleem wordt doorgespeeld, tenzij de trainer, wat ik hem zou aanraden, niet alleen die ene deelnemer maar ook alle andere die het probleem herkennen in de gelegenheid stelt te leren zich assertief op te stellen. Maar ook dan zal het moeilijk zijn om iedereen aan bod te laten komen: de aard van het probleem in de ongestructureerde benadering is niet alleen vaak persoonsgebonden maar is in de regel ook gecompliceerd. Het kost dus in een ongestructureerde benadering veel tijd om iedereen aan bod te laten komen. En die tijd is er vaak niet.
- De oefeningen zijn gericht op de verwerving van vaardigheden die algemeen, dat wil zeggen in veel situaties, toepasbaar zijn. Dit brengt met zich mee dat de deelnemers snel voortgang zullen zien in simpele alledaagse situaties. In het ongestructureerde gedeelte van een AT komen deze situaties vrijwel nooit aan bod. In dit gedeelte komen vrijwel steeds belangrijke, niet zo vaak voorkomende levensbeslissingen en conflictsituaties aan de orde.

- Zonder oefeningen waarin de basisvaardigheden worden verworven is een ongestructureerde benadering niet mogelijk. Om te leren van het ongestructureerde deel van de AT (waarin complexe situaties aan de orde komen) is het nodig dat de deelnemer elementaire vaardigheden bezit.
- Oefeningen zijn als het ware aanjagers voor het ongestructureerde gedeelte. Zij brengen de deelnemers op gedachten: zij herinneren zich complexere moeilijke situaties die zij kunnen inbrengen in het ongestructureerde gedeelte.
- Zowel de oefeningen als het ongestructureerde gedeelte volgen dezelfde werkwijze. Door het gebruik van korte oefeningen leren de deelnemers deze werkwijze spelenderwijs. Ook voor trainers-in-opleiding geldt dit voordeel: zij kunnen zich – altijd onder begeleiding van een bekwaam trainer – door het begeleiden van oefeningen, de basiswerkwijze gaandeweg eigen maken en later toepassen in het ongestructureerde gedeelte.

31 De basisopzet van de AT

De ongestructureerde benadering is ook nodig. Zij stelt de deelnemers in staat persoonlijke vraagstukken naar voren te brengen. Op grond van al deze overwegingen en ervaringen bouwde ik de AT altijd zo op dat circa de helft van de tijd wordt besteed aan oefeningen en de helft van de tijd aan ongestructureerd werk. Later besprak ik andere mogelijke opzetten, maar deze beviel mij het meeste:

- De deelnemers komen bij elkaar op twee elkaar aansluitende zittingen van tweemaal anderhalf uur; bijvoorbeeld op een ochtend, middag of avond.
- De deelnemers komen eens per week bij elkaar en wel gedurende vijftien à twintig weken; of anders: de AT wordt vijftien à twintig keer gehouden en beslaat dertig à veertig zittingen; de AT is dus precies in een half jaar af te werken.
- Vanaf de tweede bijeenkomst heeft een ochtend, middag of avond de volgende opzet: het eerste anderhalf uur bestaat uit oefeningen; dan volgt een pauze; vervolgens anderhalf uur een ongestructureerde werkwijze.

32 De AT wordt op veilig en neutraal gebied gegeven

Eenmaal per week verlaat de deelnemer de vele rollen en situaties waarin hij in het dagelijkse leven verkeert. Hij zegt zijn vrouw, vriend, man of vriendin en kinderen goedendag, groet zijn werk, laat winkels en straten achter zich, belt aan bij een gebouw, groet de andere deelnemers en begint aan de zoveelste bijeenkomst van de AT. In de meeste gevallen kende hij niemand van de andere deelnemers. De trainer kent hij ook pas kort. In zo'n buiten de werkelijkheid geplaatste leersituatie komt de subassertieve persoon het beste tot zijn recht. In de regel biedt geen van de vele leefsituaties waarin hij het moeilijk heeft hem daartoe voldoende gelegenheid. Wat gek eigenlijk. Aan de ene kant is daar de kunstmatige situatie van het veilige laboratorium. Aan de andere kant de leefwereld waarin de moeilijke situaties liggen. In de training worden die moeilijke situaties door middel van rollenspel nagebootst. De deelnemer leert nieuwe vaardigheden: hij leert in die nagebootste situaties zich assertief te gedragen. Dan gaat de deelnemer naar huis om elke keer weer meer assertief gedrag te laten zien in de werkelijke leefwereld.

Werkt dat eigenlijk wel? Heeft het oefenen zin in die 'toch alleen maar nagebootste, onechte situaties'? Het antwoord op deze vraag ligt in het feit dat die zogenaamde onechte situaties door de deelnemers als echt worden beleefd. Zij vinden de nagebootste situaties echt moeilijk. Zij zien overeenkomsten tussen de werkelijke en gespeelde situaties. Zij reageren op de gespeelde situaties op eenzelfde manier als zij zouden doen op de werkelijke situatie: met spanning, hakkelen, blozen, trillen van vingers, benen, maagpijn, tranen en duizeligheid. Gelukkig zijn mensen in staat op symbolen te reageren alsof zij echt zijn. Anders was een AT in deze vorm niet mogelijk. Welke vorm van leren wel?

33 Huiswerk is de belangrijkste schakel tussen wat de deelnemer in de veilige sfeer van de AT leert en een veranderde houding in zijn eigen leefwereld
Het is een belangrijke taak van de assertiviteitstrainer de deelnemer met vaste hand te begeleiden in zijn pogingen het geleerde in praktijk te brengen. De mate waarin de deelnemer hierin slaagt bepaalt immers voor hem het succes van de training. Het wonderlijke en tegelijk verblijdende is dat het mogelijk is mensen die soms meer dan veertig jaar last hebben van een subassertieve houding, daar in een gerichte training van minder dan zestig uur van af te helpen. Dat leren de vele goede resultaten met deze training.

34 De begeleiding van situationeel subassertieve mensen
Ik hoop van harte dat mensen die situationeel subassertief zijn binnen de verbanden waarin zij leren, leven en werken, de kans krijgen van hun gedragstekort af te komen.
Hier ligt een kans voor al diegenen die op de een of andere manier verantwoordelijk zijn voor de vorming en het welzijn van anderen. Vaak werken zij in organisaties die als doel hebben:
- 'bevordering van het welzijn van ...'
- 'bevordering van de zelfstandigheid of mondigheid van ...'

Al deze potentiële trainers zullen in dit boek materiaal aantreffen voor de opzet van gerichte assertiviteitstrainingen voor de subassertieve mensen die op de een of andere manier onder hun hoede vallen. De in dit boek beschreven training kan worden aangepast aan de karakteristieke eigenschappen van de groep waarom het gaat.
Toepassing van deze training op situationeel subassertieve mensen in uw organisatie (school, werk) hoeft niet van een leien dakje te gaan. Het is heel goed mogelijk dat de bovenbeschreven doelstellingen slechts bedoeld zijn als zoethouder of reclamestunt. Of dat zo is, merkt u snel genoeg als u met uw voorstel naar de leiding stapt. Een andere bron van weerstand kan liggen in het feit dat men, ondanks goede wil, bang is voor de gevolgen van een AT. 'Wat betekent het voor mij als leraar, als ik ineens echt moet gaan onderhandelen met

de leerlingen?' 'Wat doe ik als bedrijfsleider met al dat tegengas van mijn medewerkers?' 'Wat betekent het voor mij als arts, verpleger als de langdurig zieken ineens mondiger worden?' Het is, met andere woorden, de vraag of de mentaliteit in uw organisatie rijp is voor daadwerkelijke, in concreet gedrag zich uitende, mondigheid. Als deze daar niet rijp voor is, is het verstandiger assertiviteitstrainingen te organiseren buiten de organisatie.

In onderstaand overzicht staat een aantal suggesties voor potentiële trainers en potentiële situationeel subassertieve deelnemers in diverse organisaties.

Organisaties	Potentiële trainers	Potentiële deelnemers
voortgezet onderwijs	docenten/decanen	leerlingen
lerarenopleiding	docenten	toekomstige leraren
sociale academies	docenten	toekomstige maatschappelijke werkers
vakbonden	opleiders, kader	werknemers, OR-leden, gewone leden, kader, buitenlandse werknemers
politieke partijen	kader	vertegenwoordigers in raden e.a., actieve leden
jeugdbeweging	jeugdleiders	jongeren
organisaties	organisatie-ontwikkelaars/trainers	werknemers

ziekenhuizen, verzor-gings- en bejaardente-huizen	staf en verplegend personeel	patiënten en bewoners

35 Andere toepassingen van de AT

Deze AT is de afgelopen jaren met succes gegeven voor mensen die op een specifieke manier hun klachten uiten als zij onder sociale druk komen te staan. Ik denk hier in de eerste plaats aan het werk van Leonie Fischer en haar collega's met mensen met spraakklachten (stotteren). Het blijkt vaak dat deze mensen last hebben van hun spraakstoornis als sociaal contact spanning oproept. AT is dan een 'instrument' ter begeleiding van deze mensen. Op een soortgelijke manier kunnen sommige stresspatiënten profiteren van het volgen van een AT. Vele stresspatiënten lijden aan een diepgaand onvermogen om 'nee' te zeggen tegen verzoeken en werkopdrachten, zeker wanneer de persoon afhankelijk is van de erkenning die een goede uitvoering van het werk misschien met zich brengt. Ook hier zal de AT waarschijnlijk een vruchtbaar onderdeel vormen van een groter programma. Dit boek is, als gezegd, specifiek gericht op de begeleiding van subassertieve mensen. Dit neemt niet weg dat de basismethode ook zeer goed kan worden gebruikt – en reeds gebruikt is – voor de begeleiding van agressieve mensen.

4 Enige misverstanden over gedragstherapie en assertiviteitstraining

36 Een korte verwijzing naar de literatuur

De in dit boek besproken methoden en technieken zijn voor een groot deel gebaseerd op de principes van de gedragstherapie. Toch zult u, op enkele paragrafen na, weinig informatie over gedragstherapie vinden. Ik heb de aandacht grotendeels beperkt tot een beschrijving van de vorm en inhoud van de training.

De gedragstherapeutische processen die in een AT voorkomen zijn tenminste:
- modelling en behavior rehearsal: het leren naar voorbeeld en het vervolgens oefenen van het gewenste gedrag; dit oefenen kan zowel openlijk (overt) als in de verbeelding (covert) geschieden;
- reinforcement en feedbackprocessen;
- successieve approximatie: het verzwaren van de eisen wil men eenzelfde goedkeurend woord geven;
- flooding-achtige processen, bijvoorbeeld tijdens de eerste oogcontactoefeningen;
- verbale conditionering naar de idee zoals Salter die ontwikkeld heeft;
- desensitisatie, rehearsal-desensitisatie, zelfregulatie van spanningen en relaxatietraining die daaraan ten grondslag ligt;
- habituatie: spanningsreductie door voortdurende herhaling van handelingen die voorheen angst oproepende waren.

Voor een trainer van AT is het zonder meer vereist dat hij deze gedragstherapeutische technieken zowel praktisch als theoretisch beheerst. Voor nadere uiteenzettingen over gedragstherapie in het algemeen verwijs ik graag naar de boeken van De Moor, Orlemans, Kanfer en Philips en de eerder genoemde handleiding *Assertiviteit* (Schouten, Rosielle, Paulussen, Bekers en Nelissen, 1974).

37 Mensen zijn geen apen

Zodra het woord gedragstherapie valt, roept dat niet altijd positieve reacties op. Woorden die vallen zijn: 'gevoelloos', 'hersenspoeling', et cetera. De eerste reactie van een van mijn vrienden op mijn plan om een AT te beginnen met gebruikmaking van gedragstherapeutische methoden, was: 'Hou op, mensen zijn geen apen.'
De hierboven genoemde verwijten gelden misschien voor sommige vormen van gedragstherapie en voor sommige gedragstherapeuten.
Van wat er eigenlijk in een AT gebeurt, heb ik een ander beeld. De deelnemers zijn blij om in de veilige atmosfeer van de training nieuwe gedragsvormen te leren, die hen beter dan voorheen in staat stellen op een ontspannen manier met andere mensen om te gaan: zich te laten kennen zoals zij zijn.
Van de trainers van de AT die ik ken, weet ik dat zij op een invoelende manier het leerproces van de deelnemers begeleiden. De AT is bovendien zo ingericht en moet zo ingericht zijn dat in feite gebeurt wat de deelnemer wil. De trainer zal hierover *voor* het begin van de training met de deelnemer tot overeenstemming moeten komen.
Bovendien zal een bekwame trainer voor iedere oefening die hij voorstelt, de keus om al dan niet aan de oefening te beginnen aan de deelnemer overlaten. De beginnende deelnemer zal echter ook ten opzichte van de trainer moeilijk 'nee' kunnen zeggen. Als de trainer dit merkt kan hij dit als een extra leermogelijkheid benutten.

38 De AT is niet bedoeld mensen assertief te maken

Later kom ik terug op de vraag 'altijd assertief zijn?' en op het doel van de training. Maar op deze thema's loop ik nu al vooruit om het dreigende misverstand te voorkomen dat in de woorden 'hersenspoeling' en 'mensen zijn geen apen' zit.
Keuzevrijheid is het sleutelwoord van de assertieve training. De subassertieve persoon kan in veel situaties maar één ding: op een angstige manier de ander tegemoet treden of de ander vermijden. Hierdoor bereikt hij in het groot noch in het klein de dingen die voor hem belangrijk zijn. Dit gaat gepaard met spanningen en een geringe achting voor zichzelf. In de AT leren de deelnemers hoe zij

zich in sociale situaties assertief kunnen gedragen. In veel situaties in de eigen leefwereld zal de deelnemer zich ook daadwerkelijk assertief gaan gedragen omdat hij dat wil. Maar onvermijdelijk komt de deelnemer ook voor situaties te staan, waarin hij zich afvraagt: wil ik me hier in deze situatie wel assertief opstellen? Als hij van zichzelf – door eerdere ervaringen – weet dat hij assertief kan zijn, kan hij ook de beslissing nemen om in een bepaalde situatie te kiezen voor toegeven. Deze bewuste keuze is een echte keuze uit twee mogelijkheden. Een keuze voor subassertief gedrag schaadt dan de zelfwaardering van de persoon niet.

Het doel van de AT is dus niet om mensen altijd en overal assertief te 'laten' reageren. Ik verzet me bovendien tegen het woord 'laten'. Mijn ervaring is juist dat de trainer van een AT al vanaf de eerste bijeenkomst tegengas krijgt. Aanvankelijk is deze meestal verhuld, maar zij wordt gaandeweg – naar mate de training vordert – duidelijker. De trainer heeft de taak dit tegengas te signaleren en zal vervolgens met de deelnemer een onderhandeling moeten aangaan.

39 Nog een misverstand: in de AT wordt alleen aan gedrag gesleuteld

'Ja, ja ... gedragstherapie is toch min of meer de moeder van de assertiviteitstraining. Het kind is wel wat groter geworden en ook wel anders, maar toch ... het is wel leuk dat ze aan gedrag zitten te sleutelen maar wat te doen met zulke zware klachten als een minderwaardigheidscomplex, gebrek aan zelfvertrouwen en andere vormen van ongunstige waardering van het eigen zijn en kunnen?' Het antwoord op deze vraag ligt in het feit dat de vragensteller doet alsof zelfbeoordelingen zoals die zijn opgesloten in termen als minderwaardigheidscomplex en een gering zelfvertrouwen, niets te maken hebben met het gedrag dat daaraan ten grondslag ligt. Al eerder, bij de bespreking van het minderwaardigheidscomplex heb ik laten zien dat zelfbeoordeling en gedrag zeer nauw aan elkaar gekoppeld zijn. Laten we iemand nemen die zegt: ik heb geen zelfvertrouwen; een uitdrukking die vele subassertieve personen laten horen. Wat hij daarmee zeggen wil, is dit:

- 'Zoals ik me dat nu herinner, heb ik gemerkt dat ik in veel sociale situaties niet of onvoldoende bereik wat ik bewust of onbewust wilde: op een assertieve manier mijn doel nastreven en zo mogelijk dat doel bereiken.'
- 'Op grond van deze al dan niet juist herinnerde ervaringen zeg ik: mijn ervaring leert mij dat als ik iets wil, dat waarschijnlijk niet zal lukken: ik zal falen'
- 'Als ik ondanks deze faalverwachtingen toch een keer iets probeer te doen wat ik wil, dan merk ik, geheel zoals ik verwacht had, dat ik inderdaad weer faal.'

Een vicieuze cirkel. Uit vele onderzoeken (zie bijvoorbeeld Heckhausen) blijkt inderdaad dat als iemand verwacht te falen de kans groter is dat hij inderdaad faalt dan wanneer hij succesverwachtingen heeft, dat wil zeggen: de overtuiging heeft dat zijn gedrag in de situatie de door hem gewenste resultaten heeft.

De subassertieve persoon faalt inderdaad vaak: hij geeft toe als hij dat juist niet wil; hij houdt zijn mond als hij hem juist open wil doen; of hij slaat zijn ogen neer terwijl hij juist de blik van een ander rustig wil beantwoorden.

De AT is erop gericht de deelnemer te helpen zijn gedrag te veranderen op een manier die hij wil en die een grotere kans op succes heeft. Het zich uiten op een assertieve manier garandeert meer dat hij de eigen doelen zal bereiken dan wanneer hij zich uitsluitend subassertief uit. Gaandeweg merkt de deelnemer dat hem meer dingen lukken, omdat hij zich in veel situaties anders – assertiever – is gaan gedragen. Mijn ervaring en die van de deelnemer is dat hij parallel daaraan zijn mening over zichzelf herziet. Ten opzichte van steeds meer situaties ervaart hij succes. Steeds meer situaties treedt hij tegemoet met succesverwachtingen. Tegelijkertijd verandert de verlammende uitspraak: 'Ik heb geen zelfvertrouwen; ik faal toch altijd; ik kan er beter niet aan beginnen' in de stelling: 'Ik heb zelfvertrouwen en als ik een keer niet slaag, schaadt dat mijn zelfvertrouwen niet.'

'Minderwaardigheidscomplex', 'gebrek aan zelfvertrouwen' zijn zelfbeoordelingen. Zij zijn gebaseerd op de al dan niet juiste waarneming van iemand dat zijn gedrag niet oplevert wat hij wenst. In de AT veranderen de ongunstige opvattingen die een subassertieve persoon vaak over zichzelf heeft, in een gunstige richting, doordat het gedrag dat aan die zelfbeoordeling ten grondslag ligt zich in een gunstiger (assertiever) richting wijzigt.

5 Het gebruik en de verdere opzet van dit boek

40 Hoe kunt u dit boek gebruiken?
Ik realiseer mij dat ik al schrijvende niet een bepaalde lezersgroep voor ogen heb. Ik denk dat ik in de eerste plaats schrijf om voor mijzelf de vele ervaringen met AT op een rij te krijgen. Dit boek zou op de volgende manier kunnen worden gebruikt:
- Voor trainers van groepen algemeen subassertieve personen, kan het boek een middel zijn om de eigen praktijk te toetsen en te verrijken: 'Hé, Jan Schouten doet dat zo, dat is eigenlijk best leuk, zit wat in, dat ga ik ook eens proberen.' 'Wat Schouten daar zegt, herken ik niet, waarom zegt hij dat?'
Zij kunnen dit boek als voorbereiding aan de deelnemers van hun groepen ter lezing aanbevelen. Mijn ervaring is dat schriftelijke of visuele informatie over een training of therapie die voorgesteld is de potentiële deelnemer kan helpen daar gemotiveerd 'ja' of 'nee' tegen te zeggen. In plaats van: 'Ja, als u dat voorstelt, zal het wel goed zijn.'
- Voor mensen die zichzelf als subassertief beschouwen kan het boek de weg wijzen naar een doeltreffende methode om verder te komen. De (potentiële) deelnemer kan zijn eigen opvattingen over wat mag en kan toetsen met wat hierover in dit boek wordt geschreven: 'Ik vind het gek, om zomaar in de trein met iemand een gesprek te beginnen, maar hier in het boek doen ze alsof dat de gewoonste zaak van de wereld is.' 'Het hoort niet om "nee" te zeggen als een gastvrouw een onsmakelijk gerecht opdient. Maar in dit boek zeggen ze dat je misschien beter "nee" kunt zeggen als je iets echt niet wilt opeten, in plaats van het tegen je zin naar binnen te werken.'
Dit soort tegenstrijdigheden kan ertoe leiden dat de potentiële deelnemer zijn eigen stellingen kritisch gaat bekijken.
De algemeen of situationeel assertieve persoon kan uit het boek

de hoop putten dat velen door deze training een beslissende stap in hun leven hebben gezet.

Ten slotte kan de deelnemer aan een AT aan de hand van dit boek de training op de voet volgen: hij weet wat er gaat gebeuren. Hij kan zich van tevoren een beeld vormen van de voor hem meest nuttige oefeningen.

• Voor beginnende trainers, alsmede de meer gevorderden, biedt het boek methoden en materiaal om zelf een AT op te zetten. Trainers van andere typen trainingen en therapieën kunnen elementen en gedachten uit dit boek in hun contacten met hulpvragers verwerken.

41 U kunt meer informatie vinden over de AT op www.sn.nl

U kunt ook bellen naar Schouten & Nelissen, Training en Opleiding, 0418 - 688666.

42 Een blik vooruit

In de voorgaande hoofdstukken heb ik een eerste indruk gegeven van wat ik onder 'subassertief gedrag' versta. Bovendien heb ik aangegeven om welk type assertiviteitstraining het in dit boek gaat. In onderstaand schema vindt u de algemene lijnen waarlangs het boek verder is opgezet.

Thema	Onderwerpen die aan de orde komen
Onderscheid subassertief, agressief en assertief gedrag	Wat zijn de eigenschappen van de subassertieve persoon? Hoe kan worden vastgesteld of een bepaald gedrag assertief, agressief of subassertief is? Twee verschillende vormen van assertief gedrag. Hoe zijn subassertieve personen te herkennen?

Doelen van de assertiviteitstraining	Wat zijn de doelen? Hoe kan de deelnemer leren de invloeden die hem subassertief houden, onschadelijk te maken? Welke invloeden zijn dat?
Opzet van de assertiviteitstraining	Op welke manieren kunnen oefeningen en ongestructureerd werk met elkaar worden gemengd? Wat is de basiswerkwijze? Wat zijn de regels voor het geven van goede feedback?
Inhoud van de training	Hoe ziet het verloop van het ongestructureerde gedeelte eruit? Beschrijving van de verschillende oefenblokken. Een voorbeeld van een programma. Hoe ziet het huiswerk eruit? Voldoet de training aan de doelstellingen? Wat bereiken de deelnemers met de training?
Deelnemers, trainers en thuisfront	Trainer en deelnemer nemen samen de beslissing: wel of geen AT? Wat zijn de afspraken tussen deelnemer en trainer? Wat is de rol van de partner? Is het nodig altijd assertief te zijn? Hoe ziet de samenstelling van de groep eruit?
Overig	Een aantal suggesties en onderwerpen die voor trainer en deelnemer van belang kunnen zijn.

Interview	Beantwoording van vaak gestelde vragen
Oefeningen en ander trainingsmateriaal	
Beknopt literatuuroverzicht	

6 Subassertief, agressief en assertief gedrag

43 'Jacintha, haal eens sigaretten!'
De training is nu aan de gang. Het is de tweede bijeenkomst; de groep is begonnen met de oefening 'nee zeggen'. Zoals gewoonlijk wordt geoefend met kleine min of meer kunstmatige situaties, die evenwel steeds door de deelnemers als realistisch worden beleefd. De trainer richt zich tot Jacintha, een deelneemster:

Trainer 'Jacintha, hier heb je vier euro. Haal in het café om de hoek eens een pakje Marlboro voor me!'
(Terwijl hij haar – terloops – de vraag stelt, reikt hij haar het geld aan. Uit zijn houding blijkt, dat hij het vanzelfsprekend vindt dat Jacintha de sigaretten gaat halen. Hij richt zich vervolgens tot de andere groepsleden met een uitleg over de oefening 'nee zeggen'.)
Jacintha (Krijgt een rode kleur.) Zij heeft als in een reflex de vier euro aangenomen. Op haar bovenlip parelen een paar zweetdruppels. Zij zit in elkaar gedoken op haar stoel, het hoofd omlaag. De ogen neergeslagen. Als zij denkt dat de trainer niet kijkt, slaat zij af en toe de ogen naar hem op. Zij kijkt rond of niemand haar gadeslaat. Schuift van haar stoel af en loopt dan weg in de richting van de deur. Zij mompelt: 'Ik ben zo terug.'
Trainer 'Hé, waar ga jij naar toe?' (Hij loopt op haar af, kijkt haar vriendelijk aan en begeleidt haar weer naar de groep.)
Jacintha (Zij lijkt in de war, lacht een beetje verontschuldigend)... 'Nou, jouw sigaretten halen natuurlijk.'
Trainer 'Ja, dat snap ik. Zullen we er even over praten?'
Jacintha (Haalt haar schouders op en gaat zitten.)
Trainer 'Wilde je sigaretten halen?'
Jacintha 'Ach, dat is een kleine moeite.'

Trainer	'Nee ..., toen ik je vroeg sigaretten te gaan halen: wat ging er toen door je heen?'
Jacintha	'Haal verdomme die rotsigaretten zelf maar.' (Andere groepsleden vallen haar grinnikend bij.)
Trainer	'Je vond het vervelend dat ik je dat vroeg ...'
Jacintha	'Nou: vervelend niet direct, maar ik vond het niet leuk. Ik wilde bij de groep blijven.'
Trainer	'Wat er in jou opkwam was: "Nee, ik wil die sigaretten niet halen en ik vind het niet leuk dat je me op deze manier uit de groep haalt."'
Jacintha	(Inmiddels een stuk rustiger:) 'Ja.'
Trainer	'Ik heb het je niet horen zeggen.'
Jacintha	'Daarvoor ben ik hier.' (Algemene hilariteit.)
Trainer	'Precies, zullen we samen eens kijken hoe het anders kan?'

44 De subassertieve persoon

Met het vorige fragment in het achterhoofd wil ik samenvatten wat in alle vorige paragrafen is geschreven over de subassertieve persoon. Nog eens: de 'subassertieve persoon' bestaat niet. De term is steeds gebruikt voor mijn gemak: het gaat om iemand die zich in relatief veel situaties subassertief gedraagt. Zo iemand heeft in de regel de volgende eigenschappen:

- De subassertieve persoon heeft last van spanningen. Deze komen voor in alle mogelijke sociale situaties waaraan hij deelneemt of die hij zich in gedachten voorstelt. De spanning kan zich op verschillende manieren manifesteren: transpireren, duizeligheid, benauwdheid, tijdelijke black-outs. Trillende handen, pijn in de schouders. Knikkende knieën en 'rubber' benen. Hoofdpijn, een drukkend gevoel om het hoofd. Maagpijn. Hartkloppingen. Slaapstoornissen. Een algemeen gevoel van gejaagdheid, et cetera.

- De subassertieve persoon is niet of onvoldoende in staat deze spanning onder controle te krijgen en te houden. Vaak zoekt hij externe hulpmiddelen: medicijnen en/of drank. Op de langere termijn is hij met deze middelen niet tevreden: ze helpen niet of onvoldoende of hebben andere vervelende bijverschijnselen.

- De subassertieve persoon vermijdt zo veel mogelijk sociale conflictsituaties of probeert daar zo vlug mogelijk aan te ontsnappen. Dit zowel letterlijk als figuurlijk. Letterlijk door mensen en moeilijke situaties uit de weg te gaan, wat vaak een geïsoleerde levenswijze tot gevolg heeft. Figuurlijk door toe te geven aan de (veronderstelde) wensen van anderen, dat wil zeggen: door zijn eigen gevoelens, meningen en belangen ondergeschikt te maken aan die van anderen. De subassertieve persoon kan met andere woorden niet onderhandelen (zie paragraaf 15). Hij heeft immers geleerd daarvoor bang te zijn.
- De subassertieve persoon mist juist die stukken gedrag die het hem mogelijk zouden maken om op een gelijkwaardige wijze de vele interpersoonlijke conflictsituaties in het bestaan tegemoet te treden. Hij mist niet alleen de woorden, maar ook de daartoe geschikte houding. Hij heeft, om het wat formeler te zeggen: een gebrekkig sociaal gedragsrepertoire.

Een extra handicap voor de subassertieve persoon is zijn voortdurende bezorgdheid om wat anderen van hem willen of denken. Hij observeert slecht. Als hij sociale situaties waarneemt, heeft hij de neiging die in zijn verbeelding te herscheppen tot dreigende situaties. Slecht luisteren en kijken en onjuiste bedoelingen aan anderen toeschrijven, is voor de subassertieve persoon vaak aan de orde.

- De subassertieve persoon is verdrietig of zelfs depressief. Hij is vaak bezig om vooruit te komen, maar dat lukt hem niet alleen. Iedere nieuwe situatie ziet hij met meer spanning tegemoet dan de vorige. Hij heeft geen zelfvertrouwen, dat wil zeggen: hij verwacht voortdurend in zijn contacten met mensen te falen.
- De subassertieve persoon heeft een ongunstig beeld van zichzelf. Hij kan dat staven met tal van voorbeelden van situaties waarin hij niet bereikt wat hij, net als ieder ander, zou willen en mogen bereiken. Soms maakt de subassertieve persoon van de nood een deugd, door onderdanigheid tot een moreel goed te verheffen.

45 Voorbeelden van subassertief, assertief en agressief gedrag

Deze drie gedragsvormen heb ik al vanaf het begin van het boek tegenover elkaar geplaatst. Om het onderscheid wat concreter te maken, volgt nu een aantal voorbeelden. Telkens wordt eerst een situatie beschreven; daarna volgen voorbeelden van hoe men zich in die situatie subassertief, assertief of agressief zou kunnen gedragen.

Uit elkaar?
Tom kwam thuis en vond een briefje van zijn vrouw, waarin staat dat zij van hem weg wil. Hij is erg van streek, vooral ook omdat zij het niet rechtstreeks tegen hem gezegd heeft. Terwijl hij probeert zichzelf weer onder controle te krijgen leest hij de brief nog eens: 'Tom, we zijn drie jaar getrouwd geweest en niet een keer heb je me behandeld als een gelijkwaardig iemand. Je zegt me steeds wat ik moet doen en jij neemt alle beslissingen. Ik ben bang dat je nooit zult leren iemand tederheid en warmte te tonen. Ik ben ook bang om kinderen te krijgen, uit angst dat ze net zo zullen worden behandeld als ik. Ik ben al mijn respect en bewondering voor jou kwijtgeraakt. Vannacht deed je de emmer doen overlopen toen je me sloeg. Tom, ik wil scheiden.'

Tom kan op drie manieren op haar brief reageren:
- Hij voelt zich eenzaam, heeft medelijden met zichzelf en heeft spijt van alles wat er misging. Hij begint te drinken en brengt eindelijk voldoende moed op zijn vrouw in haar ouderlijk huis op te bellen. Aan de telefoon smeekt hij haar om vergiffenis, vraagt haar om terug te komen en belooft zijn leven te beteren.
- Tom belt zijn vrouw op en zegt dat hij zich realiseert dat hun problemen met name door hem veroorzaakt zijn, maar dat hij dat zou willen veranderen. Hij vertelt zijn plan om een afspraak te maken met iemand die hem kan helpen en hoopt dat zij met hem mee wil gaan.
- Tom wordt ontzettend boos en zoekt zijn vrouw bij haar ouders

op. Hij pakt haar ruw aan en gebiedt haar thuis te komen. Hij wijst erop dat zij zijn vrouw is en moet doen wat hij zegt. Zij vecht en stribbelt tegen, haar ouders komen tussenbeide en bellen de politie.

Geld terug
Nadat u een of ander artikel hebt gekocht, ontdekt u als u de winkel uitgaat, dat u vijftig eurocent te weinig hebt teruggekregen.
• U staat even stil om te bedenken of u het de moeite waard vindt voor vijftig eurocent terug te gaan. U praat uzelf aan dat dat niet zo is en u gaat weg. U voelt zich onprettig.
• U gaat de winkel weer binnen, trekt de aandacht van de verkoper en zegt dat u vijftig eurocent te weinig hebt teruggekregen. Terwijl u dat vertelt, laat u het wisselgeld zien wat u hebt teruggekregen.
• U gaat haastig de winkel weer binnen en eist, intussen scherpe kritiek leverend op 'caissières die niet kunnen tellen', uw vijftig eurocent terug.

Voorkruipers
U staat bij een kassa te wachten tot u kunt betalen. Anderen die na u kwamen worden eerst geholpen. U wordt het wachten moe.
• U legt het artikel terug waar u het vandaan hebt gehaald, en gaat weg.
• Voldoende verstaanbaar zegt u dat veel mensen, die al geholpen werden na u kwamen. Verder zegt u dat u nu graag aan de beurt zou willen komen.
• Voor iedereen verstaanbaar zeg u dat u in deze winkel slecht wordt geholpen, u smijt datgene wat u wilde kopen op de toonbank en loopt de winkel uit.

Even nog wat gaan drinken ...
Uw partner zou direct na het werk thuiskomen om te eten. In plaats daarvan komt hij uren later thuis, omdat hij met collega's wat is gaan drinken. Hij is een beetje aangeschoten.

- U zegt niets, maar gaat gewoon door met iets te eten voor hem maken. U voelt zich vervelend.
- U vertelt hem kalm en duidelijk dat hij u beter van tevoren had kunnen laten weten, dat hij wat zou gaan drinken en later zou komen. U vertelt hem dat zijn koude eten in de keuken staat.
- Schreeuwend, roepend of huilend maakt u hem duidelijk, dat u hem een dronken idioot vindt, dat hij zich niet interesseert voor uw gevoelens, dat hij een slecht voorbeeld is voor de kinderen en u vraagt zich af wat de buren wel niet moeten denken. U zegt dat hij zelf maar moet zien dat hij wat te eten krijgt.

Tante Margaret

Tante Margaret aan wie u liever niet veel tijd kwijtraakt, is aan de telefoon. Zij heeft u juist verteld dat ze met ingang van de volgende week drie weken komt logeren.

- U denkt 'O, nee!' maar u zegt: 'We zouden het erg leuk vinden als u kwam. Blijf gerust zolang u wilt.'
- U zegt: 'We vinden het leuk als u een weekend komt, maar we kunnen u echt niet langer vragen. Een kort bezoek is prettiger voor iedereen en we zullen elkaar eerder terug willen zien, als we het kort houden.'
- Of u zegt dat de kinderen net zwaar verkouden thuis zijn gekomen, dat er een veer is gebroken van het logeerbed en dat u zelf het komende weekend naar neef Bart gaat, wat allemaal niet waar is.

Hoor ik wel goed?

U luistert met circa driehonderd mensen naar een lezing. De professor spreekt zacht en u weet dat uw buren net zoveel moeite hebben om hem te verstaan als u.

- U blijft ingespannen zitten luisteren, gaat eventueel wat meer naar voren zitten, maar u zegt niets van het feit dat hij te zacht praat.
- Door uw hand op te steken trekt u de aandacht van de professor en u vraagt of hij wat luider wil spreken.

Hallo schat
U bent nog steeds niet uitgeweest met de vrouw waar u onlangs drie of vier keer mee hebt gesproken. U vindt haar erg aardig en u wilt haar opbellen voor een afspraakje.
- U houdt uw telefoon bij de hand en bedenkt steeds weer wat u zult zeggen en hoe zij zal reageren. Een paar keer begint u met het intoetsen van haar nummer, maar telkens als u bijna het hele nummer hebt ingetoetst drukt u het nummer weg.
- Als u haar belt vraagt u als ze opneemt, hoe het met haar is. Ze antwoordt 'Goed alleen zit ik wat in over een project dat ik binnenkort moet afronden.' Haar gedachten volgend praat u een paar minuten over het project. Dan zegt u dat er aanstaande vrijdagavond een goed toneelstuk is in de schouwburg en u vraagt of ze met u mee zou willen gaan.
- U belt op en meteen als zij opneemt zegt u: 'Hallo schat, je gaat dit weekend met me uit.' Nogal terughoudend vraagt zij met wie zij spreekt.

Een lekkere bolknak?
U wacht in een zaaltje op het begin van een lezing. Er komt een man de zaal binnen, die, terwijl hij geestdriftig aan een grote sigaar trekt, naast u gaat zitten. U hebt nogal last van de rook.
- Hoewel u last hebt van de rook, zegt u niets en denkt: het is toch de ander zijn recht te roken als hij dat wil.
- U vraagt hem vriendelijk maar beslist of hij hier niet wil roken, omdat u er last van hebt of om op een andere stoel te gaan zitten, als hij liever verder rookt.
- U wordt erg boos, vraagt hem of hij weg wil gaan of die sigaar uit wil doen, en verkondigt hardop de nadelen en de gevaren voor de gezondheid als je veel rookt.

Is uw baas u de baas?
U en uw partner hebben een belangrijke afspraak, die al weken geleden gepland was. Vandaag is het zover en u wilt meteen na uw werk weg. Maar in de loop van de dag komt uw leidinggevende

zeggen, dat hij wil dat u vanavond langer blijft om een speciale opdracht af te maken.
- U vertelt niets van uw plannen en u geeft toe.
- Vriendelijk maar beslist vertelt u uw leidinggevende van uw plannen en u zegt dat u vanavond echt niet kunt werken aan die speciale opdracht.
- Zenuwachtig en kortaf zegt u: 'Nee, ik werk vanavond niet over.' Vervolgens levert u kritiek op uw leidinggevende, omdat hij het werk niet beter heeft georganiseerd en gaat verder aan het werk waar u mee bezig was.

De misser van de maand
U hebt een fout gemaakt. Uw leidinggevende ziet het en laat u nogal nors weten, dat u niet zo slordig had moeten zijn.
- U geeft toe dat u een fout hebt gemaakt en dat u de volgende keer beter uit zult kijken. U voegt eraan toe dat u vindt dat hij wat nors is en dat u daar geen reden toe ziet.
- U blijft excuses maken, zegt dat het u spijt, dat u stom bent geweest en herhaalt dat u zult zorgen dat het nooit meer gebeurt.
- U stuift verontwaardigd op en zegt dat hij er op geen enkele manier recht op heeft, kritiek te leveren op uw werk. U zegt hem dat hij u met rust moet laten en u voortaan niet meer lastig moet vallen, omdat u best in staat bent uw eigen boontjes te doppen.

46 De brug en de pijlers: verscherping van de beschrijving
Bovenstaande voorbeelden vragen om een scherpere omschrijving van de termen assertief, subassertief en agressief. Het probleem hierbij is dat over de vraag of een bepaald gedrag agressief, assertief of subassertief is, geen absoluut oordeel te vellen valt. Om wat meer houvast te krijgen is het daarom nodig uit te gaan van de personen tussen wie zich het gedrag afspeelt en hoe zij dat gedrag ervaren. Laten we eens twee personen nemen: persoon A en persoon B. Op het moment dat zij met elkaar praten of een andere vorm van contact hebben, hebben zij een relatie. Men zou A en B en hun relatie

kunnen weergeven als een brug. A vormt met alles wat hij doet, voelt, denkt de ene pijler van de brug. B is de andere pijler. De relatie tussen A en B is weergegeven door de overspanning. Ik vaar in een bootje onder de brug door en probeer het onderscheid tussen de drie gedragsvormen duidelijker te omschrijven.

Stel A is in veel situaties subassertief. Als zij iets wil, denkt of voelt is het eerste wat zij doet: mijn boot lenen, naar de overkant varen en aan B vragen of dat wel goed is. In haar contact met B gaat zij voorbij aan haar eigen belangen, gedachten en gevoelens. Wat zij zelf wil, drukt zij weg: zij neemt de wensen van B over of geeft daar aan toe. De relatie tussen A en B is, ook al zou B dat niet willen, een volstrekt eenrichtingverkeer. De brug blijft misschien wel in stand, maar geheel ten koste van pijler A. Trouwens: blijft de relatie wel in stand? Hoewel ik B als een pijler heb voorgesteld is hij niet van beton. Hij zal het gedrag van A op een eigen wijze waarderen. Ik geef een paar voorbeelden:
- 'Heel goed. Daar heb ik geen last van: doet precies wat ik wil. Bruikbare kracht.'
- 'Wie is A: wat wil ze, wat voelt ze? Ik zou het graag willen weten.'
- 'Ik merk dat A altijd toegeeft aan wat ik wil, maar ik zie tegelijkertijd dat zij vaak iets anders wil. Ik krijg geen tegengas. Dat irriteert me. Soms voel ik me schuldig. Ik wil haar niet gebruiken, maar zij doet alsof zij het prettig vindt. Wedden dat ik over een tijdje van A te horen krijg dat zij zich door mij gemanipuleerd of gebruikt voelt? Ik wantrouw haar.'

Misschien krijgt B wel genoeg van A en stort de brug in elkaar.

Als A agressief is, geeft zij duidelijk aan wat haar eigen gedachten, wensen en rechten zijn. B krijgt volledige duidelijkheid over wat A wil bereiken. Maar A dwingt haar rechten af, zonder acht te slaan op wat er in B omgaat. Zij stapt zelfs niet in de boot om tot halverwege te varen. Zij straft of dreigt met straf en maakt daarbij volledig gebruik van haar machtsmiddelen. Zij slaat de ander als het ware 'plat' (zie paragraaf 14). A doet alsof het haar een zorg zal wezen of de brug in elkaar stort. De kans daarop is groot. Als B de gelegenheid heeft zal hij – zeker als A agressief blijft optreden – ertussenuit trekken. Het volgende kan door hem heengaan: 'Ik voel me rot en vernederd. Die A schenkt geen enkele aandacht aan wat ik wil. Als ik mezelf uit, slaat zij mij meteen 'plat' met alle mogelijke dreigementen. Ik zal nog eens met haar praten en duidelijk maken dat ik dat zo niet wil. Lukt dat niet dan zal ik haar zo veel mogelijk links laten liggen. Misschien moet ik hier wel zien weg te komen.'

Als A zich assertief opstelt, gaat zij een onderhandeling aan met B (zie paragraaf 15). A begint met duidelijk uiting te geven aan wat zij wil, voelt en denkt en gaat van daaruit een gesprek aan met B. Zij komen elkaar halverwege tegemoet, mits ook B de onderhandeling aan wil gaan. A vergeet niet wat zij wil, maar doet moeite, bij het bereiken van de oplossing de zaak ook van B's kant te bekijken. Dat wil zeggen: zij bekommert zich *mede* om de instandhouding van de relatie.

47 Het onderscheid tussen agressief, assertief en subassertief gedrag

Begrijpelijk genoeg is het onderscheid tussen deze drie gedragsvormen altijd een heet hangijzer in de AT-groep. Ik neem nu als voorbeeld de relatie tussen Tim en Bart. Tim richt een verzoek tot Bart. Hij doet dat op een bepaalde manier: hij staat er op een bepaalde manier bij, gebruikt bepaalde gebaren en zegt de woorden met een bepaald volume en zekere stembuiging. De vraag is dan: is Tims verzoek nu agressief, subassertief of assertief? Volgens mij hangt het antwoord af van hoe de aanwezigen Tims gedrag beoordelen. Iedereen: Bart, Tim en andere omstanders zullen hierover een eigen mening hebben. Of Tims gedrag assertief, agressief of subassertief is, kan alleen op grond van een onderlinge meningsuitwisseling worden vastgesteld. U merkt het al: ik geef hier geen oplossing voor dit probleem, maar probeer nu en in de komende paragrafen enige leidraden te geven *hoe* het vraagstuk in de concrete situatie kan worden opgelost.

Hoe ziet die 'concrete situatie' eruit:
- Aan de ene kant staat Tim. Hij kan bepaalde bedoelingen hebben met de manier waarop hij optreedt; hij wil bijvoorbeeld assertief overkomen. Een eerste mogelijkheid om te achterhalen of Tims gedrag assertief, subassertief of agressief was, is hiernaar te vragen. Jammer genoeg komt het vaak voor dat iemands gedrag anders overkomt dan het bedoeld is.
- Aan de andere kant staat Bart. Deze waardeert het verzoek van Tim. Hij kan Tims gedrag bijvoorbeeld als agressief, assertief of subassertief beoordelen. Dat kan blijken uit de nabespreking: desgevraagd of spontaan zal Bart zeggen hoe Tims gedrag op hem is overgekomen.
- Bart en Tim zijn niet de enigen die betrokken zijn bij dit schouwspel. Net als in de gewone leefsituatie zijn er omstanders. Die kunnen zich verplaatsen in de situatie van Bart en van Tim. Dit blijkt bijvoorbeeld als deelnemers in een nabespreking zich uiten in de trant van: 'In ... zijn plaats zou ik het zus of zo vinden of doen.' In de AT bestaan de omstanders uit overige deelnemers en trainers, elk met hun persoonlijke normen over wanneer zij een reactie agressief, subassertief of assertief vinden. Deze omstanders kunnen hun stem laten horen en elkaar en Bart en Tim beïnvloeden.

Deze vier partijen: Bart, Tim, overige deelnemers en de trainers vormen de jury. Als alle partijen het gedrag van Tim op dezelfde manier beoordelen en Tims gedrag kwam overeen met diens bedoelingen, zijn er weinig problemen. Die ontstaan pas als de meningen verschillen. In de volgende paragrafen laat ik een aantal van die problemen de revue passeren. Daarbij ga ik uit van de volgende vier situaties:

De bedoeling van Tim is:	Tims gedrag komt op Bart over als:
1 assertief op te treden	subassertief
2 assertief op te treden	assertief
3 assertief op te treden	agressief
4 agressief op te treden	assertief; of subassertief; of agressief

48 De bedoeling van Tim is assertief op te treden; zijn gedrag komt op Bart over als subassertief
Deze situatie zien we vaak als de training pas begonnen is of aan het begin van het doorwerken van een nieuwe situatie. Vaak vindt ook Tim zijn gedrag subassertief. Hij gaat vervolgens enthousiast door met oefenen. Het kan echter ook anders gaan: Tim vindt dat zijn gedrag wél assertief uitgevallen is. Het beste is dan hem zelf te laten ervaren hoe zijn gedrag overkomt, bijvoorbeeld door iemand anders zijn gedrag te laten naspelen. Tim kan dan zelf ervaren in welke opzichten zijn gedrag voor verbetering vatbaar is, hierbij geholpen door de constructieve opmerkingen van groepsleden en trainers. De beslissing is aan Tim of hij verdergaat met experimenteren totdat hij een gedragsvorm vindt die hem meer bevredigt.

Een aantal groepsleden blijft volharden in de mening dat, ook al heeft Tim in zijn verdere pogingen vooruitgang geboekt en wil hij nu stoppen, zijn gedrag nog steeds te veel subassertieve trekken heeft. De trainer kan hun dan allereerst vragen of zij ook, net als hij, vooruitgang hebben gezien in Tims herhaalde pogingen. Dan vraagt hij hun om concreet aan te geven in welke opzichten verbeteringen mogelijk zijn. Hij herinnert hen eraan dat Tim mag stoppen wanneer hij maar wil. Bovendien herinnert hij de deelnemers eraan dat het er in een AT niet omgaat de honderd meter in een wereldrecordtijd te leren lopen, maar om hem steeds sneller te leren lopen en dat die vooruitgang zich in een voor iedereen verschillend tempo afspeelt, en mag afspelen.

Een mogelijkheid – die overigens niet vaak optreedt – is dat een deelnemer bij herhaling zijn ontevredenheid uit over de voortgang van eenzelfde deelnemer. Marieke bijvoorbeeld vindt Tim niet aardig en door zijn gedrag subassertief te noemen geeft zij indirect blijk van kritiek. Weer vraagt de trainer haar de kritiek te vertalen in concrete opmerkingen, zodat Tim er iets van kan leren. Vervolgens vraagt de trainer of Marieke samen met Tim de situatie wil doornemen.

Het uitwerken van relatieproblematiek tussen deelnemers kwam in mijn AT-groepen niet voor. Ik maakte hier altijd – vooraf – duidelijke afspraken over met de deelnemers.

49 De bedoeling van Tim is assertief op te treden; zijn gedrag komt op Bart over als assertief

Deze toestand komt zeer vaak voor als het einde van de training nadert of nadat een bepaalde situatie grondig is doorgeoefend. Ook hier zijn de complicaties het meest interessant: Tim vindt zijn gedrag zelf niet assertief maar subassertief. Als dit voorkomt kan dat natuurlijk verschillende dingen betekenen. Tim kan een onjuiste waarneming doen van de manier waarop zijn gedrag is overgekomen. Als hij met Bart van rol verwisselt, de situatie naspeelt en de reacties van de anderen beluistert, kan hij een realistischer beeld van zijn gedrag verkrijgen. Als Tim te eerzuchtig is kan dat wel eens lastig voor hem zijn. Hij is alleen tevreden met een tien. Als er ook maar een klein smetje aan zijn optreden kleeft keurt hij heel zijn gedrag af. De trainer helpt Tim door hem te wijzen op de positieve aspecten van zijn optreden. De trainer benadrukt dat 'zo goed mogelijk' en niet 'het beste' het doel is waar we naar streven. De eerzuchtige eisen die Tim aan zich zelf stelt kunnen zulke grote vormen aannemen dat individuele begeleiding nodig is.

Tims reactie kan ook een signaal zijn dat andere problemen hem dwars zitten waarvoor hij aandacht vraagt, of dat hij van deelnemers of trainers te weinig aandacht krijgt. Ten slotte de meest voor de hand liggende mogelijkheid: Tim wijst op punten die voor verbetering vatbaar zijn, die deelnemers noch trainers hebben onderkend. Dat is altijd een leuke verrassing.

De deelnemers zien Tims gedrag als assertief, terwijl de trainers het – in een aantal belangrijke opzichten – als subassertief beoordelen. Deze situatie komt vrij vaak voor aan het begin van de training. De deelnemers weten dan nog niet waar ze op moeten letten. Later maken zij er een sport van, scherp te observeren en punten te ontdekken waarop Tim zich kan verbeteren. Het kan echter ook betekenen dat de groep lauw of moe is, en daarom maar zegt dat

Tims gedrag assertief is 'om ervanaf te zijn'. De trainer zal altijd attent moeten zijn op de energie die de groepsleden hebben. Hij kan de groepsleden stimuleren zich nog een paar minuten in te zetten. Vervolgens kan hij een motorische actie voorstellen; bijvoorbeeld een non-verbale oefening, de eerste oefening uit het gespreksblok of de oefening 'schelden'. Het kan ook zijn dat de deelnemers te lang met hetzelfde bezig zijn geweest. Overstappen naar een ander programmapunt is dan voldoende.
Als de lauwheid van de groep chronisch is, is het belangrijk extra goed op te letten. Misschien is men bang 'kritiek' te geven of te ontvangen. Dit is begrijpelijk in de eerste zittingen. Het voortduren van deze geremdheid is ernstig. Het succes van de training is namelijk sterk afhankelijk van de mate waarin de deelnemers elkaar helpen met constructieve opmerkingen. Het voortduren van deze toestand is meestal te herleiden tot het feit dat de trainer onvoldoende aandacht besteedt aan de manier waarop deelnemers elkaar kunnen helpen door elkaar opmerkingen te geven. Het leren op een goede manier opmerkingen te maken over elkaars gedrag is een belangrijke taak van de trainer. Hierop kom ik later terug. Het kan ook zijn dat de trainer de groep op een verkeerde manier heeft samengesteld: de deelnemers voelen zich te weinig tot elkaar aangetrokken. In dit geval kan de trainer behalve het veranderen van de groepssamenstelling sfeerverbeterende maatregelen treffen. In beide gevallen geldt voor de trainer: beter ten halve gekeerd dan ten hele gedwaald.

50 De bedoeling van Tim is assertief op te treden; zijn gedrag komt op Bart over als agressief

Dit komt vooral voor in het begin van de training. De deelnemers kennen het onderscheid tussen de drie gedragsvormen nauwelijks, laat staan dat zij het kunnen vertalen in concreet gedrag. Als Bart zich in de situatie zelf subassertief opstelde, is de kans ook groot dat hij het assertieve gedrag van Tim als agressief beschouwt. In de nabespreking stelt de trainer altijd de volgende drie punten aan de orde:
• Wat was de bedoeling van Tim? Wat wilde hij bereiken? Gaf Tim

aan zijn keuze een stem, bijvoorbeeld door te beginnen met de woorden: 'Ik wil'?
- Geeft Tim een stem aan zijn gevoelsmatige beoordeling van de situatie? Zei hij wat hij ervan vond, bijvoorbeeld door een zin te beginnen met de woorden: 'Ik vind ...'?
- Wat deed Tim vervolgens om de relatie gaande te houden? Onderhandelde hij? Liet hij zich uit in de zin van: 'Hoe kunnen we samen een oplossing vinden waar wij allebei plezier van hebben?' Of bediende hij zich in woord en gebaar van openlijke of verkapte dreigementen.

De trainer kan de deelnemers helpen het onderscheid tussen de drie gedragsvormen te maken, door in iedere nabespreking deze maatstaven aan de orde te stellen.
De situatie biedt in de eerste plaats veel leermogelijkheden voor Bart. Hij kan, als hij na nadere bespreking vond dat Tims gedrag assertief was, proberen zijn voorbeeld na te volgen.
Vanzelfsprekend biedt deze situatie ook veel leermogelijkheden voor Tim. Vaak zal hij er inderdaad niet volledig in geslaagd zijn, zijn assertieve bedoelingen in concreet gedrag te vertalen.
Het kan zijn dat Tim zijn eigen gedrag óók agressief vindt. Hij schrikt van zijn eigen duidelijkheid: 'Dat mag toch eigenlijk niet.' De trainer vraagt dan Tim weer de rol van Bart te spelen. Bart of iemand anders speelt precies na wat Tim eerder deed. Tim kan dan zelf ervaren hoe zijn eigen gedrag op hem overkomt. Weer neemt de trainer in de nabespreking Tims gedrag door aan de hand van de bovengenoemde drie maatstaven van assertief gedrag.
Ook deze situatie kan zich voordoen: de trainer staat alleen ten opzichte van de groep. Hij vindt het gedrag niet agressief, maar assertief. De groepsleden blijven het agressief vinden. In zo'n situatie kan de trainer de rol van Bart overnemen en Tim vragen het gesprek nog eens op dezelfde manier te herhalen. Hierdoor ervaart de trainer direct hoe Tims gedrag op hem overkomt. Als hij nu wél in Tims gedrag een agressieve toon ervaart, herziet hij – naar alle waarschijnlijkheid – zijn eerder gegeven mening.

De situatie wordt natuurlijk interessant als de trainer voor zijn
gevoel bij zijn eerdere mening moet blijven. Hij grijpt dan terug naar
de drie maatstaven van assertief gedrag. Hij legt uit dat hij niet
normgevend wil zijn, maar dat hij zijn eigen mening serieus neemt.
Ik voegde daar vaak in alle eerlijkheid aan toe dat volgens mij
subassertieve mensen in het begin van de training vaak geneigd zijn
om een duidelijke assertieve opstelling als agressief te beschouwen.
Daarna nodigde ik de deelnemers uit om door te oefenen totdat er
een voor hen minder agressieve, meer assertieve opstelling ontstaat.
Als ik de groep niet kon overtuigen, haalde ik dus bakzeil en stelde
mij tevreden met de vooruitgang die de deelnemers in hun verdere
pogingen boekten.

51 De bedoeling van Tim is agressief op te treden

Het komt voor dat Tim zich, ondanks de aangeboden voorbeelden en
zijn eerdere pogingen, inhoudt en op een niet-overtuigende manier
blijft overkomen. De trainer kan hem dan helpen door hem te
vragen het nog eens over te doen 'nu op een naar jouw gevoel
agressieve manier'. Vaak zal Tims gedrag dan ineens wel assertief
overkomen. Dit is dan een verrassing voor Tim, waaraan hij zeker zal
moeten wennen: 'Vroeger vond ik dit soort gedrag ontoelaatbaar
agressief. Ik merk nu van de anderen dat zij zich er niet door
beschadigd voelen en het gewoon duidelijk vinden.'
Als Tim, ondanks zijn poging het nu agressief te doen, subassertief
blijft overkomen en dat zelf ook zo ziet, ontstaat er een andere
situatie. Is de oefening niet te hoog gegrepen voor Tim? De trainer
kan Tim helpen door het door Tim gewenste gedragspatroon in
eenvoudiger onderdelen op te knippen en deze apart te oefenen.
Vanaf dat punt kan dan langzamerhand het gehele gedragspatroon
weer worden opgebouwd.
Vrijwillige agressieve bedoelingen om andere deelnemers 'de grond
in te boren', maakte ik in mijn groepen niet mee.

52 Een paar punten die de aandacht verdienen

Het antwoord op de vraag: is dit gedrag assertief of subassertief of agressief, hangt af van de normen die de omstanders ten aan aanzien van dit onderwerp hanteren. Die normen kunnen verschillen. Daarom heb ik de bespreking ook geplaatst tegen de achtergrond van wat kan gebeuren tussen de mensen die die normen uitdragen: Bart, Tim, deelnemers en trainers.

In de voorgaande paragrafen zijn terloops belangrijke onderwerpen aangeroerd, die ik er hier nog eens uitlicht:
- De deelnemers leren in de training steeds beter van hun lichaam een volmaakte vertolker te maken van hun bedoelingen. In het kader van de training is het van belang dat zij het verschil tussen assertief, agressief en subassertief kennen. De aandacht blijft vanzelfsprekend gericht op de verwerving van een assertief gedragsrepertoire. De drie boven gegeven richtlijnen voor assertief gedag kunnen de deelnemers helpen het onderscheid tussen de drie gedragsvormen duidelijk te maken.
- Of een deelnemer vooruitgang boekt, is voor een belangrijk deel afhankelijk van de bereidheid van de anderen zijn gedrag te observeren en daarover constructieve opmerkingen te maken. Opmerkingen maken over iemands gedrag (feedback geven) kan op een goede of op een verkeerde manier gebeuren.
- Alleen in een groep is het mogelijk de eigen opvattingen over wat assertief, agressief, subassertief is, te toetsen aan de opvattingen van vele anderen. Dit onderstreept nog eens het voordeel van groepsgewijze boven individuele AT.
- De trainer helpt de deelnemers inzicht te krijgen in het thema assertief versus agressief gedrag. Hij stelt kritische en ondersteunende vragen en doet voorstellen. Hij stelt niet de wet. Hoe de trainer ten opzichte van dit thema staat is persoonsgebonden. Meer trainers per groep vergroot de mogelijkheid voor de deelnemers uit verschillende gezichtspunten te kiezen.
- Het is nodig dat de trainer zelf, buiten de groep, bijvoorbeeld samen met collega's, voortdurend aan dezelfde doe!en werkt als de deelnemers. Ook de trainer zal moeten leren van zijn lichaam een zo goed mogelijke vertolker te maken van zijn gevoelens en

bedoelingen; en zijn beperkingen op dit punt te kennen. Dan ook kan hij gedragsvoorbeelden geven waaraan de deelnemers behoefte hebben. Hij zal, in de wetenschap dat zijn normen betrekkelijk zijn, bereid moeten zijn deze te wijzigen.

53 Tegen de draad in als een mogelijke reactievorm

Roel heeft een T-shirtje aan. Zijn moeder zegt hem:
'Jongen het is koud, doe je rode trui aan!'
'De rode trui?'
'Ja, de rode trui.'
Roel vindt het helemaal niet koud en wil gewoon in zijn T-shirtje blijven rondlopen. Na een tijdje komt hij echter terug met zijn jas aan.

Tegendraads gedrag is ook een mogelijke vorm van reageren op een conflictsituatie. Het brengt de opdrachtgevende partij vaak in verwarring. Heeft Roel nu gehoorzaamd of niet?! Vaak wordt dit soort gedrag opgevat als lijdelijk verzet, maar Roel is moeilijk te grijpen. Ik duid deze gedragswijze vaak aan als de 'dienstplichtige sergeanthouding'.

Als tegendraads gedrag in de groep voorkomt, was ik er om te beginnen tevreden mee: de betreffende persoon biedt weerstand. Die is echter niet volledig in overeenstemming met wat hij denkt, wil en voelt. Ik vroeg hem dan of hij verder wilde gaan en een meer assertieve opstelling wilde uitproberen.

54 Assertief gedrag als een reactie op een waarneembare beïnvloeding of als een actief ingrijpen in een situatie

Ik keer nu weer terug naar de situatie waarin Jacintha was betrokken (zie paragraaf 43). Zij heeft nu een aantal voorbeelden gezien en een paar keer geoefend.

Trainer	'Jacintha, hier is zes euro, haal in het café op de hoek eens een pakje Marlboro voor me.'
Jacintha	'Nee.' (Jacintha kijkt heel even bedrukt en loopt wat rood aan, maar beantwoordt de strenge blik van de trainer

	door rustig terug te kijken. Het woord 'nee' komt er krachtig uit. De trainer heeft de neiging niet verder te vragen, maar denkt: 'Nog even de proef op de som nemen').
Trainer	(Smekend) 'Jacintha ... ach, kom op ... doe me een lol ...'
Jacintha	'Nee ik wil niet ... haal het zelf maar, ik doe het niet ... eerlijk gezegd vraag ik me af waarom jij het aan mij vraagt: ik doe het in ieder geval niet.' (Haar antwoord komt er stevig uit. Zij onderbreekt de trainer en kijkt hem recht in het gezicht aan. Haar houding is actief).
Trainer	'Goed ... stop.'

De trainer vertelt haar van zijn eerdere neiging om te stoppen. Hij zegt erbij dat hij het ook in de oefensituatie nooit leuk vindt als iemand zijn verwende verzoekjes weigert, maar dat hij zich niet gekwetst voelde: 'Ik zou je de volgende keer best weer iets durven vragen. Maar dan zou ik me wel eerst afvragen of ik niet zelf eerst een oplossing kan vinden.' De andere groepsleden geven haar waarderende woorden. Zij wisselen van rol: de trainer speelt Jacintha na en zij hem. Zij is tevreden met haar door de trainer nagespeelde reacties.

De antwoorden en de houding van Jacintha noem ik *reactief assertief*. Jacintha reageerde op een duidelijk aanwijsbare sociale druk. Deze bestond uit beurtelings bevelende en smekende vragen, van het type waarop zij in het verleden gewend was met 'ja' te reageren.

Paul, een ander deelnemer, merkt in de nabespreking op, dat zijn probleem niet zo zeer het 'nee zeggen' is. Hij denkt dat hij dat wel kan. Wat hij echter voortdurend vreest, is dat mensen op een voor zijn gevoel onredelijke manier door zullen drammen. 'Daar heb ik geen antwoord op', zegt hij. Voor Paul ontstaat de volgende oefensituatie:

Trainer	'Paul ik heb geen geld, wil je me een tientje lenen?'
Paul	'Nee.'
Trainer	'Hé, joh, ik moet straks ook eten!'

Paul	'Nee, dat doe ik niet' (Hier begint Paul smekend te kijken. Hij zegt de naam van de trainer op de manier van: 'Toe alsjeblieft, doe het alsjeblieft niet, wij horen toch bij elkaar, ik ben toch je vriendje, niet doorvragen alsjeblieft.' De trainer, denkt bij zichzelf: Paul heeft meer moeite met 'nee zeggen' dan hij dacht).
Trainer	(Is nu wat feller, strenger en kijkt hem strak aan met gefronste wenkbrauwen:) 'Paul ... ik wil dat jij me een tientje leent!'
Paul	'Nee, dat doe ik niet.'

Enzovoort, de trainer dramt nog acht keer in alle toonaarden door. Hij voelt zich geen moment overtuigend gestopt door Paul, die alle acht keren een 'nee' laat horen. Paul is steeds kleiner geworden. Hij vermijdt het de trainer aan te kijken. Dit is voor Paul echt een situatie waar hij het moeilijk mee heeft. Andere groepsleden kijken ademloos toe. Na de achtste keer besluit de trainer te stoppen. Hij vraagt aan Welmoed, een andere deelneemster: 'Denk je, dat Paul het leuk vindt dat ik zo doorvraag?' Welmoed denkt van niet. 'Klopt dat Paul?' Hij zegt dat nu precies gebeurt waar hij altijd bang voor is. Andere deelnemers vallen hem bij: zij kennen het probleem. Paul fleurt wat op. Hij zegt: 'Ik vond het ontzettend lullig, maar ik wist er geen einde aan te maken.' Eric stelt voor dat het dan misschien beter is om te zeggen dat je het vervelend vindt en dat je wilt dat de ander ermee ophoudt. Paul vraagt het hem voor te doen. Wij blijven bij hetzelfde voorbeeld.

Ook Eric heeft er moeite mee om zijn bedoelingen in daden om te zetten. Na een keer of drie oefenen ontstaat het volgende gesprek:

Trainer	'Eric, ik heb geen geld, wil jij me een tientje lenen?'
Eric	'Nee.'
Trainer	'Kom op, Eric, leen me nu wat geld, je krijgt het de volgende keer terug.'
Eric	'Nee, dat wil ik niet.'
Trainer	'Toe nou Eric ... ik zit echt helemaal zonder geld ... je

Eric   krijgt het morgen terug ...'
(Hij is op de trainer erg duidelijk overgekomen. Nu onderbreekt hij hem bijna: hij laat hem wel uitspreken, luistert ook, maar valt onmiddellijk actief in zodra hij uitgesproken is:) 'Ik vind het vervelend dat je door blijft vragen, Jan. Ik heb je al gezegd dat ik jou geen geld leen. Ik wil dat je er nu over ophoudt.'

Zowel voor Eric als voor Paul zag de situatie er anders uit als voor Jacintha. Zij werden in eerste aanleg eveneens geconfronteerd met een waarneembare beïnvloeding: iemand zegt: 'Ik wil dat je mij geld leent.' De reactie van Eric daarop was *reactief assertief*. Er kwam voor Eric (en ook voor Paul) iets anders bij: hij werd geconfronteerd met het feit dat de vragensteller zijn vraag voortdurend bleef herhalen, ook nadat hij duidelijk had gemaakt dat hij het verzoek niet wilde inwilligen. Eric reageerde in de situatie niet alleen reactief-assertief ('Nee, dat wil ik niet'). Hij greep ook op een *actieve wijze* in in de situatie zonder dat daartoe door de vragensteller invloed was uitgeoefend. De trainer vroeg immers geen reactie op de voortdurende herhaling van zijn verzoek. Deze situatie vroeg om een *actief assertieve ingreep* van Eric: 'Ik vind het vervelend dat je zo doorvraagt. Ik heb duidelijk gezegd dat ik het niet wilde. Ik wil het niet. Ik wil dat je er nu over ophoudt.'

Mijn ervaring is dat deelnemers meer moeite hebben met een actief assertieve opstelling dan met situaties die een reactie vragen. Dit heeft te maken, denk ik, met het feit dat door een actieve opstelling de deelnemer zich ongevraagd bemoeit met de situatie en zich daardoor meer bloot geeft. Een belangrijke reden is ook dat een actief-assertieve opstelling zich vrijwel steeds richt op de wijze waarop anderen handelen en niet of minder vaak op de inhoud van wat anderen doen. Als iemand op een denigrerende toon een redelijke vraag stelt, raakt de beginnende cursist vaak in de war. Ook al verloopt het gesprek inhoudelijk naar wens: hij blijft een rotgevoel over houden. Hij weet niet waaraan dat ligt, totdat hij ook leert te letten op de manier waarop boodschappen worden overgebracht. De subassertieve persoon met zijn gebrekkige sociale vaardigheden, heeft in het begin grote moeite deze twee aspecten van gedrag te onderscheiden.

55 De Primulaschaal als een middel om subassertieve personen te herkennen

Samen met Mieke Paulussen en Jaap Praagman heb ik een test ontwikkeld, die het mogelijk maakt mensen te vergelijken naar de mate waarin zij gewend zijn subassertief op te treden: de *Primulaschaal*. Schaal, score-instructie en normen zijn opgenomen in paragraaf 106. De bespreking van de Primulaschaal zal hier kort zijn: elders is er uitvoerig over gerapporteerd (Schouten, Praagman, Paulussen, 1975).

De Primulaschaal is allereerst nuttig voor de evaluatie van de training. Zij kan ook gebruikt worden als men uit een grotere groep personen, de relatief subassertieve personen wil ontdekken. Als deze groepen groot zijn, is het in de regel ondoenlijk dit te doen in persoonlijke gesprekken.

Mijn werkwijze was dat ik de potentiële deelnemer altijd in een of meer persoonlijke gesprekken ontmoet. De gegevens uit dit gesprek vulde ik aan met de gegevens uit de Primulaschaal. Ten behoeve van de evaluatie legde ik deze aan het einde van de training nog eens aan de deelnemers voor. Deze gesprekken zijn natuurlijk erg belangrijk: deelnemer en trainer onderzoeken samen de problemen van de hulpvrager en komen dan een vorm van begeleiding overeen.

56 Verwijzing naar de literatuur

Aan het einde van dit boek is een beknopt literatuuroverzicht opgenomen. Ik maak u op dit overzicht attent, omdat een groot deel ervan handelt over de wijze waarop verschillende onderzoekers en trainers de begrippen assertief, subassertief en agressief omschrijven.

7 Het doel van de assertiviteitstraining

57 Doelstellingen

De doelstellingen kunnen als volgt worden omschreven:
1 Het vergroten van de mogelijkheid van mensen om in interpersoonlijke situaties, 'actief' of 'reactief' assertief gedrag te vertonen, door hen te helpen een assertief gedragsrepertoire op te bouwen en de psychologische factoren die een assertieve opstelling in de weg staan, weg te nemen. Hierbij streven we er tevens naar het trainingsresultaat buiten de trainingssituatie te laten voortbestaan (of te vergroten).
2 Het verminderen van ongunstig oordelen over de eigen persoon en vergroten van het zelfvertrouwen.

Een toelichting op de doelstellingen:
- Eerder heb ik al vastgesteld dat het er in een AT niet om gaat 'mensen assertief te maken'. Vergroting van de keuzevrijheid is het belangrijkste doel van de AT. Door het volgen van de training leren mensen assertief te zijn als zij dat willen zijn.
- Het gaat er in de AT om dat mensen leren een stem te geven aan wat zij voelen en willen met inachtneming van de relatie met de ander, of er nu van een waarneembare beïnvloeding sprake is of niet. De AT is dus geen training 'nee zeggen', wat ook uit de oefenstof blijkt.
- De deelnemers leren hun assertieve bedoelingen ten opzichte van anderen te vertolken. De subassertieve persoon heeft op dit punt een gedragstekort. Dit geldt voor alle facetten van zijn gedrag: niet alleen zijn woorden, maar ook de manier waarop deze worden uitgesproken, zijn houding, de manier waarop hij kijkt, et cetera. Wil de persoon inderdaad kiezen voor assertief gedrag, dan is het nodig dat hij het onderscheid kent tussen subassertief, agressief en assertief gedrag.
- Er zijn verschillende invloeden die er samen voor zorgen dat iemand die eenmaal assertief is dat ook blijft. Die invloeden

moeten bekend zijn, als men een training wil samenstellen die die invloeden onschadelijk maakt. Zie hiervoor paragraaf 58.

Voor alle duidelijkheid: dat wegnemen en onschadelijk maken gebeurt door de deelnemer, die hiertoe de middelen van de trainer krijgt aangereikt.

- Als de training voorbij is, zal de deelnemer in staat moeten zijn, zijn eigen trainer/therapeut te zijn. De training zal stof moeten bevatten en zo verlopen dat de deelnemers dit inderdaad leren.
- Ongunstige zelfbeoordelingen berusten op ineffectief gedrag. Door mensen te leren effectiever, dat wil zeggen met meer kans van slagen op te treden, verandert het zelfbeeld in een positieve richting.

58 Invloeden die ervoor zorgen dat mensen die ooit geleerd hebben zich subassertief op te stellen, dat ook blijven doen

Een eerste belangrijke invloed ligt in de omgeving van de subassertieve persoon. In veel sociaal-psychologisch onderzoek is dat vastgesteld. De kans dat iemand subassertief gedrag vertoont hangt sterk af van de personen met wie hij te maken heeft. Het geslacht, de leeftijd, de macht en de kennis van die ander is belangrijk. Zij bepalen in belangrijke mate het voorkomen van subassertief gedrag.

Andere invloeden zijn gelegen in de persoon zelf: de subassertieve persoon heeft in het verleden geleerd bang te zijn voor conflictsituaties en gaat deze uit de weg.

Waarom dan een AT? Die richt zich immers op de persoonlijke groei van een persoon en niet direct op verandering van diens omgeving. Is het dan niet beter dat veranderingen in de leefwereld van de subassertieve persoon worden aangebracht?

Dat zou mooi zijn. Het is echter vaak niet mogelijk de personen en omstandigheden die subassertiviteit in de hand werken uit de eigen leefwereld te verwijderen. Bovendien: indien iemand veranderingen aan wil brengen in de eigen leefwereld, verondersteld dit een actief ingrijpen van betrokkene zelf. Voorwaarde is dus dat men zich assertief ten opzichte van de eigen leefwereld weet te gedragen.

Door een persoon via een AT te leren vrij te kiezen voor een assertieve opstelling lukt het deze beter de door hem gewenste veranderingen in zijn omstandigheden aan te brengen. De vraag die dan overblijft is: welke persoonlijke invloeden maken dat mensen subassertief blijven reageren? Ik zal proberen dit kort toe te lichten:

- Bart is een subassertief persoon: in veel situaties laat hij subassertief gedrag zien. Dat wil zeggen: door toe te geven en zich aan te passen vermijdt hij veel conflicten.
- Zodra zo'n situatie dreigt of voorkomt, roept dat angst op bij Bart. Die koppeling tussen situatie en angst heeft Bart in het verleden geleerd.
- Als Bart angstig is in de bepaalde situatie, is de kans groot dat hij de situatie vermijdt of eraan probeert te ontsnappen. Hij wil weg of is al weg voordat het kwaad geschiedt. Zijn angst is door hem niet onder controle te krijgen. Vluchten of ontsnappen is het enige wat hem overblijft. De door de situatie opgeroepen angst is de eerste belangrijke invloed die ervoor zorgt dat Bart conflictsituaties uit de weg gaat.
- Bart zal zich opgelucht voelen zodra hij erin geslaagd is, zich aan de situatie te onttrekken. Zijn spanning neemt af en dat is prettig voor Bart. Maar nu heeft Bart iets nieuws geleerd. Op vermijden volgt opluchting en dat is prettig. Als Bart de volgende keer weer in de onprettige situatie verkeert zal hij weer vermijden, in de wetenschap dat daarop het prettige gevoel van de opluchting zal volgen. Die opluchting vormt een tweede invloed die de kans vergroot dat Bart zich subassertief zal blijven opstellen.
- Opluchting door het afnemen van spanning is vaak niet het enige prettige gevolg dat Bart ervaart als hij conflicten vermijdt en zich aanpast. Subassertief gedrag kan ook leiden tot positieve waardering door de omgeving. Dit vindt bijvoorbeeld plaats als een bovengeschikte systematisch het 'ja knikken' van ondergeschikten beloont en koel of afwijzend staat ten opzichte van de meer onafhankelijke geesten. Dit is dan een derde invloed die maakt dat Bart zich onderdanig blijft opstellen. Deze derde

invloed heb ik in de aanhef van deze paragraaf al besproken. Ik bespreek het hier nogmaals voor de volledigheid.

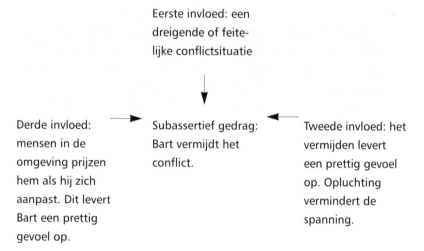

Het plezier dat Bart van zijn vermijdingsgedrag heeft is helaas van korte duur. Het vervelende voor Bart is dat, doordat hij vermijdt, ook de koppeling tussen situatie en angst sterker wordt: vermijden doet (telkens meer) lijden. Bovendien bereikt Bart de door hem bewust of onbewust gestelde doelen niet. (De voorgaande beschrijving is gebaseerd op het tweefasemodel van vermijdingsgedrag. Voor meer formele uiteenzettingen hierover verwijs ik naar de gedragstherapeutische basisliteratuur.)

59 Hoe kan de deelnemer leren de invloeden die hem subassertief houden, onschadelijk te maken?
Het antwoord op deze vraag is voor een belangrijk deel al aan de orde geweest in paragraaf 19. Voor de beginnende deelnemer geldt dat hij op sociale situaties met spanning reageert. Er bestaat een koppeling tussen sociale situatie en spanning. Deze koppeling moet de deelnemer ongedaan zien te maken: hij zal moeten leren de situatie spanningsvrij in te gaan. Dat gebeurt in de AT door de deelnemer te leren iets te doen dat tegenstrijdig is aan angst.

Daartoe leert de deelnemer ten eerste hoe hij zich kan ontspannen, en ten tweede in de situatie niet subassertief maar assertief op te treden. Ontspanning en assertief optreden remmen de spanning die vroeger optrad. Daarom is er in de AT veel aandacht voor ontspanningstraining. Terwijl de deelnemer oefent met assertief gedrag en dit toepast, leert hij zich gelijktijdig te ontspannen. Hoe beter het hem lukt ontspannen en assertief een reactie te laten zien, des te sneller treedt er een vermindering op van de angst die vroeger in die situatie optrad.

Als de deelnemer assertief optreedt, levert dat voor hem positieve gevolgen op. In de eerste plaats een prettig gevoel omdat hij bereikte wat hij wilde bereiken: een gelijkwaardige onderhandelingssituatie met kansen op een groot, eventueel met de ander gedeeld succes. In de tweede plaats de waardering van trainers en andere deelnemers. De deelnemer gaat steeds meer kiezen voor het prettige gevoel dat het gevolg is van succes en de lof van deelnemers en trainers, in plaats van het prettige gevoel dat het gevolg is van het vermijden van de conflictsituatie. Hij is daartoe in staat omdat de eerste invloed, de spanning, door hem binnen aanvaardbare grenzen wordt gehouden en omdat hij eerst in gemakkelijke later in moeilijke situaties geleerd heeft zich assertief op te stellen.

8 De opzet van de assertiviteitstraining

60 Samenbrengen van ongestructureerd werk en oefeningen

In het ongestructureerde gedeelte van de training krijgen de deelnemers de gelegenheid om te werken aan een eigen probleem (zie paragraaf 28). De oefeningen spreken de deelnemers aan, maar zijn vooraf bedacht door de trainers.

De trainer kan oefeningen en een ongestructureerde werkwijze op verschillende manieren in het programma onderbrengen. Deze zijn hieronder visueel weergegeven en van commentaar voorzien.

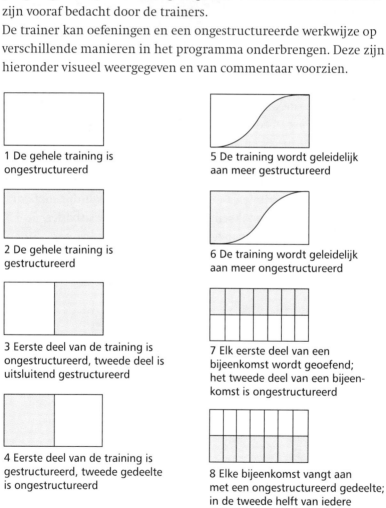

1 De gehele training is ongestructureerd

5 De training wordt geleidelijk aan meer gestructureerd

2 De gehele training is gestructureerd

6 De training wordt geleidelijk aan meer ongestructureerd

3 Eerste deel van de training is ongestructureerd, tweede deel is uitsluitend gestructureerd

7 Elk eerste deel van een bijeenkomst wordt geoefend; het tweede deel van een bijeenkomst is ongestructureerd

4 Eerste deel van de training is gestructureerd, tweede gedeelte is ongestructureerd

8 Elke bijeenkomst vangt aan met een ongestructureerd gedeelte; in de tweede helft van iedere bijeenkomst wordt geoefend

De AT in de uitsluitend ongestructureerde vorm (1) is al besproken en afgewezen (paragraaf 28, 29, 30). Wil de training doeltreffend en efficiënt zijn, dan moet deze oefeningen bevatten. Dat geldt in ieder geval voor de begeleiding van algemeen subassertieve mensen. Ook situationeel subassertieve mensen kunnen veel baat vinden bij zorgvuldig gekozen en eventueel aangepaste oefeningen.
Een uitsluitend gestructureerde training (2), geheel bestaande uit oefeningen lijkt mij zinvoller dan opzet 1. In deze opzet is de kans echter aanwezig dat deelnemers blijven zitten met hun persoonlijke problematiek. Daarom liever geen uitsluitend gestructureerde opzet, tenzij er een tijdsprobleem is, of, als de trainer zeker weet dat de deelnemers voor hun persoonlijke problemen elders begeleiding vinden.
Mijn ervaring is dat als deelnemers in de eerste helft van de training uitsluitend ongestructureerd bezig zijn, zij in de tweede helft moeilijk te bewegen zijn tot oefenen. Deze opzet (3) is om twee redenen ongunstig. Allereerst zal de deelnemer minder van het ongestructureerde gedeelte kunnen profiteren, omdat hij hiertoe essentiële vaardigheden mist. Op de tweede plaats verliest hij de motivatie om in het tweede gedeelte te oefenen, en profiteert hij daardoor niet van het vele goede dat van de oefeningen uitgaat (zie paragraaf 30). Om dezelfde reden vind ik opzet 5 minder geslaagd.

Benadering 4 vind ik beter dan 3. In de eerste plaats kan 4 soms noodzakelijk zijn. Het kan voorkomen dat de trainer moet werken met een groep waarvan de leden sterk verschillen in subassertieve houding. Het beginnen met oefeningen kan ertoe leiden dat de groep homogener wordt. Als de trainers weliswaar bekwaam zijn maar relatief weinig ervaring hebben, kunnen zij besluiten met uitsluitend oefeningen te beginnen, om zich al doende de basiswerkwijze eigen te maken. Het nadeel kan zijn dat de relatief minder assertieve personen zich beginnen te vervelen. Het kost de deelnemers bovendien moeite zelfstandig met problemen te komen, nadat zij eerst gedurende een groot aantal zittingen gewend zijn geraakt aan het feit dat de trainers voor hen de oefeningen verzinnen. In dit opzicht voldoet 6 beter: de eerste twee of drie zittingen wordt er uitsluitend geoefend, daarna wordt geleidelijk aan meer tijd ingeruimd voor ongestructureerd werk.

Gelet op deze bezwaren gaat mijn voorkeur uit naar opzet 7. Benadering 8 vormt ook een goede mogelijkheid. Deze mist echter de 'aanjaagfunctie' van oefeningen (zie paragraaf 30). Oefeningen eisen bovendien meer energie dan ongestructureerd werk. Daarom plaats ik deze het liefst aan het begin van de bijeenkomst, als de deelnemers nog fris zijn.

61 De basiswerkwijze

Deze is, zoals in paragraaf 19 besproken is, afgeleid van het rollenspel zoals dat in psycho- en sociodrama plaatsvindt. In paragraaf 22 zijn de grote lijnen van de basiswerkwijze al geschetst. Deze worden hieronder verder uitgewerkt. De basismethode is in wezen hetzelfde bij oefeningen en het ongestructureerde gedeelte van de training:

1 De trainer stelt een oefening voor, of vraagt in het ongestructureerde gedeelte 'wie wil iets inbrengen?', of woorden van gelijke strekking. Een deelnemer vertelt een probleem.

2 Deelnemer en trainer onderzoeken samen het probleem. Zij streven ernaar het probleem te herleiden tot een subassertieve handeling in een situatie, waar de deelnemer zich vervelend bij voelde. Het probleem wordt met andere woorden geconcretiseerd.

3 De deelnemer wordt aangemoedigd de situatie en zijn reactie daarop zo kleurrijk mogelijk te beschrijven. Welke andere mensen waren bij de situatie betrokken? Hoe zagen die eruit? Wat deden of zeiden zij? Welke typische woorden of zinnen gebruikten zij? Wat deed de deelnemer zelf? Op welke manier? Wat ging er voor, tijdens en na de situatie door hem heen?

4 De trainer vraagt de andere deelnemers of zij het probleem herkennen. Ook zij krijgen gelegenheid hun ervaringen te vertellen.

5 De trainer vraagt aan de eerste deelnemer of hij aan zijn probleem verder wil werken.

6 De trainer vraagt de deelnemer de situatie in scène te zetten: 'Wie zou de rol van de andere mensen in die situatie kunnen spelen?' 'Hoe zag de kamer eruit?', zijn typische vragen die door hem worden gesteld. De deelnemer kiest mensen uit voor de te spelen andere rollen en vraagt hun medewerking. Hij bootst met behulp van stoelen en dergelijke de situatie uit, zoals die naar zijn gevoel was.
7 De deelnemers die een rol spelen in de situatie, worden ingewerkt. Details kunnen hierbij van belang zijn, om bij de eerste deelnemer de gevoelens op te wekken die hij in de eerste situatie heeft gehad of zal hebben.
8 De situatie wordt eenmaal gespeeld, waarbij de deelnemer doet wat hij gewoonlijk in deze situatie zou doen. De trainer en de anderen observeren hem daarbij.
9 De observaties worden gebruikt om het gedrag van de deelnemer met hem te bespreken. Zowel pluspunten als manifestaties van subassertief en agressief gedrag krijgen de aandacht. Eventueel kan de trainer of een groepslid de deelnemer naspelen, om deze te laten zien hoe hij zich gedroeg.
10 Samen wordt nu besproken, welke andere gedragingen mogelijk zijn in deze situatie. De alternatieven en hun gevolgen worden tegen elkaar afgewogen. Er wordt speciaal gelet op subassertieve en agressieve kenmerken van bepaalde reacties. Als er overeenstemming is bereikt over een effectieve reactie, is het soms al mogelijk dat de deelnemer dit gedrag in de werkelijke situatie gaat toepassen.
11 De deelnemer leert gemakkelijker nieuw gedrag als het eerste is voorgedaan. De trainer kan het meer effectieve assertieve gedrag in de situatie voordoen.
12 De trainer wordt goed geobserveerd door de deelnemer; er moet vooral gelet worden op: gezichtsuitdrukkingen, manier van spreken, lichaamsbeweging, gebaren en woordkeus. De gevolgen van de voorgespeelde benadering worden besproken, en eventuele verbeteringen aangebracht.
13 Van belang is hier dat er in de training geen onderscheid is

gemaakt tussen de trainer en modellen. Voor ons kan ieder assertief gedrag of het nu wordt uitgevoerd door trainers of deelnemers als voorbeeldgedrag dienen.

14 De deelnemer kan nu zelf nieuwe gedragsvormen uitproberen. De deelnemer speelt de voor hem nieuwe reactie; dat kan het voorbeeld van de trainer zijn. Ook in deze fase wordt hij daarbij geobserveerd.

15 De fase is in wezen een herhaling van fase 8, maar nu ligt de nadruk van de feedback meer op de positieve aspecten van het gedrag van de deelnemer. Krachtig optreden wordt beloond; de deelnemer wordt aangemoedigd om zwakkere aspecten van het gedrag te verbeteren.

16 De fase 11 en 12 worden zolang herhaald tot de deelnemer zich in staat acht voor zich zelf op te komen in de voorheen bedreigende situatie. Hierbij kan 'successieve approximatie' worden toegepast, dat wil zeggen de positieve aspecten van het gedrag worden beloond, maar na elke poging worden de 'eisen' om voor die beloning in aanmerking te komen, verhoogd. Andere deelnemers krijgen de kans te oefenen.

17 De deelnemer kan de nieuwe gedragswijze uitproberen in de werkelijke situatie buiten de groep.

18 Deze proef wordt in de volgende bijeenkomst doorgesproken. Elk positief punt wordt door de trainer beloond.

19 De trainer zet de deelnemer ertoe aan de gewenste gedragsvorm te herhalen en ook toe te passen op andere, gelijksoortige situaties.

20 De trainer moedigt de deelnemer als laatste stap tot het vestigen van een assertief gedragspatroon aan, zelf verder te gaan.

62 Herhaling is een belangrijke karakteristiek van de basiswerkwijze

Waar en hoe komt dit tot uiting? Allereerst tijdens iedere willekeurige bijeenkomst: door vaak te proberen bereikt de deelnemer bij een bepaalde oefening een vooruitgang die hem aanstaat. In de tweede plaats komt dit typische kenmerk tot uiting, als de deelnemer het geleerde in praktijk brengt. Na herhaaldelijk oefenen in de training bereikt de deelnemer een resultaat dat hij thuis en in diverse andere situaties kan toepassen. Het resultaat van de toepassing kan weer aanleiding zijn de oefening in de training te herhalen. Een derde manier waarop het herhalingskarakter van de AT tot uiting komt, is dat een bepaalde oefening nooit in één bijeenkomst wordt afgewerkt, maar gespreid wordt over meer bijeenkomsten. In de vierde plaats bouwt de trainer een bijeenkomst bij voorkeur zo op, dat deze telkens begint met een herhaling van de belangrijkste dingen die in een vorige bijeenkomst zijn verworven.

Ten slotte komt het herhalingskarakter van de AT tot uiting in het gedrag van de trainer. Dit vereist wat meer uitleg. Zoals eerder in paragraaf 21 is gezegd, is de AT opgezet 'van gemakkelijk naar moeilijk'. Aan het begin van de training komt de oefening 'elementaire vaardigheden' aan de orde. Deze gaat onder andere over enkelvoudige gedragsvormen als 'nee zeggen', oogcontact zoeken, het geven van een hand en iemand aanspreken op straat, et cetera. Naarmate de training vordert wordt de aandacht meer gericht op samengestelde, meervoudige gedragspatronen, bijvoorbeeld: een gesprek met uw vrouw over een andere besteding van het huishoudgeld.

De deelnemer doorloopt als het ware verschillende stadia, die gaan van gemakkelijk naar moeilijk, van enkelvoudig naar samengesteld. Op iedere poging van de deelnemer volgen constructieve opmerkingen van de trainer en/of andere deelnemers. Deze hebben betrekking op wat in een bepaald stadium is geleerd. Maar dat niet alleen: de opmerkingen van de trainer (en andere deelnemers) hebben ook betrekking op vaardigheden die in eerdere stadia zijn verworven of verworven zouden moeten zijn. Het herhalingskarakter van de AT komt hier dus tot uiting in het feit dat de trainer zijn constructieve opmerkingen niet alleen beperkt tot wat in een bepaald stadium onderhanden is, maar ook op wat in voorgaande stadia is geleerd. Om een voorbeeld te geven: in een latere fase van de AT komt de gespreksvoering aan de orde. Een oefening in dat kader is: het aanknopen van een gesprek. Tijdens deze oefening wordt niet alleen feedback gegeven op 'hoe dat aanknopen gaat', maar ook op wat eerder in de training aan de orde was: zoals de ontspanningstraining, oogcontact, et cetera.

Waarom dit herhalingskarakter? In de eerste plaats is herhaaldelijk oefenen een voorwaarde als een deelnemer een door hem gewenste gedragsvorm wil leren. Verder is het van belang vast te stellen dat een subassertieve houding, gewoontes omvat die diep geworteld zijn. Herhaaldelijk oefenen gedurende een langere periode vergroot de kans dat nieuwe gewoontes (in dit geval: het nieuw geleerde assertieve gedrag) wortel schieten. Periodieke herhaling, ten slotte, geeft trainers en deelnemers gelegenheid het niveau van het geleerde te bewaken: zij zien of datgene wat geleerd is al dan niet beklijft. Is dat niet het geval, dan kan wat nog niet helemaal door de deelnemers eigen gemaakt is door hernieuwde oefening meer vaste voet krijgen. In de regel zullen deelnemers merken dat zij wat zij eenmaal geleerd hebben vast blijven houden: dat motiveert hen extra: 'We doen het niet voor niets we slagen erin blijvende veranderingen in onze opstelling te bewerkstelligen.'

Deze beschrijving van het herhalingskarakter van de AT bevat ten minste drie adviezen aan de assertiviteitstrainer:

- Spreid iedere willekeurige oefening over twee of meer bijeenkomsten.
- Herhaal bij het begin van iedere bijeenkomst de belangrijkste verworvenheden van de vorige bijeenkomst;
- Neem in uw feedback aan de deelnemers voortdurend ook die gedragsaspecten mee, die in eerdere oefeningen/stadia aan de orde zijn geweest.

63 Constructieve opmerkingen waar de (andere) deelnemers iets aan kunnen hebben

De deelnemers leren van de opmerkingen die zij van collega's en trainers over hun gedrag horen, mits deze goed geformuleerd zijn. Als een deelnemer na een zoveelste poging bijvoorbeeld zou horen:

'Er deugt nog helemaal niets van, je zult het nooit leren', is de kans groot dat hij in zijn schulp kruipt, om er (voorlopig?) niet meer uit te komen. Hij zal de opmerking opvatten als een frontale aanval op zijn persoon. Bovendien: wat kan hij van een dergelijke opmerking leren? Niets. De opmerking bevat immers geen enkel concreet aanknopingspunt voor hem om aspecten van zijn gedrag te verbeteren. Er zijn met andere woorden goede en slechte manieren om feedback te geven. Hierover is al veel nagedacht door trainers van uiteenlopende soorten groepen.

Trainer en deelnemers doen er goed aan ten minste de volgende drie richtlijnen ter harte te nemen.

1 Vertel de ander wat u van hem hoort en ziet. Als Marijke tijdens een oefening met Bas, een grote man, haar ogen neerslaat, zou u kunnen zeggen: 'Goh, Marijke, jij had vroeger zeker een strenge vader.' Met een dergelijke opmerking gaat de spreker voorbij aan wat Marijke *hier en nu* aan gedrag laat zien. Dit kan weer leiden tot langdradige discussies over 'hoe het kwam', 'waaraan het ligt', 'wie er schuldig is'.

2 Geef opmerkingen over het concrete gedrag van de persoon; geef liever geen algemene persoonsbeschrijving. In de aanhef van deze paragraaf heb ik al gewezen op het gevaar van persoonsbeschrijvingen. U kunt tegen Marijke zeggen: 'Jij was niet assertief.' Deze opmerking zou Marijke in het harnas kunnen jagen. Als dat niet gebeurt heeft zij in ieder geval weinig aan zo'n opmerking. Daarvoor biedt zij te weinig concrete informatie en aanknopingspunten om haar gedrag te veranderen als zij dat wil.

3 Leg de nadruk op beschrijving van het gedrag van de ander en het gevoel dat hij bij u oproept; niet op de waardering of interpretatie daarvan. Vergelijk de volgende twee opmerkingen die Bas kan maken, als hij ziet dat Marijke haar ogen neerslaat:

| 'Ik zie dat jij je ogen neerslaat en dat kwam onzeker op mij over.' | 'Ik zie dat je onzeker bent. Dat is niet goed volgens mij. Doe jij dat altijd bij mannen?' |

Het is van groot belang dat de deelnemers leren op de juiste wijze feedback te geven. In de eerste plaats profiteert iedere deelnemer het meest van de training als hij vanuit zo veel mogelijke hoeken opmerkingen hoort over zijn gedrag. Is alleen de trainer aan het woord, dan is in feite sprake van een individuele AT waarbij een aantal toeschouwers zit.

Om nog een reden is het leren geven van feedback belangrijk: al doende leren de deelnemers zich actief assertief op te stellen. Bovendien: doordat de feedback zich voor een belangrijk deel richt op de manier waarop concreet gedrag zich afspeelt, leren zij al doende een vaardigheid die wezenlijk is voor een actief assertieve opstelling (zie ook paragraaf 54).

64 De vorm van nabesprekingen

Voor het nabespreken hanteerde ik de volgende vorm: Ik vroeg eerst aan de deelnemer die geoefend had, wat hij zelf van zijn optreden vond. Vervolgens vroeg ik hem, of hij wilde weten hoe het eigen gedrag op de anderen was overgekomen en wat hun was opgevallen. Ten slotte: als de deelnemer vis à vis met een ander oefende, bijvoorbeeld tijdens een gesprek, vroeg ik eerst aan deze partner of hij zijn opmerkingen wilde geven. Daarna gaven de andere, niet direct bij de oefening betrokken, deelnemers hun opmerkingen. Aan het begin van de training hebben veel deelnemers de gewoonte om eerst naar voren te brengen 'wat niet goed was'. De trainer kan hun dan eerst vragen de concrete punten te noemen die goed bevielen en daarna de punten die voor verbetering vatbaar zijn. Deze werkwijze, samen met een vorm van feedback die in de vorige paragraaf is beschreven, maakt de kans dat een deelnemer 'dichtslaat' of zich gaat verdedigen minimaal.

65 Videorecorders en geluidsbanden als hulpmiddelen

Geluidsbanden worden door deelnemers gebruikt om thuis bepaalde oefeningen door te kunnen nemen. Als feedbackmiddel heb ik in de training nooit een videorecorder of een geluidsband gebruikt. Misschien zijn zij als zodanig wel nuttig. Video kan de deelnemer in beginsel een goed beeld geven van zijn feitelijke gedrag. Dat beeld kan echter ook verkregen worden, als een deelnemer of een andere deelnemer of trainer dat gedrag naspeelt.

Voor demonstratiedoeleinden zijn video en film echter zeer nuttig. Door aan een potentiële deelnemer een korte opname te laten zien van wat zich concreet in een AT afspeelt, kan hij een beter afgewogen keuze maken om al dan niet aan een AT deel te nemen.

9 De inhoud van de training

66 Het ongestructureerde gedeelte
De opzet van het ongestructureerde gedeelte heb ik al in paragraaf 28 beschreven. Er wordt gewerkt volgens de in paragraaf 61 beschreven basiswerkwijze. De inhoud wordt gevuld door de deelnemers: deze brengen problemen in van uiteenlopende aard: van belangrijke beslissingssituaties tot conflicten met familieleden.
In de AT die ik gaf, streefde ik er voortdurend naar in het ongestructureerde gedeelte niet alleen een deelnemer, maar alle deelnemers een actieve oefenmogelijkheid te bieden. Eerst gaf ik de eerste deelnemer – degene die zijn probleem inbrengt – gelegenheid een nieuw en meer bevredigend assertief gedragspatroon in te oefenen. Daarna veralgemeniseerde ik de door de eerste deelnemer ingebrachte probleemsituatie op zo'n manier dat zij bij alle deelnemers aansloeg. Vervolgens kregen de deelnemers de gelegenheid in de veralgemeniseerde situatie te oefenen met meer assertieve gedragsvormen. Hieronder volgt een voorbeeld:

Specifiek probleem	*Veralgemenisering*
Paul heeft op zijn werk wekelijkse stafvergaderingen met vijf collega's. Zij nemen met zijn zessen belangrijke beleidsbeslissingen. Paul vraagt nooit de aandacht van zijn collega's voor zijn ideeën, bang dat zij hem zullen kleineren, of over hem zullen praten. Deze situatie wordt door Paul zo concreet mogelijk in scène gezet. Hij oefent door tot hij een bevredigend optreden heeft verworven.	De groep is bijeen. De deelnemers zijn in drukke onderlinge gesprekken gewikkeld. Telkens krijgt een deelnemer de taak een voorstel in te brengen en ervoor te zorgen dat de anderen daar aandacht aan besteden. De groep gedraagt zich echter op een manier, die de deelnemer het meest vreest: zij is niet bereid bij de eerste oproep om aandacht, deze inderdaad te geven. Er wordt een beetje aangeklooid.

Het voordeel van veralgemenisering is dat zij leidt tot een oefening waarvan het geleerde niet alleen in een specifieke situatie, maar in vele soortgelijke situaties kan worden toegepast.

67 De oefenblokken

De oefeningen van de AT zijn ondergebracht in blokken. Deze zijn aangeduid met de hoofdletters A t/m J. Ieder blok bevat een of meer oefeningen die bij elkaar horen. Binnen ieder blok zijn de zevenendertig oefeningen naar moeilijkheidsgraad geordend. De oefenblokken en de daarbij behorende oefeningen zijn opgenomen achter in dit boek, zie pagina 133. Ik volsta hier met een korte beschrijving van ieder blok:

A De eerste bijeenkomst
Dit blok bevat een kennismakingsoefening. Daarnaast is kort aangegeven, welke onderwerpen door de trainer aan het begin van de training kunnen worden aangesneden.

B Leren spanning onder controle te krijgen en te houden
Deze vaardigheid staat centraal in de training. Het blok bevat allereerst een instructie voor de ontspanningstraining. Gekozen is voor een vorm van ontspanning volgens de methode van Jacobson. Aan de toepassing van de ontspanningstraining in het dagelijks leven wordt in het blok apart aandacht besteed. Ten slotte bevat dit blok een instructie voor een meer suggestieve, passieve vorm van ontspanning.

C Oogcontactoefeningen, waarnemings- en empathietraining
Naast oogcontactoefeningen zijn in dit blok twee waarnemingsoefeningen opgenomen. Deze monden uit in een oefening die deelnemers leert onderscheid te maken tussen wat zij zelf voelen en denken, met wat anderen voelen en denken en met de gevoelens en gedachten die zij aan anderen toeschrijven.

D Leren afwijzen van verzoeken, smeekbedes of opdrachten waaraan men niet wil beantwoorden
Dit blok bevat een oefening 'nee zeggen' en een oefening gericht op het vergroten van de assertieve woordenschat. Daarna worden situaties doorgeoefend, waarin iemand een opdracht geeft of iets vraagt waar de deelnemer niet aan wil beantwoorden. Deze situaties zijn vrij eenvoudig, maar bevatten toch al de elementen die het voor een persoon moeilijk maken zich assertief op te stellen. Daarna volgt oefening van assertief gedrag in moeilijker en meer complexere situaties. Dit blok bevat ook een tweetal ondersteunende oefeningen: 'met stemverheffing spreken' en 'ingaan tegen op de kast gejaagd worden'.

E Het aanknopen, gaande houden en afsluiten van een gesprek
Dit blok bevat acht oefeningen. Omdat de gespreksvoering overal in de training uitvoerig aan de orde komt, hebben de oefeningen betrekking op de belangrijkste elementen uit een gesprek. Het blok begint met een non-verbale oefening: het geven van een hand. Daarna volgt een aantal oefeningen met betrekking tot het uzelf voorstellen aan een groep mensen. Vervolgens is er een oefening in het aanknopen van een gesprek, onder meer bevattend: een oefening in het aannemen van een belangstellende houding. De vijf daarop aansluitende oefeningen hebben betrekking op: het vertellen over wat voor 'n soort werk u doet, wat te doen als u in een gesprek wordt gestoord, u mengen in een gesprek, u prijzend uitlaten over uzelf, en het beëindigen van een gesprek.

F Expressie-oefeningen
Hierin zijn twee oefeningen opgenomen gericht op het leren formuleren van gevoelens.

G Het houden van spreekbeurten
In dit boek zijn drie oefeningen opgenomen: voorlezen, vertellen uit de vrije hand en het houden van een spreekbeurt.

H Contact met elkaar zonder te praten
Deze oefeningen zijn erop gericht deelnemers te leren hun angst voor lichamelijk contact met anderen te overwinnen.

I De Ullrich-Paulussen-Rossielle-lijst van algemene levenssituaties
Eind jaren zestig begin jaren zeventig ontwikkelde Rita Ullrich in München een uitgebreide lijst van oefeningen. Elke oefening bevat een situatie die moeilijk is voor de algemeen subassertieve persoon. Mieke Paulussen en Carina Rosielle bewerkten deze lijst, vulden haar aan en verbeterden haar op een originele en aan het doel van de training aangepaste wijze. De situaties zijn onderverdeeld in verschillende rubrieken. Zowel de rubrieken als de oefeningen binnen de rubrieken zijn naar moeilijkheidsgraad geordend. De Ullrich-Paulussen-Rosielle-lijst kent de volgende rubrieken:
- situaties op straat
- situaties in het openbaar vervoer
- winkelsituaties
- situaties met betrekking tot openbare gelegenheden en officiële instanties
- situaties met vrienden en bekenden
- werksituaties: collega's op het werk
- werksituaties: leidinggevenden

J De laatste bijeenkomst
Dit blok bevat twee oefeningen die de deelnemers in de gelegenheid stellen, elkaar op een gestructureerde manier te vertellen wat zij van elkaar vinden. Bovendien komt hier een aantal onderwerpen aan de orde die voor de trainer en deelnemers aan het einde van de training van belang zijn.

68 De inleiding tot en de uitvoering van de oefening
De oefeningen zijn van tevoren bedacht door de trainers. Vandaar dat deze zich er bij de inleiding tot een oefening van moeten vergewissen of de oefensituatie de deelnemers aanspreekt. Het 'waarom' van de oefening moet de deelnemer niet alleen duidelijk

zijn, maar ook uit het hart gegrepen. Bij de beschrijving van de oefeningen achter in dit boek worden hiervoor aanknopingspunten gegeven. Het blijft de taak van de trainer de deelnemers goed op de hoogte te brengen van de situatie, zodat deze voor hen zo levensecht mogelijk wordt.

De werkwijze die bij de uitvoering van de oefening wordt gehanteerd is vaak als volgt: eerst wordt een oefening met alle deelnemers doorgenomen. Als de deelnemers de oefenregels beheersen, splitsen zij zich op in kleine groepjes. Deze gaan dan zelfstandig aan het werk. De trainer loopt van groepje naar groepje. Daarbij verstoort hij de zelfwerkzaamheid van ieder groepje zo min mogelijk.

In paragraaf 62 heb ik het herhalingskarakter van de AT besproken. Dit houdt onder meer in dat een willekeurige oefening altijd over twee of meer bijeenkomsten wordt gespreid. Deze werkwijze heeft tot gevolg dat het oefengedeelte van een willekeurige bijeenkomst steeds zeer gevarieerd is. Met uitzondering van de ontspanningstraining aan het begin van de training duren oefeningen tussen de zeven en maximaal dertig minuten. Oefeningen verliezen na een half uur hun werking: elke oefening is moeilijk, spannend en vermoeiend voor de deelnemer. Dit bezwaar wordt in deze gevarieerde opzet met zijn vaak herhaalde maar kortdurende oefeningen ondervangen.

Omdat iedere oefening deel uitmaakt van een blok van samenhangende oefeningen, zal de deelnemer, hoe gevarieerd het oefengedeelte er ook uitziet, toch de grote lijnen blijven zien. Voorwaarde is dat de trainer de deelnemers hierover inlicht.

69 Mogelijke spreiding van oefenblokken over de bijeenkomsten

Het onderstaande schema geeft een indruk van de mogelijke spreiding van de oefenblokken over de training. De blokken B, C, D en I staan meer centraal dan de overige blokken.

Uitgaande van twintig bijeenkomsten heb ik de laatste twee leeg gelaten. Ik heb namelijk de ervaring dat de deelnemers, hoe verder de training vordert, steeds meer zeggenschap willen over de aard van de oefenprogramma's. In het tweede gedeelte van de training kan dit spoedig tot uiting komen. In de groepen die ik begeleid heb, heb ik vaak meegemaakt dat de inhoud van de laatste bijeenkomsten werd geprogrammeerd door de deelnemers zelf. De mate van subassertiviteit van de deelnemers en de ervaring van de trainers bepalen meestal de duur van de training. Mijn ervaring is dat deze toch binnen vijfentwintig bijeenkomsten (vijftig zittingen van anderhalf uur) moet kunnen worden afgerond.

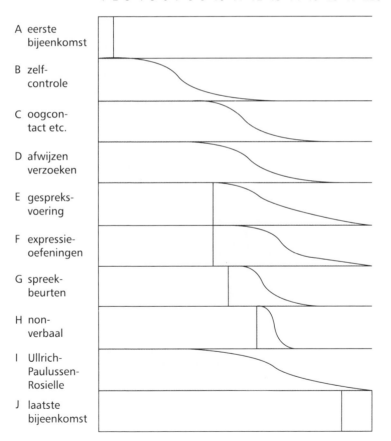

70 Huiswerk en huiswerklijst

Huiswerk is een belangrijk element van de AT. Welke houding kan de trainer innemen ten opzichte van het door de deelnemers te verrichten huiswerk? Hieronder volgen drie verschillende opties:

Een passieve houding

Afspraken vooraf: de trainer benadrukt in de voorbereidende gesprekken met de deelnemer het belang van het huiswerk. Hij vraagt aan de deelnemer om wat hij leert in de praktijk te brengen, omdat daarvan het succes van de training afhangt.

Werkwijze: tijdens de training snijdt de trainer geen enkel moment het onderwerp 'huiswerk' aan. Hij wacht tot de deelnemers daar spontaan opmerkingen over maken. Natuurlijk is de trainer erop gespitst dat de deelnemers het geoefende in praktijk brengen. Daarom is hij blij als hij hoort dat het een of meer deelnemers lukt. Hij toont dan ook zijn enthousiasme, zoals hij ook ingaat op de problemen die de deelnemers bij het huiswerk ondervinden of verwachten.

De activerende tussenweg

Afspraken vooraf: in de voorbereidende gesprekken benadrukt de trainer eveneens het belang van het huiswerk. Hij vraagt bovendien de bereidheid van de deelnemer om huiswerk te doen en daaraan tijd en energie te besteden. Ten slotte vraagt hij de deelnemer of hij hem aan deze afspraak mag houden.

Werkwijze: na iedere oefening of ongestructureerd gedeelte stelt de trainer aan de deelnemer vragen met de volgende strekking:
- 'Zie je mogelijkheden, om wat je nu geoefend hebt, buiten de groep in praktijk te brengen?'
- 'Wil je die mogelijkheden benutten of besluit je het geleerde (nog) niet buiten de groep toe te passen?'
- 'Welke moeilijkheden zie je? Kunnen we deze hier bespreken?'
- 'Zou je ons willen zeggen welk concreet plan je hebt: wat ga je thuis oefenen?'
- 'Mogen wij je daaraan houden?' De beslissing wordt dan eventueel in de groepsruimte op een bord of flap-over geschreven.

De volgende bijeenkomst wordt besproken hoe het met het huiswerk is gegaan.

De actieve opstelling

Afspraken vooraf: in de voorbereidende gesprekken stelt de trainer dezelfde afspraken voor als bij de activerende tussenweg. Hij voegt daaraan toe, dat hij aan afzonderlijke deelnemers en de deelnemers gezamenlijk voorstellen voor het huiswerk zal doen.

Werkwijze: de trainer formuleert na iedere oefening, aan het einde van de bijeenkomst of op een ander gunstig moment, huiswerkvoorstellen. Als de deelnemers bevestigen het huiswerk te zullen doen, houdt hij hen eraan.

Voor en tijdens de training staat de trainer vaak voor de keuze: welke opstelling kies ik? Hij weet dat het belangrijk is dat de deelnemer het huiswerk doet. Hij weet echter ook dat de deelnemer zal moeten leren huiswerk te doen op eigen initiatief en in eigen beheer. Een passieve opstelling lijkt dan ideaal: hier gaat de trainer volledig uit van de eigen verantwoordelijkheid van de deelnemer. Het probleem is echter dat veel deelnemers zeker in het begin van de training hun eigen verantwoordelijkheid wel waar willen maken, maar dat vaak niet kunnen. De trainer zal dan een actievere weg moeten inslaan om de deelnemers te leren kunnen wat zij willen: zelfstandig huiswerk uitvoeren. Een dergelijke omschakeling naar een actievere houding is voor de deelnemer echter moeilijk te volgen, als hiervoor in de afspraken die vooraf zijn gemaakt geen ruimte is opengelaten.

Een activerende opstelling heeft meer voordelen dan de passieve. Het biedt de deelnemers de gelegenheid zelf de beslissing te nemen een oefening al dan niet in de praktijk te brengen. Zij zijn vrij in hun beslissing. De trainer doet niets meer of minder dan de deelnemer voor de beslissing plaatsen; en er hem vervolgens aan houden.

De afspraken die behoren bij de activerende opstelling, sluiten een passieve houding niet uit. De trainer kan zo nu en dan voor deze opstelling kiezen. Dat geeft hem en de deelnemers de gelegenheid vast te stellen in hoeverre men erin slaagt zelf de huiswerktaken te bepalen en uit te voeren.

Als een trainer eenmaal begonnen is met een activerende opstelling, hebben de deelnemers na verloop van tijd geleerd dat aan hun huiswerk steevast door de trainer aandacht wordt geschonken. Een periodiek terugvallen op een passieve opstelling geeft de deelnemers de gelegenheid te leren dat huiswerk hun eigen verantwoordelijkheid is, die zij zelf moeten nemen, of er door de trainer aandacht aan wordt geschonken of niet.

Een uitsluitend actieve opstelling gedurende de gehele training lijkt mij niet zo geschikt. De deelnemers krijgen daardoor onvoldoende de kans in hun eigen leefwereld te leren zich op een assertieve manier te gedragen. Toch heeft een actieve opstelling een duidelijke plaats in de training. De trainer zit immers met een dosis observaties en ervaring waarvan de deelnemers kunnen en willen profiteren. De vraag is evenwel hoe en op welk moment de trainer met zijn huiswerkvoorstellen komt. Het is een vrij ingewikkelde beslissing die de trainer telkens weer moet nemen. Dit te meer omdat hij bij de ontwarring van de knoop ook rekening moet houden met zijn eigen persoonlijkheid en het 'subassertiviteits'-niveau van de deelnemers. De trainer zal bijvoorbeeld van zichzelf te weten moeten komen, of zijn keuze voor een passieve opstelling stoelt op een zekere angst om zich directief op te stellen; en of zijn keuze voor een uitsluitend actieve opstelling berust op onvoldoende vertrouwen in de zelfgenezende krachten van mensen of op zijn bezorgdheid of het trainingsresultaat er goed af komt bij zijn collega's of meerderen. Ook het niveau van de deelnemers speelt een rol: zijn zij zeer angstig, dan kan een actieve opstelling hen helpen over de drempel te komen. Deze opstelling kan dan later overgaan in een meer activerende houding.

Hoe deed ik het zelf? Dat varieerde nogal per groep. In ieder geval besteedde ik veel aandacht aan de vraag: hoe kan ik bevorderen dat de deelnemers het huiswerk doen, zonder dat ik hun dat voorstel?

Terugkijkend op mijn manier van werken, ontdek ik daarin de volgende lijn:

- Tijdens de voorbesprekingen maakte ik afspraken met de deelnemers die mij de ruimte gaven tijdens de training te kiezen voor een passieve, activerende of actieve opstelling. In de eerste zittingen had ik vaak een passieve opstelling. Dat stelde de deelnemers en mij in de gelegenheid vast te stellen, hoe de vertaling van het geleerde naar de eigen leefsituatie verliep. De deelnemers kwamen spontaan met hun ervaringen op de proppen. Ik herinner me dat ik altijd enthousiast was als het geleerde thuis werd uitgeprobeerd en/of slaagde.
- Vaak werd na een paar bijeenkomsten duidelijk dat een aantal deelnemers moeilijk tot huiswerk kwam. Ik stapte dan langzaam over op een meer activerende rol. In deze eerste periode kende ik ook vele actieve momenten: als iemand na zelf proberen er niet in slaagde over een dood punt heen te komen, stelde ik een bepaalde huiswerkoefening voor.
- Vlak voor de helft van de training kende ik op huiswerkgebied vaak een korte maar krachtige actieve periode. De deelnemers hadden er dan acht à tien bijeenkomsten op zitten en waren goed vooruit gegaan. Tegen die achtergrond stelde ik in de groep het onderwerp 'huiswerk' aan de orde. De deelnemers gaven hierover hun meningen en vertelden hun ervaringen. Vervolgens gaf ik mijn observaties en mening en bespak met de groep of aparte deelnemers de moeilijkheden die zij bij het huiswerk ondervonden. Als het nodig was herinnerde ik hen nogmaals aan het belang van huiswerk, hun eigen verantwoordelijkheid in deze, en aan het feit dat het welslagen van de training afhangt van de energie die men in het huiswerk stopt. Ik stelde dan vaak voor om de komende zittingen meer dan ooit in het teken van het huiswerk te plaatsen.

De huiswerklijst

Op dat moment bracht ik ook de huiswerklijst in (zie paragraaf 104). Meestal hadden de deelnemers die dan al in hun bezit. Zo niet, dan werd de lijst alsnog rondgedeeld. De huiswerklijst bevat een groot aantal huiswerktaken die voor een deel aansluiten op de oefeningen in de training.

- Ik vroeg de deelnemers de lijst thuis rustig door te nemen en aan te kruisen welke elementen zij van belang vonden.
- Ik vroeg hun of zij zelf de aangekruiste taken wilden uitvoeren; en daarover in de eerstvolgende bijeenkomst te vertellen. Voor de bespreking van de huiswerklijst werd tijd ingeruimd in het programma.
- Ik bood de deelnemers aan om samen met hen bepaalde huiswerkoefeningen uit te voeren, nadat gebleken was dat zij er zelf zonder begeleiding nog niet in slaagden. Gingen deelnemers op dit aanbod in, dan ontstond de 'in vivo training' (zie paragraaf 71). Ik moedigde de deelnemers voortdurend aan om de voor hen zinvolle elementen uit de lijst in eigen beheer uit te voeren.

Voor het overige hield ik vast aan een activerende opstelling, afgewisseld met actieve momenten.

71 De 'in vivo training'

Een aantal oefeningen (situaties op straat, openbaar vervoer, winkels en openbare gelegenheden) van de Ullrich-Paulussen-Rosielle-lijst is voor een groot deel omgezet in huiswerkoefeningen. Deze vormen ook dus een onderdeel van de huiswerklijst.

Als deelnemers er niet, of naar hun gevoel onvoldoende, in slagen deze oefeningen zelfstandig uit te voeren, kan de trainer hen daarbij ondersteunen. Hij gaat dan met een groepje van twee of vijf personen de stad in, en oefent met hen op straat, in treinen en bussen, in winkels, eet- en drinkgelegenheden. Mijn indruk was altijd dat de deelnemers dit een nuttige ervaring vinden. Na twee, apart belegde, 'in vivo bijeenkomsten' zijn zij voldoende in staat de lijst zelf uit te voeren, eventueel vergezeld van een partner of andere deelnemer. Voor de deelnemers die dit gedeelte van de huiswerklijst zelfstandig kunnen uitvoeren, vormt de 'in vivo training' een goede toets op hun eigen prestaties.

72 Het bijhouden van een dagboek

Al aan het begin van dit boek heb ik een toepassingsmogelijkheid van het dagboek laten zien. Sommige trainers van AT-groepen zijn er enthousiast over; anderen zien het nut er niet van in. Ik behoor tot die laatste categorie. Hierover leest u meer in paragraaf 103.

73 Huiswerkgroepjes

Soms ontstaan er binnen de groep van deelnemers spontaan huiswerkgroepjes. Deze komen soms jaren na afloop van de training nog bijeen: voor de gezelligheid of om bepaalde problemen met elkaar door te praten of te oefenen.
De trainer kan ook besluiten de vorming van huiswerkgroepjes in het programma op te nemen. Soms, als de training niet vijftien maar minder bijeenkomsten duurt, kan dat zelfs noodzakelijk zijn: de deelnemers nemen dan zelfstandig een deel van de oefenstof voor hun rekening.
Ook als huiswerkgroepjes niet om deze reden nodig zijn, zijn er veel voordelen aan verbonden. De deelnemers oefenen meer. Als zij na het beëindigen van de training bij elkaar blijven komen, wat meestal het geval is, nemen de huiswerkgroepjes een stuk begeleiding na de training over en garanderen mede het voortduren en toenemen van het succes van de training.
Aan huiswerkgroepjes kunnen echter ook nadelen verbonden zijn. Deze kunnen negatief werken op het resultaat van de training:
• Als de deelnemers tijdens hun bijeenkomsten in plaats van oefenen hun problemen gaan bespreken, kan het voorkomen dat men elkaar toepraat naar een angstige stemming van 'oh wat erg zijn die problemen, ze zijn onoplosbaar!' In plaats van te oefenen gaan zij al pratend hun problemen uit de weg, en dat is begrijpelijkerwijs een ongunstig verschijnsel. De trainer doet er goed aan de deelnemers hiertegen te waarschuwen. Hij kan de huiswerkgroepjes gerichte oefentaken laten formuleren of meegeven, en aan het resultaat tijdens de bijeenkomsten uitdrukkelijk aandacht schenken. Een goed idee is ook dat de trainer de deelnemers leert hoe zij als huiswerkgroepje kunnen werken. De

trainer bedient zich daarbij van de basiswerkwijze: het leren werken in een huiswerkgroepje wordt dan een oefening.
- Als er een conflictsituatie is tussen een dominant groepslid en een trainer. Als de trainer hier onvoldoende aandacht aan besteedt, kan dit conflict in de huiswerkgroep op een sfeerbedervende wijze voortwoekeren.
- Als sommige deelnemers een huiswerkgroep in willen, omdat hun dat de kans geeft een meer persoonlijke relatie aan te gaan met een man of vrouw die dat niet wil.
- Spanningen kunnen ook ontstaan als sommige deelnemers tegen hun zin deel uitmaken van een huiswerkgroepje, terwijl anderen van dat groepje juist zeer gemotiveerd zijn. Spanningen ontstaan natuurlijk ook als deelnemers elkaar niet liggen.
- Als het meedoen in een huiswerkgroepje ertoe leidt dat de deelnemer geen of te weinig huiswerk zelfstandig initieert en uitvoert.

74 Beantwoorden de werkwijze en inhoud van de training aan de doelstellingen?

In de paragraaf 51 en 58 werden de doelstellingen van de AT beschreven. Uit deze doelen kunnen eisen worden afgeleid waaraan de training moet voldoen. Deze eisen geef ik hieronder weer. Tevens geef ik kort aan in hoeverre de training aan die eisen voldoet.
- De deelnemers kunnen op zeer veel plaatsen in de training een reactief assertieve opstelling verwerven. Het meest uitgesproken is dat wel bij de oefening 'het leren afwijzen van verzoeken en opdrachten'. Ook een actief assertieve wijze van gedragen krijgt de aandacht. Hiertoe draagt ook bij dat de deelnemers in de training leren elkaar spontaan feedback te geven.
- Op het verwerven van deze vaardigheid ligt in de training grote nadruk. Subassertieve personen immers hebben de neiging relaties in stand te houden ten koste van de kracht van de eigen pijler in die relatie. De grote aandacht ligt echter niet alleen op het uiten van meningen en wilsbesluiten. Op alle momenten in de training leert de deelnemer, daartoe gestimuleerd door

trainer en collega's, zich op een manier te uiten die de relatie met de ander kans op voortbestaan geeft.
- De AT heeft tot doel de keuzevrijheid van de deelnemers te vergroten. Mensen worden er niet tegen hun zin assertief 'gemaakt', als dat al mogelijk zou zijn. Garanties hiervoor bieden de afspraken die vooraf tussen trainer en deelnemer worden gemaakt: het behoort tot de verantwoordelijkheid van de deelnemer het in de training geleerde al dan niet in zijn eigen leefwereld toe te passen. De vorm waarin het huiswerk wordt gestimuleerd garandeert ook keuzevrijheid: ook in de 'actieve opstelling' gaat de trainer niet verder dan het doen van voorstellen. De basiswerkwijze ten slotte laat de beslissing of een deelnemer wil werken aan de ontwikkeling van een assertieve opstelling in een bepaalde oefensituatie, geheel aan de deelnemer over.
- De AT is ook gericht op het opbouwen van een assertief gedragsrepertoire. Dit gebeurt in de regel door het navolgen van door trainers en deelnemers gegeven gedragsvoorbeelden. Oefening 'assertieve woordenlijst' (zie pagina 153) is heel nadrukkelijk op dit doel gericht. Blok D bevat gerichte waarnemings- en empathie-oefeningen, maar deze vaardigheden worden door de deelnemers voortdurend beoefend terwijl zij de pogingen van hun collega's observeren en hun waarnemingen in de groep brengen.
- Niet alleen het verbale aspect maar alle facetten van gedrag worden in het leerproces betrokken. Blok F met zijn typische expressieoefeningen is hierop nog eens uitdrukkelijk gericht.
- Leren de deelnemers de psychologische invloeden die een assertieve opstelling in de weg staan, weg te nemen? Ontspanningstraining, voortdurende toepassing daarvan binnen en buiten de groep en het leren zich assertief te gedragen, dragen hiertoe bij. Het opbouwen van een assertief gedragsrepertoire leidt ertoe dat angst die ontstaat uit onvermogen, vermindert.

75 Hoe draagt de training ertoe bij dat de verworven assertieve opstelling, ook na de training, blijft voortbestaan en eventueel toeneemt?

De deelnemers leren in de training hoe zij zelf hun spanningen kunnen controleren. Zij leren in de training hun angst af voor een assertieve opstelling; een opstelling waartoe zij in de training de benodigde vaardigheden verwerven. In het huiswerk passen de deelnemers het verworvene zelfstandig toe. Zij leren zelf huiswerk aan henzelf voor te schrijven en dat zelfstandig toe te passen. Vandaar ook het belang van een assertieve en activerende opstelling van de trainer ten opzichte van het huiswerk.

Kortom: de deelnemer leert in de training een nieuwe strategie voor het aangaan van conflicten en leert bovendien deze strategie spanningsloos, op eigen initiatief en zelfstandig in praktijk te brengen. Op deze vaardigheid komt het aan, wil het trainingsresultaat ook na de training blijven voortbestaan.

De deelnemer wordt door verschillende invloeden gestimuleerd deze vaardigheid ook inderdaad toe te passen. Hij zal succes ondervinden, dat wil zeggen zijn persoonlijke doelen meer dan voorheen bereiken en dat als prettig ervaren. Dat is stimulerend. Op grond van zijn succeservaringen geeft hij zichzelf bij nieuwe conflictsituaties vooraf een grote kans op succes. Zijn zelfvertrouwen brengt hem tot de stelling: 'Ik wil en kan het nu verder zelf wel.'

Zijn manier van omgaan met een aantal mensen wordt plezieriger. Hij laat zich kennen zoals hij is, zal van sommigen daarop prettige reacties krijgen en nodigt hen daardoor uit tot meer persoonlijke, zeg vriendschappelijke relaties. Ook dat is stimulerend. Soms roept zijn veranderde opstelling conflicten op, maar de deelnemer weet nu uit ervaring dat hij deze aankan.

76 Het resultaat van de training

Het eerder genoemde boek *Assertiviteit* (Schouten, Rosielle, Paulussen, Beekers & Nelissen, 1974) bevat een uitvoerig en gedetailleerd onderzoek naar het resultaat van de training voor de deelnemers. Deze studie zal ik hier niet weergeven. De resultaten ervan vat ik samen:

- De training leidt ertoe dat deelnemers zich in hun eigen leefwereld beduidend assertiever opstellen dan voor de aanvang van de training; de vooruitgang wordt door de deelnemers bevredigend tot zeer bevredigend genoemd.
- De training en de teweeggebrachte vermindering van subassertief gedrag leiden tot een verhoging van extraversie, een afneming van sociale angst en vermindering van lichamelijke spanningsverschijnselen; bovendien leidt de AT tot een afneming van spanning in andere dan sociale situaties.
- Het resultaat van de training houdt na afloop van de training stand.

Onderstaande grafiek brengt dit resultaat in beeld. Aan twee AT-groepen (A en B) werd *voor, onmiddellijk na (1)* en *na (2) ongeveer een jaar na afloop van de training* de Primulaschaal voorgelegd. De grafiek laat de aanmerkelijke vooruitgang zien die de deelnemers gedurende de training meemaken. De vooruitgang blijft na de training ook in stand. De deelnemers in groep B gaan zelfs vooruit.

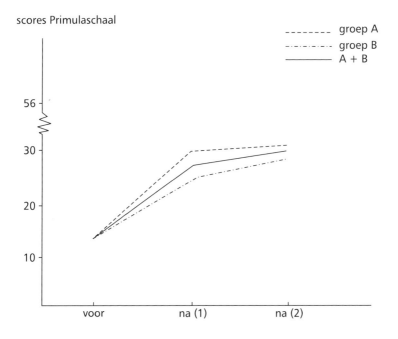

Behalve ons eigen onderzoek bevestigen veel andere studies de vruchtbaarheid van de AT, zoals kennisneming van de terzake dienende literatuur u zal leren.

77 De voortdurende evaluatie van de training door de trainers

Zonder gerichte evaluatie is geen verbetering van het trainersgedrag en het programma mogelijk.

Tijdens de training zal de trainer daarom regelmatig afstand moeten nemen van wat er gebeurt en zichzelf vragen stellen als: 'Bied ik, met wat ik zojuist heb voorgesteld of gedaan, de beste leermogelijkheid aan de deelnemer?'

Dat afstand nemen kan heel goed fysiek worden uitgedrukt. De trainer kan zichzelf een pauze opleggen van een minuut of langer waarin hij niets zegt of doet. Dit kan hij bijvoorbeeld doen om vast te stellen in hoeverre de groep ook zonder zijn ingrepen in een gunstige richting doorgaat. Dat is een manier om vast te stellen hoe afhankelijk de deelnemers van hem zijn.

Bovendien zal de trainer voortdurend bij de deelnemers moeten peilen of het programma hun bevalt; en wat zij ervan leren. Na afloop van bijeenkomsten zal hij regelmatig samen met andere trainers overleggen over het verloop van de training. Een korte vragenlijst is daarbij een praktisch hulpmiddel; de trainers vullen deze onmiddellijk na de bijeenkomst onafhankelijk van elkaar in. Een dergelijke vragenlijst – waarvan ik het idee heb overgenomen van Anneke Rogier – kan de volgende onderwerpen bevatten:

- Wie was er afwezig?
- Door wie wordt er meer, door wie minder actief deelgenomen?
- Hoe staat het met de vooruitgang van iedere deelnemer afzonderlijk?
- Hebben de trainers sympathie voor bepaalde deelnemers? Wat betekent dat voor de aandacht die (overige) deelnemers van de trainers krijgen?
- Hoe gedragen de groepsleden zich ten opzichte van elkaar? Steunend, onverschillig, scherp?

- Hoe gedragen de deelnemers zich ten opzichte van de trainers? Kritisch? Afhankelijk?
- Hoe gaat het met het huiswerk van iedere deelnemer?
- Wat is mijn rol en die van de andere trainers? Welke positieve punten zie ik, welke punten zijn voor verbetering vatbaar?

Een gerichte evaluatie van het eindeffect van de training is evenzeer belangrijk. Deze is nodig voor een gericht advies aan de deelnemer voor eventueel verdere en anders gerichte begeleiding. Uiteraard is deze ook belangrijk voor een eventuele aanpassing van het programma. Hulpmiddelen voor deze eindwaardering van de training kunnen zijn:
- De eerder besproken Primulaschaal; aan de hand hiervan is het mogelijk verschillen in assertieve opstelling op verschillende tijdstippen vast te stellen: voor de training, op verschillende momenten tijdens de training, onmiddellijk na en veel later na de training.
- De evaluatielijst assertieve training; deze bevat een aantal gerichte vragen over de manier waarop de deelnemer het resultaat en de methode van de training beoordeelt; de lijst is opgenomen in paragraaf 105; zij mag volgens mij voor de trainer niet meer zijn dan een handzame samenvatting van de meningen van de deelnemer, die de trainer uit eerdere gesprekken al te horen heeft gekregen; op geregelde tijden immers zal de trainer direct aan de deelnemers vragen hoe men de training vond.
- In paragraaf 108 vindt u verschillende evaluatie-instrumenten, die alle nuttig kunnen zijn voor de waardering van het eindresultaat; bovendien bevat die paragraaf een korte uiteenzetting over de mogelijke opzet van een evaluatie.

10 Trainers, deelnemers, thuisfront

77 Beslissing over de vorm van begeleiding: al dan niet AT
Na bemiddeling door de huisarts of andere personen of op eigen initiatief komt een hulpvrager in gesprek met een trainer. De hulpvrager zit met problemen die hij alleen niet meer aankan. In hun eerste gesprekken komen deelnemer en trainer tot een zo volledig mogelijke diagnose. Op basis daarvan kiest de hulpvrager – daarbij geadviseerd door de trainer – een vorm van begeleiding. Deze diagnose en de daarop volgende keuze voor het soort begeleiding (intake) is niet het onderwerp van dit boek. Dit moet altijd gedaan worden door een ervaren psychotherapeut die vele behandelingsmogelijkheden beheerst en overziet, of door een team waarin deze vaardigheden aanwezig zijn. Als de gedachten uitgaan naar een assertiviteitstraining, moeten de volgende vragen beantwoord worden:

- Voldoet het klachtenbeeld aan de volledige beschrijving van de subassertieve persoon die in paragraaf 44 is gegeven?
- Welke plaats neemt de subassertieve houding in naast eventuele andere klachten? Voor welke klacht heeft de hulpvrager in de eerste plaats begeleiding nodig?
- Kan de potentiële deelnemer groepsgewijze AT aan? Is er voldoende zelfcontrole om de spanning die voortkomt uit het lidmaatschap van een groep binnen werkzame grenzen te houden? Of zal de persoon in paniek raken? In dit geval is een vorm van individuele begeleiding een betere oplossing totdat de deelnemer de groepsgewijze AT wel aankan.
- Zijn de spanningsklachten inderdaad het gevolg van de subassertieve houding of hebben deze toch een lichamelijke grondslag?

Deze eerste voorbereidende gesprekken kunnen de volgende resultaten opleveren:
- De klachten van de hulpvrager beperken zich tot zijn subassertieve houding. Hij volgt de AT. Als in de loop van de training

andere problemen manifest worden, kan hiervoor eventueel na de training andere vormen van begeleiding worden gevonden.
- Idem als hierboven, maar bovendien maakt een aantal factoren individuele begeleiding naast de training noodzakelijk. Individuele begeleiding komt incidenteel voor als een of meer deelnemers met de ontspanningsoefening beduidend meer moeite hebben dan de andere deelnemers. Natuurlijk moet de trainer in beginsel ook tijd hebben voor acute en voor de deelnemer onoplosbare persoonlijke problematiek. Als de deelnemer overdreven ambitieus is en aan zich zelf de eis stelt: 'Ik ben alleen maar tevreden als ik alles honderd procent goed doe', kan dat zijn vooruitgang storen. Ik hielp hem dan verder in een aantal individuele zittingen. Ik gaf er zelf de voorkeur aan deze en andere mogelijkheden voortijdig te ontdekken, zodat de deelnemer zich op die punten kan ontwikkelen tijdens een aantal voorbereidende gesprekken voordat de training begint. De ontdekking komt echter soms te laat.
- In het klachtenpatroon van de subassertieve houding is er één, die de cliënt het meest 'invalideert'. Een gefaseerde begeleiding is dan noodzakelijk. Deze begint met de AT, daarna volgt een andere vorm van begeleiding. In mijn praktijk was dat vaak groepspsychotherapie. Daar krijgen de deelnemers de gelegenheid verder te komen met vragen als: 'Wie ben ik?', 'Kan ik leren mijn gevoel van eigenwaarde te behouden, ongeacht de mening van anderen over mij?', 'Hoe kom ik op anderen over?', 'Hoe kan ik leren bevredigender contacten met andere mensen aan te gaan?', 'Hoe verwerk ik nare ervaringen uit mijn jeugd die het mij nu onmogelijk maken gelukkig te leven?'

Dit soort thema's komt in de AT niet aan de orde. Ik heb in het verleden wel gewerkt met vormen van AT waarin ook aan deze doelen werd gewerkt. Dat is me niet goed bevallen. De houding van een trainer in de AT is zeker in het begin en in het oefengedeelte zeer sturend: hij structureert het groepsgebeuren en geeft, zeker in het begin, de meeste feedback. In groepspsychotherapie heeft de trainer een heel andere rol: de structurering van de groep is daar primair een taak van de deelnemers. De groepstrainer bewaakt wel een aantal normen en pleegt wel interventies, maar zijn acties zijn minder frequent en richtinggevend dan die van de assertiviteitstrainer. De twee rollen vind ik onverenigbaar: de deelnemers blijven in de assertiviteitstrainer de sturende persoon zien, ook al zegt de assertiviteitstrainer op een gegeven moment dat hij zich volgens groepspsychotherapeutische regels zal opstellen.

Ook de vermenging van de twee soorten problemen – aan de ene kant de subassertieve houding, daarnaast de bovengenoemde persoonlijke levensvragen – verwart de deelnemers: het is te veel van het goede. In groepspsychotherapie tenslotte, experimenteren deelnemers met spontane en gevoelsmatig ontstane relaties van waaruit zij antwoord proberen te vinden op bovengenoemde levensvragen. Dit schept een sfeer in de groep die geheel verschilt van die in een AT. Ook daar is sprake van een vriendschappelijke sfeer, maar de aard van de onderlinge relaties komt zelf niet aan de orde. De deelnemers raken in grote verwarring, is mijn ervaring, wanneer beide klimaten gemengd in de training voorkomen.

- Er is geen aanleiding om een AT te volgen. Een andere vorm van begeleiding wordt gezocht.

Op het IMP in Eindhoven, waar ik werkte, was de doorstroming van hulpvragers ongeveer zoals het schema op pagina 117 aangeeft:
Dit zijn geen maatgevende getallen natuurlijk, zeker niet als men bedenkt dat IMP's zich specialiseren in de begeleiding van mensen met zeer ernstige problemen.

78 Afspraken tussen trainers en deelnemer vóór de AT

Als de trainer meent dat AT een goede vorm van begeleiding is voor de hulpvrager, kan hij dit voorstellen. Hij licht de deelnemer volledig in over de opzet en inhoud van de training. Zo mogelijk geeft hij schriftelijke informatie mee, zodat de potentiële deelnemer thuis rustig zijn beslissing kan overwegen.

Daarna bespreken trainer en deelnemer wat zij van elkaar tijdens de training mogen verwachten. Deze bespreking mondt uit in een aantal afspraken, een contract als het ware, tussen deelnemer en trainer. Dit contract brengt de deelnemer in een goede houding ten opzichte van de training en dat bevordert weer de kans dat de training voor hem succesvol zal zijn.

Tot de afspraken behoren zeker de volgende punten:

- De deelnemer is zelf verantwoordelijk voor de vooruitgang die hij boekt. De trainer staat hem met raad en daad ter zijde, maar de deelnemer is degene die 'het water in moet'. De trainer blijft nabij in een volgbootje: reikt krachtvoedsel aan, houdt de koers

in de gaten, dient zo nodig zuurstof toe.
- De deelnemer moet bereid zijn thuis oefeningen te doen en zelf het geleerde toe te passen. De trainer gaat met hem na, welke hindernissen het doen van huiswerk in de weg staan. Hij wijst de deelnemer vervolgens op het grote succes van de training, maar zegt erbij dat dit afhankelijk is van de bereidheid huiswerk te maken. Verdere afspraken in dit verband hangt af van de opstelling die de trainer ten opzichte van het huiswerk kiest.
- De trainer licht de deelnemer in over de mogelijke gevolgen van succes, voor zijn verhouding tot de mensen aan het thuisfront. Hij bespreekt met hem de moeilijkheden die zich mogelijk kunnen voordoen. Hij vraagt de deelnemer hem op de hoogte te houden, als er zich thuis ten gevolge van zijn vooruitgang moeilijkheden voordoen.
- De trainer wijst de deelnemer op het 'beperkte' doel van de training. De training is uitsluitend gericht op het behalen van de in het boek beschreven doelstellingen. Het is geen psychodrama, geen groepspsychotherapie, geen encountertraining. Hij biedt hem steun aan en eventueel een telefoonnummer als hij hulp nodig heeft.
- De deelnemer doet de AT voor zichzelf. De trainer vraag naar zijn bereidheid om ook anderen met constructieve opmerkingen te helpen, nadat hij hem eerst op het belang daarvan heeft gewezen.
- De trainer zegt dat volgens hem de deelnemer een goede beslissing genomen heeft en dat er een grote kans is dat hij persoonlijk vooruit zal komen. Hij wijst hem erop dat dat voor iedereen geldt: het enige belangrijke is persoonlijk vooruitkomen. Het streven de beste van de klas te zijn, wordt niet beloond.
- De trainer vraagt de deelnemer in principe geen kalmerende middelen te gebruiken voor een bijeenkomst; als hij dat toch nodig heeft vraagt hij hem dat te vertellen.
- De trainer wijst de deelnemer op het belang altijd aanwezig te zijn. Hij maakt met hem de afspraak dat hij alle vijftien à twintig bijeenkomsten zal volgen.

79 Partners

Vanaf de tweede, derde bijeenkomst zullen de deelnemers successen gaan melden. Deze zijn niet altijd onverdeeld plezierig: het komt voor dat een assertieve opstelling leidt tot conflicten of ruzie met de partner. Dat is aan de ene kant een gunstig teken: de AT begint vruchten af te werpen. Aan de andere kant schept dat voor de deelnemer een nieuw probleem.

Hoever gaat eigenlijk de bemoeienis van de trainer met de relatie van de deelnemer en zijn thuisfront? Hieronder vindt u mijn opvattingen hierover. Het eerste punt behoort tot de basisafspraken tussen deelnemer en trainer:

- Deelnemers verwerven in de training een vergroting van hun keuzevrijheid. Zij leren te kiezen voor assertief gedrag als zij dat willen. Mijn standpunt is dat de manier waarop de keuzevrijheid wordt gebruikt tot de eigen verantwoordelijkheid van de deelnemer behoort. Of zij in bepaalde situaties assertief op willen treden of niet, is een keuze van de deelnemer. Noch de trainer noch iemand anders kan die verantwoordelijkheid overnemen. De vertaling van wat geleerd wordt in de training naar de eigen leefsituatie is uitsluitend een zaak van de deelnemer.
- De vraag welke gevolgen een succesvolle therapie zal hebben voor de contacten van deelnemers met het thuisfront, in het bijzonder de partner, is tijdens de voorbereidende gesprekken een vast thema. Ik wees de deelnemer altijd op de grote vooruitgang die hij in de training kan behalen: 'Dat betekent dat je je anders gaat opstellen. Mensen, bijvoorbeeld je partner, die gewend zijn dat je altijd overal 'ja' op zegt, merken nu dat je tegengas geeft: je zegt wat jezelf vindt en wilt. Anderen zullen aan je moeten wennen.'

Voor sommige deelnemers is dat best spannend. De trainer vergewist zich ervan of de deelnemer deze extra zorg aankan en aan wil. Vervolgens vraagt hij de deelnemer hoe hij denkt dat de partner zal reageren. Als er twijfel is aan de houding van de partner tegenover de therapie en de training een extra handicap is voor een toch al

stroeve relatie, nodigt de trainer ook de partner uit voor een gesprek.
- In het gesprek met de partner geeft de trainer volledig inzicht in doel, opzet en methode van de training. Hij verheldert vragen en confronteert hem met het 'gevaar' van een geslaagde training. Als er aanleiding voor is, biedt hij hulp aan, bijvoorbeeld als de problemen te groot worden. Na het gesprek vraagt de trainer de deelnemer of hij bij zijn beslissing blijft de AT te volgen. Ik heb nog nooit meegemaakt dat een deelnemer op zijn beslissing terugkwam.
- De meeste partners zijn erg blij met die beslissing van hun vriend, vriendin, man of vrouw. Toch kunnen er aanpassingsproblemen komen. Soms ook worden zij erg nieuwsgierig naar wat er allemaal gebeurt in de AT. Ze willen het niet alleen van de deelnemer horen maar ook zelf zien en meemaken. Partners worden soms ook boos op de trainer. Vaak hebben zij jarenlang met goede bedoelingen 'de therapeut willen zijn' van de deelnemer, vaak met een onvoldoende resultaat. Als de deelnemer vervolgens start met een training en hij gaat ineens met sprongen vooruit, kan dat zuur zijn.

In de training ontstaat een vriendschappelijke en warme sfeer tussen deelnemers en trainers. Ook hier kan de partner het moeilijk mee hebben. Ten slotte kan het voorkomen dat een partner de trainer verantwoordelijk stelt voor het 'onaangepaste, brutale, egoïstische gedrag' van de deelnemer.
Het was mijn gewoonte na de derde of vierde bijeenkomst bij de deelnemers na te gaan of er bij hun partners belangstelling bestaat voor een gezamenlijke bijeenkomst. Die belangstelling is meestal groot. Veel partners ervaren zo'n avond als 'een grote opluchting', interessant en prettig.

80 Altijd assertief zijn?
Nee, dat is niet de norm. Het gaat erom dat de deelnemer zich assertief opstelt, op het moment dat hij dat wil. Dat is een groot winstpunt. Het is prettig als je zonder spanningen je eigen weg kunt

gaan. Er zijn echter situaties waarin men misschien beter bakzeil kan halen, of op een indirecte manier te werk kan gaan. Ik geef hier een werksituatie als voorbeeld.
In veel bedrijven en organisaties in Nederland is er nog altijd sprake van een groep die het altijd voor het zeggen heeft en een andere groep die alleen mag luisteren. De eerste groep bepaalt de regels; de tweede groep heeft vrijwel geen zeggenschap over de aard van de regels en de manier waarop deze worden toegepast.

In beginsel kunnen drie typen situaties worden onderscheiden:
1 situaties waarin assertief gedrag van werknemers geaccepteerd wordt;
2 situaties waarin men onzeker is of er straf volgt op assertief gedrag of niet;
3 situaties waarin assertief gedrag vrijwel zeker ernstig risico oplevert voor de werknemer.

In situatie 3 is er geen sprake van onderhandeling. De heersende groep handelt in feite agressief, al is die agressie vaak verpakt in vriendelijkheid en een fluwelen handschoen. 'Structurele dwang' wordt deze agressieve benadering ook wel genoemd.
Wat kan men doen? De werknemer heeft het voordeel dat hij weet wat hij wil. Hij weet zeker dat onderhandelen in situatie 3 voor hem grote risico's inhoudt, en niet alleen voor hem: ook voor de zijnen. Alleen staat hij te zwak in deze organisatie. Een oplossing kan liggen in solidariteit: samen met een aantal andere werknemers proberen een onderhandelingssituatie te realiseren. Ook een beroep doen op externe instanties als vakbonden, radio, tv, dagbladen is mogelijk. Om op deze wijze actief te zijn is een assertieve houding onontbeerlijk.
Een tweede mogelijkheid is het aanpassen aan de situatie. Als dit spanningen oproept kunnen betrokkenen misschien baat vinden bij de stelling 'dat mensen niet gespannen raken van wat er gebeurt, maar van de manier waarop zij het gebeurde bezien.' Als men deze filosofische kijk op de dingen niet alleen kan bewerkstelligen, kan

men hiervoor begeleiding zoeken bij iemand die geschoold is in 'rationeel-emotieve psychotherapie'.
Een derde mogelijkheid is de situatie proberen te ontlopen. Dit zal voor veel mensen niet mogelijk zijn, zodat men in feite de keuze heeft tussen de eerste en tweede mogelijkheid en combinaties daarvan.

81 Samenstelling van de groep
Grootte van de groep
Deze hangt af van de bekwaamheid van de trainer en de ernst van de klachten van de deelnemers. Mijn ervaring is dat een beginnend trainer niet meer dan vier personen aankan. Een groepsgrootte van vier vind ik echter aan de kleine kant. Het aantal gedragsvoorbeelden dat men elkaar kan bieden is dan gering. Een beginnend trainer kan beter met een bekwaam trainer een grotere groep vormen.
Mijn ervaring is dat één ervaren trainer een AT-groep van acht personen goed aankan. Worden het er meer dan acht dan wordt het, althans voor mij, moeilijker om iedere deelnemer apart te volgen. Twee ervaren trainers kunnen een grotere groep aan, bijvoorbeeld van twaalf personen. Hoe groter de groep hoe moeilijker het ook voor de deelnemers wordt om er zich thuis te voelen.

Aantal trainers
Dit hangt af van de grootte van de groep en van hun ervaring. Er zijn verschillende voordelen verbonden aan twee of drie trainers per groep van bijvoorbeeld twaalf mensen. Bij de oefeningen kan de begeleiding intensiever zijn. Deelnemers kunnen kiezen uit meer gedragsmogelijkheden. Deelnemers kunnen kiezen uit verschillende opvattingen, bijvoorbeeld over het onderscheid agressief-assertief. Meer trainers wordt een nadeel als zij onderling niet goed met elkaar op kunnen schieten. Bovendien hangt het van de geaardheid van de trainer af. Misschien wil hij als ervaren trainer een groep alleen draaien. Ik vind het prettig om naast een groep, die ik met een of meer collega's begeleid, een groep alleen te doen.

Samenstelling van de groep
Ik probeer de deelnemers zo te kiezen dat hun niveau van subassertiviteit zo gelijk mogelijk is. Verder probeer ik de groep zo samen te stellen dat de deelnemers sterk verschillen qua geslacht, status, leeftijd en andere kenmerken. Dat garandeert een groter realiteitsgehalte van de rollenspelen.

82 Rol en bekwaamheden van de trainer

De trainer staat achter de training, begrijpt wat deze inhoudt en vindt zichzelf voldoende bekwaam deze te geven.

- De trainer moet achter de basisidee van de AT staan: dat iedereen ongeacht status, geslacht, vooropleiding het recht heeft op te komen voor zijn rechten, gevoelens en meningen. Deze opstelling komt tot uiting in het gewone doen en laten van de trainer.
- De trainer is bereid om de basiswerkwijze en de diverse richtlijnen voor de methode en oefeningen te volgen. Dit alleen garandeert succes van deze AT.
- De trainer is in staat deze training te begrijpen en de inhoud ervan op een eigen creatieve manier te verwerken, tot een geschikt programma voor de hulpvragers die hij begeleidt.
- De trainer is in staat te begrijpen en in te voelen hoe de training en onderdelen ervan op de deelnemer overkomen. Daarom is hij bereid om zelf de training als deelnemer te volgen. Dit ook om gedragstekorten bij zich zelf op te speuren waaraan hij verder kan werken.
- De trainer is er zelf van overtuigd dat hij een AT kan geven. Dat vereist niet alleen ervaring met AT (zie vorig punt), maar ook zelfkennis en kritisch zelfonderzoek. De vraag is: worden mijn aspiraties om een AT te geven, gedekt door mijn vaardigheden?

De trainer heeft de theoretische en praktische bekwaamheden om de rol van trainer goed uit te voeren.
De trainer vervult in de assertiviteitstraining een centrale rol. Aan deze rol kunnen de volgende aspecten worden onderscheiden:

- Voorbeeld zijn; zowel binnen als buiten de training is de trainer een voorbeeld voor de deelnemers. Hij is in staat in veel voorkomende situaties assertief gedrag te vertonen en de deelnemers hiervan te laten profiteren. Hij is echter ook in staat die situaties te onderkennen waar hij het zelf moeilijk mee heeft en hierover eerlijk te zijn tegenover de deelnemers. Hij kan zijn eigen faalervaringen omzetten in constructieve leermomenten. Echtheid staat hierbij centraal.

- Het beloningsaspect; het belonen van elke poging en vooruitgang, hoe miniem ook, is bijzonder belangrijk. Beloon eerst, geef dan aan hoe mogelijk nog meer vooruitgang kan worden geboekt. Een tweede aspect van de beloningsfunctie is de 'beloningswaarde' van de trainer. Dit houdt in dat de trainer voor de deelnemers de moeite waard moet zijn om door hem beloond te worden. Beloning kan geen technische truc zijn. Daarom is het nodig dat de trainer bij zichzelf nagaat of hij voldoende sympathie heeft voor de deelnemers. Dit garandeert echtheid.
- De sturende rol; in de training zal de trainer een dominante rol spelen. Omdat een van de belangrijkste kenmerken van de deelnemer angst is om in bepaalde situaties assertief gedrag te vertonen, is de vermijdingsdrang sterk. Het is de taak van de trainer ontsnappingsroutes te blokkeren. Hierbij is het belangrijk op te merken dat dit 'pushen' meer een stimulerend dan een dwingend karakter moet dragen. De trainer zal hierbij dan ook over het nodige inlevingsvermogen moeten beschikken om te beoordelen wat wel en wat niet kan.
- De verzorgende rol; de trainer zal een voortdurende aandacht moeten hebben voor het wel en wee van de deelnemers zowel binnen als buiten de training. Hij laat iemand nooit vallen. Hij geeft de deelnemers een gevoel van warmte en veiligheid. Hij neemt ook buiten de training contact met hen op en leeft met hen mee.
- De rol van groepstrainer; het is de rol van de trainer om in de groep een warme, werkbare, actieve sfeer te onderhouden. Hij heeft oog voor de samenhang van de groep: hoe meer de

deelnemers voor elkaar betekenen, hoe meer ze elkaar kunnen stimuleren zich te ontwikkelen. Hij beweegt zich vrij in de groep, heeft kennis van bronnen die het groepsgebeuren kunnen verstoren, weet deze tijdig te ontdekken en wat hij dan kan doen. Hij is goed onderlegd in groepsdynamica en doorziet snel de opbouw van een groep: wie is de informele leider, wie doet veel en wie weinig mee, wie steunt wie, welke subgroepen ontstaan er? Hij weet uit ervaring hoe zijn gedrag kan overkomen op andere mensen en heeft hiervoor in de groep een scherp oog. Hij is daardoor in staat storingen in het leerproces, die kunnen voorkomen uit zijn eigen gedrag, te signaleren, bij te sturen of – des te beter – te voorkomen. De trainer is met andere woorden in staat het groepsgebeuren zo te beheren dat de groep een zo goed mogelijk instrument vormt voor de vooruitgang van iedere deelnemer.
- De rol van expert; de trainer beheerst de voorgaande aspecten van zijn rol. Hij beheerst bovendien de gedragstherapeutische basisliteratuur is in staat de gedragstherapeutische technieken in groepsverband toe te passen.

Als de trainer ook de voorbereidende gesprekken (intake) voor zijn rekening neemt is hij een veelzijdig geschoold psychotherapeut, of maakt hij deel uit van een veelzijdig bekwaam team dat gezamenlijk de beslissing neemt over de vorm van begeleiding
Ik hoop dat deze lijst van vaardigheden en dit boek 'zelfselecterend' zal werken. Als u een realistische kijk hebt op uzelf, zult u na lezing van dit boek kunnen vaststellen of AT u ligt en welke vaardigheden nog ontbreken.
Hoe kan een potentiële deelnemer zekerheid krijgen over de bekwaamheid van een trainer? Absolute zekerheid is niet te verkrijgen, maar deze is misschien op de volgende manier te vergroten:
- Als de trainers in een groep, instituut of team werken, is de kans groot dat binnen die groep aan kwaliteitsverbetering en -bewaking wordt gedaan. De trainers helpen elkaar onderling om

verder te komen, volgen opleidingen, bewaken de kwaliteit van het eigen werk. Dit zag ik tenminste in veel instituten en teams gebeuren. Natuurlijk zijn er ook slechte instituten. Maar de kans dat hulpvragers op een slechte plek terechtkomen lijkt mij echter het grootst, als men zich richt tot een psycholoog of psychiater of iemand anders die uitsluitend alleen en privé werkt.

- De training kan met zeer veel succes gegeven worden door mensen die geen formele opleiding hebben. In het geval van een AT, en van alle psychotherapieën, zegt een formele opleiding mijns inziens niet veel. Het betekent alleen dat iemand op grond van zijn formele opleiding een AT of andere vorm van psychotherapie mag geven. Of hij het kan, moet altijd nog bewezen worden.

Het lijkt mij voor een hulpvrager belangrijk om, voordat hij met een trainer aan de slag gaat, na te gaan welke specifieke ervaring hij met AT heeft, of er ook evaluaties beschikbaar zijn en of de hulpvrager contact mag zoeken met een paar oud-cliënten. Om het scherper te formuleren: commerciële trainingsinstituten en uitsluitend individueel opererende personen, die werken zonder dat hun werk kritisch door therapeutisch geschoolde vakgenoten wordt begeleid en die werken zonder verantwoorde intake en vervolg op de training, zou ik mijden.

83 Laatste gesprek tussen deelnemer en trainer

Na de laatste bijeenkomst van de training volgt er steevast een gesprek tussen de ex-deelnemer en de trainer. Zij maken dan samen de balans op. In veel gevallen betekent dit gesprek een afscheid: hij heeft geen begeleiding meer nodig. Deelnemer en trainer spreken af, elkaar nog eens te ontmoeten, bijvoorbeeld na een periode van drie maanden. De trainer stelt zich in de tussenperiode beschikbaar voor de deelnemer, voor het geval de zeeën hem toch te hoog mochten gaan.

11 Opmerkingen die van belang kunnen zijn voor deelnemers en trainers

84 Hoe wijst u iemand aan om te beginnen?
Als een oefening is uitgelegd, zal een deelnemer moeten beginnen. Gewoonlijk vraagt de trainer om een vrijwilliger. Als telkens dezelfde persoon zich als eerste meldt, zegt hij hem dat: 'Het valt me op dat je altijd de eerste bent, zie je dat zelf ook zo?' Soms zal de deelnemer zeggen, dat hij dat onbedoeld doet. Hij kan ook zeggen: 'Normaal ben ik altijd de laatste, ik probeer nu te leren er als eerste bij te zijn.' Het komt natuurlijk ook voor dat iemand als eerste begint omdat hij het moeilijk vindt om tot het laatst te wachten.

In het eerste en laatste geval moedigt de trainer de deelnemers aan te experimenteren met nieuw gedrag. Dat doet hij ook bij degenen die zich steevast niet of als laatsten aanmelden. Ik had zelf de gewoonte om hier een paar bijeenkomsten mee te wachten. Als iemand – omdat hij bang is als eerste te gaan – zich steevast als laatste meldt, na een paar keer zelf zijn angsten overwint en zich eerder meldt, is dat beter dan dat hij dat doet naar aanleiding van mijn suggestie.

Als niemand zich vrijwillig melde bij een oefening, maakte ik daar niet zo'n punt van. De eerste keren wees ik iemand aan. Moest ik dat vaak doen, dan wees ik iemand aan en vroeg hem iemand aan te wijzen die kon beginnen. Als ik te vaak aan moest wijzen, stelde ik dat in de groep aan de orde.

85 Spanning bij de start
In de eerste zitting zal de spanning bij de deelnemers groot zijn. Deze spanning zal – bij de ene deelnemer vlugger dan bij de andere – na verloop van een aantal bijeenkomsten minder worden. Dit is een prestatie van de deelnemers: zij slagen er kennelijk in steeds beter die nervositeit onder controle te krijgen. De trainer zal niet nalaten dat aan de groepsleden te vertellen.

86 Overdrijven

Geregeld zal de trainer aan deelnemers voorstellen, voor hun gevoel te overdrijven. Dit kan de deelnemers helpen een grotere breedte aan uitdrukkingsmogelijkheden te ontwikkelen. Als iemand bijvoorbeeld ontevreden blijft met een subassertieve opstelling, kan de trainer hem voorstellen 'het nu eens voor zijn gevoel op een agressieve manier te doen'. Overdrijven is vaak de enige manier om de deelnemers door het onderscheid 'agressief-assertief-subassertief' en de expressie-oefeningen te loodsen.

87 Kletsen om te vermijden

Het komt voor dat sommige deelnemers vlak voordat een oefening begint, beginnen te discussiëren. Men doet dit vaak uit angst om met de oefening te beginnen; praten betekent dan uitstel. Als het gepraat inderdaad deze functie vervult, doet de trainer er goed aan dit af te breken. Door mee te gaan in het gesprek zou hij immers het vermijdingsgedrag van de deelnemer versterken. Soms is het voldoende de deelnemers te wijzen op hun 'vermijdingsgeklets'. Ik heb ooit gewerkt met een bel: zodra een deelnemer vond dat een ander zich bezighield met vermijdingsgepraat, rammelde hij met de bel. Een bord in de trainingsruimte 'mijd het vermijdingsgeklets' kan ook een goede geheugensteun zijn.

88 Als een deelnemer overstuur raakt

Dat is niet zo uitzonderlijk. De deelnemers ervaren in het begin van iedere oefening veel spanning. Huilen is dan een gewone reactie: een manier om spanning te ontladen. Gewoonlijk nodigde ik een deelnemer uit om even te pauzeren. De rest van de groep werkte dan gewoon door. Aan het einde van de oefening nodigde ik de deelnemer uit de oefening weer mee te doen. In de regel is de deelnemer dan weer voldoende in vorm om de oefening uit te voeren. Eventueel begint de deelnemer de oefening in een wat gemakkelijker vorm. De deelnemer is begrijpelijkerwijze trots op zichzelf als de oefening dan slaagt.

89 Het opknippen van een gedragspatroon
Tim oefent zijn probleem. Jeroen heeft een voorbeeld laten zien. 'Hé', zegt Tim, 'zo zou ik het ook wel willen doen.' Ook al heeft Tim het goede voorbeeld gezien, dan betekent dat nog niet dat hij het voorbeeld in zijn geheel kan nadoen. De trainer kan dan het gedragspatroon opknippen en de deelnemer kan de onderdelen apart inoefenen. Als ook de onderdelen te complex zijn, kan de trainer een onderverdeling aanbrengen tussen de manier waarop de deelnemer zijn boodschap brengt en de boodschap zelf. Deze beide aspecten kunnen apart worden ingeoefend.

Het komt voor dat een deelnemer bang is een onderdeel door te spelen, omdat hij vreest dat hij de volgende niet aankan. In dat geval heeft het zin de onderdelen in omgekeerde volgorde te oefenen: bijvoorbeeld eerst de laatste zin tegen iemand, dan de voorlaatste, et cetera tot en met de allereerste zin.

90 Het uiterlijk van de deelnemers
Na een paar bijeenkomsten beginnen veel deelnemers er wat leuker uit te zien; vlottere, meer eigentijdse kleding komt uit de kast. Veel subassertieve personen kleden zich over het algemeen nogal gewoontjes, weinig opvallend. Daar komt dan verandering in; het lijkt erop alsof de keuze die zij in veel situaties voor zichzelf maken, zich weerspiegelt in hun uiterlijk. Er zijn mannen en vrouwen die het moeilijk vinden om zich leuk aan te kleden of op te maken, of hun manier van bewegen te verbeteren. Als zij dat willen wees ik hun de weg naar schoonheidsspecialisten, kappers en mensendieckdocenten. Ook bracht ik hen in contact met mensen die hen kunnen attenderen op andere manieren van kleden.

91 Huiswerk in de groep
Het behoort tot het actieve en 'no-nonsense'-karakter van de AT dat er ook in de groep gelegenheid is huiswerk te oefenen. Iemand die het bijvoorbeeld moeilijk vindt om koffie rond te brengen, doet dat in de groep en eventueel ook bij andere mensen in het gebouw waar de AT plaatsvindt. Een deelnemer die het moeilijk vindt te schrijven

als mensen op zijn vingers kijken, is de klos zodra er in de groep iets op het bord geschreven moet worden. Iemand die uit angst voor het wachten zich altijd als eerste aanmeldt voor een oefening, wacht daarmee.

92 Beantwoording van vaak gestelde vragen

Vraag: Volgens u ligt de verantwoordelijkheid voor de genezing van de hulpvrager bij hemzelf. Waarop baseert u dat?
Antwoord: Op de afspraak die ik met hem maak. En die afspraak is weer gebaseerd op het feit, dat ik me zelfs in mijn mooiste dromen niet kan voorstellen hoe ik verantwoordelijk kan zijn voor de gezondheid, genezing of het geluk van andere mensen. Het enige waar ik verantwoordelijk voor ben, is voor mijzelf en dat ik ten opzichte van anderen dingen doe die ik voor mezelf kan verantwoorden. Ook al wil ik vanuit mijn verantwoordelijkheid bijdragen tot het geluk van anderen, blijft het de keuze en eigen verantwoordelijkheid van de ander om daarmee te doen wat hij wil.

Vraag: U zegt dat subassertief gedrag vaak te maken heeft met vervelende ervaringen in de jeugd. Als mensen daar nog zo mee bezig zijn, waarom krijgen ze dan daarvoor geen gelegenheid in de AT?
Antwoord: Mensen die zó vol zitten met oud zeer dat zij de AT niet kunnen volgen, volgen die ook niet. Zij krijgen in individuele psychotherapie gelegenheid dit oud zeer te verwerken, totdat zij wél aan de AT kunnen deelnemen. Dan pas immers kunnen deelnemer en trainer samen 'het contract' sluiten, dat een goed resultaat van de AT waarborgt.

Vraag: Is AT, groeps- en individuele psychotherapie met elkaar te verenigen?
Antwoord: Ja, dat is met elkaar te verenigen. Ik denk dat dat kan

doordat er telkens sprake is van een andere categorie afspraken tussen deelnemers en trainer. Dat levert in verschillende psychotherapievormen verschillende relaties op, en daardoor ook verschillende rollen van de therapeut. Ik voel me in veel van die rollen thuis, maar misschien ga ik me nog eens specialiseren. Wie weet: ik ben nog aan het zoeken.

Vraag: Kunt u voorbeelden noemen van assertiviteitstrainingen onder situationeel subassertieve mensen?
Antwoord: Ja, voor ondernemingsraadsleden; voor vrouwen in hun relatie tot hun partner; op scholen in de les 'maatschappijleer'. Dit zijn enkele voorbeelden die ik ken. De toepassingsmogelijkheden zijn legio. Ik verwacht dat AT in steeds meer leersituaties zal worden toegepast.

Vraag: U deelt in het begin van het boek een paar trappen uit naar kerk, school en gezin. Ik vind dat u daarbij voorbij gaat aan de vele goede bedoelingen van ouders, geestelijken en leraren.
Antwoord: De weg naar de hel is geplaveid met goede bedoelingen. De vraag vat bovendien niet goed samen wat ik in dit boek gezegd heb: zo categorisch heb ik mij niet over alle scholen, alle gezinnen, alle geestelijken uitgelaten.

Vraag: Waarom gebruikt u voortdurend de term training, in plaats van psychotherapie en behandeling?
Antwoord: Ik gebruik de termen psychotherapie en behandeling ook wel eens, maar niet met plezier. In een AT ondergaan de deelnemers geen behandeling: op basis van eigen energie en verantwoordelijkheid werken zij zelf een gedragstekort weg dat hen ziek maakt. AT is een vorm van psychotherapie en iedere vorm van psychotherapie is een training waarin mensen leren hun persoonlijke problemen zelf op een effectieve manier op te lossen. Waarom

dan niet het woord training? Misschien dat ooit de prijzen van de psychotherapieën zich aanpassen aan de eenvoud van het woord.

Vraag: Is dit de enige therapie voor sociale angst?
Antwoord: Nee, integendeel: er is vrijwel geen therapeutische school waarin niet een methode wordt voorgesteld om sociale angst te behandelen. De AT – en de gedragstherapie waaruit zij is voortgekomen – is ontstaan uit een zekere onvrede met de lange duur en de gebrekkige resultaten van andere behandelingsvormen. Die onvrede is overigens geen motief geweest voor mij om dit boek te schrijven. Ik heb een training uitgeschreven die binnen korte tijd goede resultaten bereikt bij algemeen subassertieve personen. Of andere behandelingsvormen nog sneller een beter resultaat bereiken betwijfel ik, maar dat is iets waar u zelf een antwoord op kunt vinden, als u erna zoekt.

Vraag: Mensen zijn altijd al verlegen geweest. Waarom dan nu zo'n training? Is daar wel behoefte aan? Of is dit een nieuwe kick voor therapiebeluste gekken uit de grote steden?
Antwoord: Ik vind niet dat wij kunnen bepalen of iemand wel of geen behoefte heeft aan welke vorm van begeleiding dan ook. Ikzelf ontmoet mensen die niet voor hun lol aan een AT deelnemen: ongelukkige mensen, mensen die te ziek zijn om te werken, mensen die uitzichtloos de deur van de huisarts platlopen. Geen therapiebeluste gekken dus. Wel mensen uit alle mogelijke lagen van de bevolking: de timmerman en de projectontwikkelaar, de systeemanalist en de kinderverzorgster, de fysiotherapeut en de magazijnbediende; gewone mensen dus. AT is een actieve, praktische, no-nonsensetherapie die iedereen aanspreekt die hulp zoekt bij de verandering van een subassertieve houding.

12 Oefeningen en ander trainingsmateriaal

93 De eerste bijeenkomst/kennismaking
Deze begint steevast met een inleiding van de trainer. Ikzelf maakte die inleidingen steeds korter; gaf er de voorkeur aan zo vlug mogelijk over te gaan tot actie. Dit ook, omdat actie de grote spanning waarmee de deelnemers zitten kan verlichten. De inleiding die ik gaf bevatte in de regel de volgende onderdelen:

- Ik stelde mezelf voor. De andere trainers deden hetzelfde. Ik noemde zelf altijd mijn voornaam en vroeg vervolgens of iedereen zijn naam wilde zeggen. Ik zei erbij dat ik het prettig vond als we elkaar bij de voornaam noemden. De deelnemers noemden hun naam. Ik nodigde hen uit om, telkens als zij iemand met de voornaam wilden aanspreken en die vergeten waren, naar die naam te vragen. Trainers kunnen de deelnemers ook vragen een naamkaartje op te spelden. Dat deden mijn collega's en ik vroeger regelmatig. Afgezien van het feit dat die op afstand toch moeilijk te lezen zijn, biedt de noodzaak naar een naam te moeten vragen, meteen al een oefenmogelijkheid voor de deelnemers.
- Ik beschreef de gemeenschappelijke problematiek waarvoor wij bij elkaar zaten en vervolgens het doel van de training. Ik besprak de belangrijkste afspraken die in de voorgesprekken waren gemaakt. Ik benadrukte het actieve karakter van de AT (huiswerk, oefenen). In korte woorden schetste ik de rol van de trainer. Meestal maakte ik door een goed gekozen opmerking de spanning die ieder afzonderlijk voelde gemeenschappelijk. Ik bond iedereen op het hart vooral niet thuis te blijven vanwege de spanning die men voelt in de dagen of uren voor de bijeenkomst.
- Ik lichtte het programma, dat vanaf de tweede bijeenkomst een vaste indeling heeft, toe: de eerste helft wordt besteed aan oefeningen. De tweede helft is ongestructureerd.

- Ik stelde de deelnemers in de gelegenheid vragen te stellen, ook over de schriftelijke informatie die zij voorafgaand aan de training hebben gekregen. Vervolgens kwamen organisatorische punten aan bod. Als ik van plan was huiswerkgroepjes te maken, deelde ik adreslijsten uit.

Carrousel: kennismakingsoefening
De deelnemers vormen een binnenkring en een buitenkring. In de binnenkring staan de deelnemers met de ruggen naar elkaar toe. De buitenkring staat om de binnenkring, zodat telkens twee deelnemers tegenover elkaar staan. De trainer stelt voor dat ieder duo een kort gesprekje begint. Na ongeveer een minuut geeft hij een teken en schuift de buitenkring door. Is de buitenkring helemaal rond geweest, geeft hij iedereen de kans om een gesprekje aan te knopen met de mensen die men nog niet gesproken heeft.
Deze oefening werkt goed; het doel is kennismaking en daar liet ik het in de regel bij. Ik besprak het verloop ervan dus niet na afloop.
Na deze kennismakingsoefening gaat de bijeenkomst verder met de ontspanningstraining, een oogcontactoefening, 'nee zeggen' en een paar situaties uit de Ullrich-Paulussen-Rosielle-lijst.
Aan het einde van deze bijeenkomst worden eventueel de tijdens de intake uitgedeelde vragenlijsten ingenomen.

94 Leren spanningen onder controle te krijgen en te houden

De ontspanningsoefening
De trainer kan op deze manier de oefening inleiden: 'In de eerste gesprekken die ik met elk van jullie had, vertelde je dat je je vaak gespannen voelde. Dat is geen prettige situatie. Maar hoe maak je daar een einde aan? Om je daarbij te helpen beginnen wij straks met de ontspanningstraining. Waar het in de ontspanningstraining om gaat, is dat je leert je eigen spanningen op te sporen en deze vervolgens weg te werken.
Wat is spanning eigenlijk? Of: als je gespannen bent, wát is er dan precies gespannen? (...) Spanning is niet iets ongrijpbaars of komt zo

maar aanwaaien. Als je gespannen bent, zijn het steeds bepaalde spiergroepen die te sterk gespannen zijn. Dat veroorzaakt pijn, moeheid en lusteloosheid. Herken je dat? (…)

Waar het dus op neerkomt is te leren die te sterk gespannen spieren te ontspannen. Maar hoe? Tegen jezelf zeggen dat je rustig moet zijn helpt nog niet; daarvoor is de spanning te groot. Je lichaam luistert nog niet als je tegen jezelf 'ontspan' zegt. Dat komt later als je de ontspanningsoefening onder de knie hebt.

Ieder van jullie kan leren zichzelf te ontspannen. Sommigen leren dat snel; zij merken na twee weken al dat het lukt. Anderen doen er langer over. (Eventueel wijst de trainer hier op het feit dat iedereen zich in zijn persoonlijk tempo ontwikkelt in de groep.)

Hoe kun je een spiergroep ontspannen? We gaan hiervoor een korte en effectieve methode gebruiken. Die bestaat eruit dat je eerst een spiergroep sterk aanspant en vervolgens de spanning loslaat. Dus eerst spannen en dan ontspannen. Terwijl je dat doet, let je met alle aandacht op wat er gebeurt in die spiergroep.'

De trainer geeft nu een voorbeeld: het ontspannen van de rechterarm. Hij vraagt de deelnemers:

- Richt alle aandacht op de rechterarm; wat gebeurt er? Hoe voelen de vingers aan, de onderarm, de bovenarm?
- Til je arm op, maak een vuist en trek alle spieren in de gestrekte arm uit de schouder naar voren. Hij vraagt de deelnemers de aandacht hij de arm te houden en deze te blijven spannen, totdat hij een teken geeft: 'ontspan' of 'los'.
- Vestig de aandacht op de door jezelf gewilde spanning enerzijds en ontspanning anderzijds, houd de aandacht bij wat er gebeurt in je vingers (…), onderarm (…), bovenarm (…) en schouders (…), vergelijk nu je linkerarm met je rechterarm.

Na de bespreking van de ervaringen van de deelnemers voegt de trainer een vierde element toe: 'Ik vraag je nu om straks, als je je arm maximaal gespannen hebt, zacht tegen jezelf te zeggen 'ontspan'. Door dat te doen, op het moment dat je je ontspant, leert je lichaam

– op den duur – te luisteren naar die opdracht. Net als veel mensen leer je dan te ontspannen door alleen dat woordje te gebruiken. Op een gegeven moment is het dan minder nodig je spieren zo hard aan te spannen; het gaat vanzelf. Zeg dus telkens zacht tegen jezelf 'ontspan' op het moment dat je je gaat ontspannen.'

Hierna herhaalt de trainer de gehele oefening met de linkerarm. De trainer kan eventueel rondgaan en de ontspannen arm van de deelnemer optillen. Als de gegeven arm na de oefening als een plank naar beneden komt, wijst trainer erop dat deze onmogelijk ontspannen kan zijn. De trainer herhaalt nog eens het principe van de ontspanningsoefening:

- Houd aandacht bij het lichaamsdeel (spiergroep) dat gespannen is.
- Houd je spieren aangespannen; houd de aandacht erbij: dit is zelf opgeroepen spanning.
- Ontspan; zeg het woord 'ontspan' zacht tegen jezelf; let op het verschil tussen zelfgewilde spanning enerzijds en ontspanning anderzijds.
- Let op wat er gebeurt nu de arm door jou ontspannen is.

Hij voegt daar nog eens het doel van de oefening aan toe: 'Waar het om gaat, is dat je op deze manier *zelf* leert *jezelf* te ontspannen. Op die manier gebeurt er precies wat je wilt: je leert jezelf te ontspannen.'

De trainer vervolgt zijn instructie met de basisoefening: 'We gaan nu beginnen met de gehele oefening. Dat gaat het beste als je een lekkere plek op de vloer inneemt. Zorg dat je gemakkelijk ligt, voldoende ruimte hebt (...). Straks, als je thuis deze oefening gaat doen, doe je hetzelfde: je zorgt dat je rustig ligt, bijvoorbeeld op bed, en je kunt niet gestoord worden door bijvoorbeeld telefoon of kinderen. Je legt je armen langs je lichaam en je benen zijn naast elkaar. Je kijkt naar het plafond, bekijk dat goed. Straks zal ik je vragen je ogen dicht te doen. Als je die na de oefening weer open doet, zie je datzelfde stukje plafond weer terug. Sluit nu je ogen. In

de oefening die we nu gaan doen, komt het erop aan dat je verschil ervaart tussen de door jou gewilde spanning enerzijds en ontspanning anderzijds. Je ontspant jezelf. En telkens als je dat doet zeg je zacht tegen jezelf 'ontspan'. Let dus op wat er gebeurt. We beginnen met de ogen.'
De trainer geeft nu de hele ontspanningstraining volgens het model dat boven is gegeven bij de ontspanning van de linker- en rechterarm. Achtereenvolgens komen de volgende lichaamsdelen en functies aan bod:

- ogen   de ogen stevig dichtknijpen, neus optrekken
- rechterarm   arm tien centimeter van de grond tillen, vuist maken, spieren spannen
- linkerarm   idem
- rechterbeen   tien centimeter aanspannen en de punt van de voet in de richting van de neus trekken
- linkerbeen   idem
- maag en buikstreek   buik intrekken en vervolgens uitzetten
- ademhaling   de ademhaling wordt rustiger; zodra de trainer een teken geeft: drie tellen diep inademen; daarna de adem drie tellen vasthouden, zet stevige spanning op de borstkas, dan uitademen tussen getuite lippen; het uitademen duurt acht tellen; dus drie tellen inademen, drie tellen vasthouden en dan acht tellen ontspannen uitademen tussen getuite lippen; deze oefening wordt drie of vier keer herhaald

Deze zeven basisoefeningen brengt de trainer op rustige wijze. Bij iedere spiergroep wijst hij op de noodzaak door te ademen (behalve natuurlijk bij de laatste oefening) en geeft de deelnemer de gelegenheid om de oefening nog eens te doen.

Vervolg instructie basisoefening: 'Haal nu de aandacht weg van je ademhaling en ga in gedachten met me mee (...) naar je voorhoofd ... ogen ... mond ... Het voelt allemaal warmer, meer ontspannen aan. Hoe ligt je rechterarm erbij? Ontspannen, rustig; zwaar drukt je arm op de grond ... en je linkerarm ... je ademt heel rustig en je hebt een vrij gevoel in je maag ... het voelt alsof de grond heel zwaar tegen je lichaam drukt ... zo blijf je nog even liggen ... straks tel ik van 10 terug naar 1, en als ik bij 1 ben, doe je heel rustig je ogen open en blijf je nog even liggen ... 10, 9, 8, 7, 6, 5, 4, 3, 2, 1, open nu rustig je ogen ... je blijft rustig liggen ...'

De trainer geeft iedereen de gelegenheid om weer wat actiever te worden. Hij ziet erop toe dat de deelnemers na de oefening niet onmiddellijk weer een gespannen houding aannemen.

Als de deelnemers klaar zijn met de basisontspanningsoefening gaat de trainer na hoe deze heeft uitgepakt. Hoewel de basisinstructie de meest belangrijke spiergroepen behandelt, komt het natuurlijk voor dat sommige deelnemers nog zitten met spanning in bepaalde delen van het lichaam. De volgende aanvullingen zijn mogelijk:

spanning in:	ontspannende actie:
hoofd	rimpels trekken in voorhoofd
	wenkbrauwen fronsen
	lippen en kaken op elkaar, tong tegen binnenkant van tanden
	mond zo wijd mogelijk opensperren
hals	kin naar de borst
	kin achterover richting plafond
	hoofd eerst naar de linker- dan de rechterzijkant; kin blijft naar voren wijzen
schouders	schouders zo hoog mogelijk optrekken
handen en armen	handpalm, bij gestrekte arm, strekken en zo ver mogelijk omhoog en naar achteren trekken
	idem, nu naar beneden

Tot slot wijst de trainer de deelnemers erop dat zij tijdens de oefeningen door moeten blijven ademen, terwijl zij spiergroepen aanspannen. Met grote nadruk stimuleert hij hen na de ontspanningsoefening zeker vijf minuten te nemen, om langzaamaan weer tot actie te komen. Springt een deelnemer onmiddellijk op, dan kan dat leiden tot duizeligheid, misselijkheid of hoofdpijn.

Daarnaast geeft hij de deelnemers tijdens zijn instructie de gelegenheid een oefening te herhalen als zij met de ontspanning nog niet geheel tevreden zijn.

Als deelnemers klagen dat zij hun aandacht er niet bij kunnen houden, kan de trainer als volgt helpen: hij stelt hun voor telkens voor zichzelf te beschrijven, wat er in de spiergroep precies gebeurt. Dus niet er aan te denken, maar actief en concreet beschrijven: 'Nu voel ik mijn spieren spannen, ik heb pijn in mijn handpalmen, mijn onderarm trekt', et cetera.

Na de oefening stelt de trainer voor de oefening tweemaal daags thuis te oefenen. Hij vraagt aan iedere deelnemer of hij dat kan opbrengen: 'Ik heb liever niet dat je de oefening met tegenzin doet, daar is hij veel te belangrijk voor.' Als na een tijdje blijkt dat sommige deelnemers moeite hebben de oefening in een rustig tempo af te werken, kan de trainer de tekst op een bandje inspreken en meegeven. Aan deelnemers die erg onrustig zijn, kan de trainer een meer suggestieve ontspanningsinstructie aanbieden (zie pagina 140).

Toepassing van de ontspanningstraining in de praktijk
De toepassing vindt plaats in de groep tijdens alle andere oefeningen en situaties. De trainer heeft hier voortdurende aandacht voor. Hij doet er verder goed aan de toepassing in de praktijk door een aantal oefeningen voor te bereiden; hier volgen er een paar:
- De deelnemers luisteren terwijl de trainer een of aantal situaties schetst: 'Je loopt op straat, ineens voel je je duizelig worden ... net alsof alles heel ver af is ... Wat doe je?' De deelnemers geven hun oplossing (ademhalingsoefening) en brengen die in praktijk; op deze wijze laat de trainer alle mogelijke spanningsverschijnselen de revue passeren.

- De trainer demonstreert hoe alle mogelijke ontspanningsoefeningen kunnen worden uitgevoerd zonder dat dat de aandacht van anderen trekt; de deelnemers doen hem na.

De trainer wijst er voortdurend op dat het bij het toepassen van ontspanning om het volgende gaat:
- Wanneer je je opeens vervelend of gespannen voelt, zeg je niet: 'Wat voel ik me rot.'
- In plaats daarvan stel je jezelf de vraag: 'Waar zit die spanning?'
- Je weet dat je jezelf kunt ontspannen; wat je moet doen; dus je gaat je ontspannen, en je gaat ermee door, totdat je tevreden bent.
- Daarna richt je de aandacht weer op de dingen waar je mee bezig was.

Tekst voor een meer suggestieve instructie voor ontspanning
'Je gaat je nu ontspannen. Dat doe je door telkens verschillende groepen spieren te spannen en dan te ontspannen. Telkens als ik zeg 'ontspan', denk je bij jezelf 'ontspan', en dan ontspan je. We beginnen zo met de spieren in je hoofd. Er zijn duizenden kleine spiertjes in je gezicht: je voorhoofd, wenkbrauwen, neus, mond en je tong. Knijp nu je ogen stijf dicht, klem de kaken op elkaar, de punt van je tong is tegen de binnenkant van je tanden, alle spieren in je hoofd zijn gespannen. Je perst je lippen op elkaar. Je voelt de spanning toenemen, ze wordt onhoudbaar ... Ontspan. Je voelt een geleidelijk toenemende ontlading, ontspanning. Laat jezelf gaan. Er komt rust in je voorhoofd, laat alle spieren van je voorhoofd los: je ogen, je neus, je mond en je lippen. Je denkt bij jezelf: 'ontspan' en je ontspant. Verder en verder. Dieper en dieper. En je voelt je oogleden, ze zijn warm en zwaar en je gaat rustig door met ontspannen, dieper en dieper. Je bent rustig. Ook je lippen zijn ontspannen; ze voelen heel licht aan en zijn warm. Alle spieren in je hoofd zijn ontspannen: je voorhoofd, je wenkbrauwen, neus, lippen. Heel je hoofd is zo ontspannen. We gaan straks de aandacht verplaatsen naar de armen. Je strekt je armen, balt je vuisten. Je rekt je zo ver mogelijk uit en

strekt alle spieren die je te pakken krijgt. Je rekt je armen uit. Je voelt de pijn in je boven- en onderarmen, je gaat door. Meer kracht, en ontspan ... Je bent helemaal ontspannen. Je voelt de pijn wegvloeien uit je armen. Je armen worden warm en al je aandacht is bij de spieren in je armen. Je bovenarmen, je onderarmen, je vingers. Je vingers zijn rustig, ontspannen, slap.
En heel je lichaam is steeds meer ontspannen. Je armen voelen zwaar aan en je voelt je goed. En rustig. Nu gaan we de aandacht verplaatsen naar je ademhaling.
Je haalt straks zo diep mogelijk adem en houdt dan je adem vast. Ja, toe maar. Diep inademen en vasthouden. Voel de spanning in je borstkast. En laat het heel geleidelijk ontspannen. Je loopt heel geleidelijk en rustig leeg.
En terwijl je daar ligt gaat je ademhaling rustig door. Je concentreert je helemaal op de ademhaling. Je voelt je rustig; je ademhaling is rustig. En je concentreert je helemaal op je ademhaling. Ontspannen. Warm. Je voorhoofd is warm. Je wenkbrauwen en je ogen zijn ontspannen. Je hele hoofd. Ontspan de spieren in je hoofd en in je armen en in de rest van je lichaam.
Het is net of je op een strand ligt. Het is warm weer. Je voelt de warmte op je huid en je voelt je goed. Je voelt de heerlijke warme wind en de warmte op je huid. Je bent rustig en je voelt je loom. Je voelt de warme wind op je huid, dat is heerlijk. Je ziet grote witte wolken die langzaam voorbijtrekken en je hoort de ruisende zee en verder is het stil en rustig. Het is warm weer. De wind strijkt langs je huid en je bent ontspannen. Je zakt steeds dieper weg. Steeds dieper. Het is heerlijk. Je bent rustig. Je voelt je goed. Je voelt je doezelig. Je armen, je lichaam zijn warm. En het is verder zo rustig, en zo stil. En je zakt dieper weg. Steeds verder. En je bent ontspannen.'
Hierna volgt de gebruikelijke afsluiting door aftellen.

95 Oogcontactoefeningen, waarnemings- en empathietraining

Oogcontact

Met de oogcontactoefeningen wordt in de eerste of uiterlijk tweede bijeenkomst begonnen. De deelnemers hebben elkaar al bezig gezien. Tijdens de nabesprekingen van die activiteiten komt het al vaak voor dat een deelnemer van andere deelnemers te horen krijgt dat hij de ogen neersloeg. In ieder geval is het bij ieder beginnende AT opvallend hoe moeilijk de deelnemers het hebben met oogcontact. Dit zijn voor de hand liggende aanknopingspunten voor de inleiding van de oogcontactoefeningen. De trainer stelt oogcontact aan de orde: 'Je kunt leren de blik van anderen rustig te beantwoorden.' Ik stelde voor om dat op de volgende manier te oefenen: 'We gaan allemaal in een kring staan. De bedoeling is dat iedereen aan de beurt komt. Ik doe ook mee. Als ik begin, kijk ik degene die aan de beurt is, gedurende een korte tijd aan. De ander kijkt terug. Ik begin met Carina. Wij kijken elkaar een tijdje aan. Daarna ga ik door met Ankie, Bart, Roel en Malou.

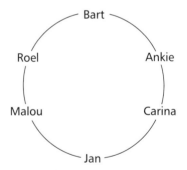

Wat doen de anderen? Als ik naar Carina kijk, kijken de anderen Carina aan. Kijk ik naar Ankie, dan kijken jullie met mij mee naar Ankie. Laten we het proberen.'
Als blijkt dat de werkwijze duidelijk is, stelt de trainer de verdere werkwijze aan de orde: 'De bedoeling is dat we eenvoudig beginnen. Ik stel voor te beginnen met vijftien seconden. De volgende keer wordt het wat langer, totdat we na een aantal bijeenkomsten op de

minuut zitten. Als de tijd voorbij is zegt de trainer: 'ja'.' Hij telt in stilte af. Tellen is beter dan op een horloge turen, omdat hij dan in feite niet meedoet.

Factoren die de moeilijkheidsgraad verhogen
- De oefening wordt elke bijeenkomst herhaald, totdat de minuut wordt gehaald. In de regel zijn hiervoor vier à vijf bijeenkomsten voldoende. Vaak gebruikte 'aankijkperiodes' zijn:
Eerste bijeenkomst: vijftien seconden
Tweede bijeenkomst: vijfentwintig seconden
Derde bijeenkomst: veertig seconden
Vierde bijeenkomst: zestig seconden
Het aantal bijeenkomsten hangt natuurlijk af van de voortgang van de deelnemers.
- Wanneer de oefening zittend wordt gedaan, wordt zij als gemakkelijker ervaren dan wanneer de deelnemers in een kring staan.
- Wanneer de deelnemers dicht bij elkaar staan, is de oefening moeilijker dan wanneer ze verder van elkaar af staan.
- Wanneer de deelnemer die aan de beurt is, in de kring stapt en vervolgens iedere andere deelnemer aankijkt, is dat moeilijker dan wanneer hij mag blijven staan.
- Wanneer twee of meer deelnemers naar één persoon kijken, is dat moeilijker dan wanneer hij slechts door één persoon wordt bekeken.

Deze laatste twee punten beschrijven twee extra ronden, die kunnen worden toegevoegd als de deelnemers de 60 seconden kunnen halen.

Opvallende gebeurtenissen bij de oefening
Vaak zien de deelnemers het belang van de oefening in en zullen zij het geleerde in de praktijk toepassen. Natuurlijk stimuleert de trainer hen daarin. Tijdens voor- en nabesprekingen komen enkele deelnemers al snel met de eerste succesverhalen; een belangrijke stimulans voor de anderen.

Als een deelnemer vooraf zegt geen moeite met oogcontact te hebben, kan dat natuurlijk waar zijn. Nodig hem dan uit om in de oefening nog eens de proef op de som te nemen. Soms kan een subassertief persoon zeer lang iemand aankijken, omdat hij de ander als een 'vlek' ziet, dus in feite niet aankijkt. Over dit aspect volgt hieronder meer.

PUNTEN DIE DE AANDACHT VERDIENEN
- De houding van de deelnemer. Hoe staat de deelnemer erbij: verdeelt hij zijn gewicht gelijkelijk over beide benen, zoals een soldaat die in de houding staat? Bevalt hem dat? Misschien wil hij zijn houding variëren zodat zeventig procent van het gewicht op een standbeen staat. Wat doet de deelnemer met zijn armen? Houdt hij deze stijf gevouwen voor de borst, voor zijn kruis, of op de rug? Wil hij experimenteren met een lossere meer ontspannen houding? Kijkt de deelnemer over zijn schouder naar de ander of stelt hij zich in zijn volle breedte voor de ander op? Staat hij er in elkaar gedoken bij?
- Wat doet de deelnemer met zijn ogen? Slaat hij, voordat hij begint met iemand aankijken, zijn ogen al neer, zodat hij letterlijk opziet tegen de ander? Kijkt hij de ander wel aan? Of knippert hij veel; bij sommigen is dat een vorm van vluchten. Eventjes de ogen sluiten kan ook voorkomen. Waar kijkt de deelnemer naar? Naar de ogen, de neus of wég over de schouder de ruimte in. Wat zag de deelnemer: een vage vlek of was hij actief bezig de ander in gedachten te beschrijven. Deze actieve opstelling wil ook helpen, als een deelnemer moeite heeft zelf bekeken te worden.
- Spanningscontrole. Een speciale uiting van spanning is het in de lach schieten. Bij wie schiet wie in de lach? Als dit lachen plaatsvindt, liet ik dat in de regel even rusten. Daarna vindt er een herkansing plaats. Ik stimuleerde de deelnemers dan extra de spanning onder controle te brengen. Als de begeleider de oogcontactoefening in subgroepjes laat uitvoeren (vooral niet te klein) kan hij de oefening verzwaren: ieder groepje samenstellen

met deelnemers die het juist moeilijk vinden elkaar aan te kijken.

Als de periode dat men elkaar aankijkt langer wordt, zullen deelnemers spontaan in de nabespreking iets over hun gevoelens en gedachten gaan zeggen die zij aan de ander toeschrijven, terwijl men elkaar aankijkt. Dit biedt dan een goed aanknopingspunt voor de inleiding van de volgende oefening uit dit blok.

Gedragsbeschrijving
In groepjes van drie beschrijft een deelnemer telkens gedurende een x aantal seconden het gedrag van een tweede groepslid, zonder interpretaties. Dan wordt er gewisseld en krijgt degene die beschreven is een beurt in het observeren. De derde persoon krijgt de taak tussenbeide te komen, als de gedragsbeschrijver waarderingen geeft of andere zaken opmerkt die niet observeerbaar zijn. Degene van wie het gedrag beschreven wordt, heeft slechts als taak niet te spreken.
De oefening kan zo nodig ook in duo's worden gedaan.

AANKNOPINGSPUNTEN VOOR DEZE OEFENING
Deze zijn vergelijkbaar met de ervaringen met de oogcontactoefeningen. In de nabesprekingen blijkt, hoe langer er oogcontact is, hoe moeilijker de deelnemers het onderscheid weten te maken tussen wat zij zien en wat zij denken dat de ander denkt of voelt. Ook in andere gebeurtenissen tijdens de training vinden we hiervoor aanwijzingen.
Ik had de gewoonte om in mijn uitleg voor deze oefening een overzicht te geven van de totale lijn. Dat wil zeggen niet alleen van deze oefening maar ook van de empathietraining, waarvoor gedragsbeschrijving steevast een onderdeel vormt.
Voordat de groep in trio's uiteengaat, geeft de trainer een voorbeeld in de groep.

VERZWARING VAN DE OEFENING
In de regel stelde ik een observatieperiode voor van één minuut.

Deze periode kan soms verkort worden; verlenging heb ik nooit nodig gevonden. Voor de meeste deelnemers is het lastiger de oefening staande af te werken dan zittend. Evenals dat het geval is met de oogcontactoefening, vergroot verkleining van de onderlinge afstand de moeilijkheidsgraad. Sommige deelnemers vinden de aanwezigheid van een derde persoon moeilijker. Ik liet ze dan beginnen in een duo. Later stelde ik dan voor de oefening in een trio uit te voeren. Sommige deelnemers vonden mijn aanwezigheid als rondlopend trainer lastig. Als dat zo was, signaleerde ik dat en besprak het vervolgens in de groep.

Hebben de deelnemers een zekere vaardigheid bereikt, dan doet de trainer zelf met de oefening mee. Na een aantal herhalingen verdwijnt de schuchterheid snel. Sommige deelnemers vinden het, zeker in het begin, moeilijk om het gezicht en de ogen van de ander te beschrijven. Een hint aan de groep om aan het gelaat van de ander aandacht te besteden, verzwaart de oefening. De trainer let er ten slotte ook op welke personen moeite hebben het gedrag van een bepaald iemand te beschrijven. Een instructie om de mensen te kiezen van wie men het moeilijker vindt het gedrag te beschrijven, verzwaart eveneens de oefening.

PUNTEN DIE DE AANDACHT VERDIENEN
- De trainer loopt in de regel rond en observeert de verschillende groepjes.
- Typische fouten die in de oefening gemaakt kunnen worden zijn: een deelnemer geeft een waardering; bijvoorbeeld: 'zij heeft leuk haar'; of hij geeft een interpretatie: 'zij kijkt mij boos aan'; of hij geeft een verkeerde observatie, bijvoorbeeld: 'zij heeft een zwarte trui aan', terwijl alleen de voorzijde van de trui zichtbaar is.

Ik had zelf de neiging deze oefening streng te begeleiden, overeenkomstig het doel van de oefening.

Dus niet:	*Wel:*
Zij lacht.	Ik zie tanden, de rechtermondhoek gaat omhoog.

Zij zit stil voor zich uit te kijken. Ze heeft een zwart horlogebandje om.	Ik zie geen beweging. Ik zie een zwart stukje aan beide kanten van het horloge.

- De trainer doet er goed aan hoge kwaliteitseisen aan het werk van de deelnemer te stellen. Als men herhaaldelijk in waarderingen vervalt, kan de trainer voorstellen iedere beschrijving te laten voorafgaan door de woorden: 'Ik zie ...'
- De derde persoon zal soms verzuimen in te grijpen als het fout gaat met een gedragsbeschrijving. De trainer signaleert dat en stimuleert hem wél tussenbeide te komen als dat nodig is.
- Hoe voelen de drie personen zich in hun onderscheiden rollen? De beschreven persoon heeft het vaak moeilijk. Hij verkeert in die ene minuut juist in een onplezierige en afhankelijke positie: hij heeft geen enkele controle over de beschrijver en wat die over hem denkt of voor hem voelt. Dat kan spanningen veroorzaken. Ook spannend is de rol van de beschrijver. Vanzelfsprekend vraagt de trainer dan: 'Wat deed je met die spanning?', of woorden van gelijke strekking die de deelnemer stimuleert zelf de spanning onder controle te krijgen.

Luisteroefening

De groep deelt zich op in groepjes van drie. De personen A, B, C in zo'n trio kiezen een onderwerp van gesprek (C treedt de eerste ronde op als scheidsrechter; dit houdt in dat hij erop toeziet dat de samenvatting volledig is en geen interpretaties worden toegevoegd). A begint tegen B te praten over een tevoren vastgesteld onderwerp. B vat samen wat A gezegd geeft en geeft daarna pas zijn reactie. Vervolgens vat A weer samen, et cetera. Na een paar minuten wordt A scheidsrechter en gaan B en C praten en luisteren, et cetera totdat ieder duo AB, BC, AC met elkaar gesproken heeft.

Punten die de aandacht verdienen
- Als de beginzin van A een vraag is, wordt het voor B moeilijk het

gesprek voort te zetten. Het is daarom beter als A begint met een uitspraak in de stellende trap.
Dus niet: 'Wat vond jij van de voetbalwedstrijd gisteravond?'
Maar: 'Ik vond het een slechte wedstrijd, als PSV zo doorgaat komen ze er nooit.'
- De trainer ziet er samen met deelnemer C op toe dat de samenvatting inderdaad accuraat is; eerst goed samenvatten dan zelf iets inbrengen.

De basisgrondstof voor deze oefening is het gesprek. Ik plaatste haar daarom in de regel of gelijktijdig of na de typische gesprekstraining. Hoe langer de inbreng van een deelnemer, hoe moeilijker het voor de ander is om samen te vatten. Voor een breedsprakige deelnemer is het goed eens te horen hoe dat op de ander overkomt.

Verbale progressie: wat de ander denkt of voelt en wat ik denk dat de ander denkt of voelt
De oefening bestaan uit vier ronden en wordt gedaan in groepjes van drie. Zij speelt zich telkens af tussen twee van de drie personen. De derde observeert en komt tussenbeide als het geheel niet goed verloopt.
Ronde 1: De ene deelnemer beschrijft gedurende x seconden het gedrag van de tweede deelnemer. Hij laat iedere zin beginnen met de woorden: 'Nu zie ik ...' Dit gedeelte is al uitvoerig besproken tijdens de vorige oefening. Als de gedragsbeschrijving is opgenomen in het kader van deze oefening, reduceerde ik deze ronde in de regel tot dertig seconden.
Ronde 2: De ene deelnemer richt zich tot een tweede van het drietal. Hem wordt gevraagd te zeggen wat er in hem opkomt. Hij begint iedere zin met de woorden: 'Nu denk ik...', of: 'Ik denk ...' Duur van deze ronde: zestig seconden.
Ronde 3: De opzet is gelijk aan de vorige ronden. De deelnemer begint nu iedere zin met de woorden: 'Ik voel me ...'
Ronde 4: De deelnemer begint nu iedere zin met de woorden: 'Nu geloof ik dat jij je zus of zo voelt.' Deze ronde duurt eveneens zestig

seconden. De tweede persoon geeft door hoofdknikken te kennen of de beschrijver goed zit.

Aanknopingspunten voor deze oefening zijn legio
Als de training eenmaal draait, zullen veel deelnemers laten merken dat zij het moeilijk vinden een onderscheid te maken tussen wat men voelt en wat men denkt; en tussen wat men de ander ziet doen en de gevoelens en gedachten die men aan een ander toeschrijft. Hierop kan de trainer inhaken. Als deze aanknopingspunten niet duidelijk aanwezig zijn, kan de trainer een algemene uitleg geven. Mijn ervaring is dat de deelnemers in een dergelijke beschrijving hun gedragstekort herkennen.

Punten die de aandacht verdienen
- Deze oefening is voor vrijwel alle deelnemers moeilijk. Dat is niet verwonderlijk: algemeen subassertieve personen vinden het juist moeilijk hun gedachten en gevoelens te uiten. Mijn ervaring is dat het daarom beter is de oefening rustig af te werken: door bijvoorbeeld iedere bijeenkomst een ronde verder te gaan en de vorige ronden te herhalen. Pas tegen het einde van de training zijn de meeste deelnemers in staat de oefening in zijn geheel af te werken.
- De oefening vereist veel aandacht van de deelnemers; zij worden er letterlijk moe van. Daarom hield ik mij altijd stipt aan de opgegeven tijden.
- De rol van de trainer verschilt in wezen niet veel van die zoals die in de oefening 'gedragsbeschrijving' is beschreven. In het begin zullen sommige deelnemers het moeilijk vinden te zeggen waaraan ze denken. Door hun na de oefening rustig te vragen waaraan ze denken, brengt u hen op het juiste spoor. Gaandeweg zullen zij leren hun gedachten vloeiend te uiten: 'Ik denk aan mijn vriendin, ik denk wat koud hier, ik denk wat komt Jan (de trainer) hier doen, ik denk wat zal ik nu weer denken, ik denk wat is dit toch saai, ik denk wanneer is de oefening nou eindelijk afgelopen ...' et cetera. De trainer zal erop moeten letten dat de deelnemer geen standaardteksten gaat opdreunen.

- Een van de belangrijkste leermomenten in deze oefening is dat de deelnemer bij zijn gevoelens en gedachten moet blijven ondanks de aanwezigheid van een ander die tegenover hem zit. Als die aanwezigheid voor iemand te storend is, kan hij de oefening eerst alleen of samen met de trainer doornemen. De anderen gaan dan ondertussen door.
- In de derde ronde vluchten de deelnemers vaak weer naar gedachten. Zij zeggen dan bijvoorbeeld: 'Ik voel dat het mooi weer wordt', in plaats van bijvoorbeeld: 'Ik voel me opgewekt.'
- De taak van de deelnemer in de derde ronde is zich gedurende één minuut te concentreren op het eigen gevoel en dit te uiten. Vaak hoor je de deelnemers klagen: 'Ja, als ik eenmaal (aan het begin van de minuut) iets over mijn gevoel gezegd heb, dan kan ik verder beter ophouden, want in die ene minuut verandert er toch verder niets.' Dat kan voorkomen, maar in de regel loopt het anders. Ik vroeg de deelnemers zich te blijven concentreren op het eigen gevoel en ook gevoelsveranderingen te uiten. Als u de oefening in aanwezigheid van anderen zelf doet, zult u merken dat één minuut in de beleving erg lang duurt en dat stemmingsveranderingen voor kunnen komen.
- In de vierde ronde zijn beide deelnemers intensief betrokken. De deelnemer van wie het gevoel beschreven wordt, heeft eveneens de taak dicht bij zijn gevoel te blijven. Alleen als hij dat doet, kan hij juist en eerlijk te kennen geven of de 'beschrijver' het goed geschoten heeft.
- Als ronde 4 twee of meer keer herhaald wordt, ontstaat er bij sommige deelnemers irritatie: 'In plaats van te raden kan ik beter vragen hoe de ander zich voelt.' Dat is een goed teken: deze opmerkingen luiden het einde van deze oefening in. De deelnemers leren in deze ronde af het gevoel dat zij aan anderen toeschrijven voor waar aan te nemen. Om dit effect te versterken laste ik soms een extra ronde in die begon met de woorden: 'Ik denk dat jij denkt ...'

96 Leren afwijzen van verzoeken, smeekbeden of opdrachten waaraan men niet wil beantwoorden
Nee zeggen
Deze oefening heeft veel voor de hand liggende aanknopingspunten. De belangrijkste is dat, grofweg gezegd, algemeen subassertieve personen 'ja-zeggers' zijn. Als de trainer aan de cursisten vraagt wanneer zij voor het laatst 'nee' gezegd hebben, zal hij merken dat dat vaak lang geleden was. Sommige deelnemers spreken het woord zelfs nooit uit. Soms rechtvaardigen zij dat door te stellen: 'Nee zeggen is onbeleefd, dat hoort niet.' Als u dat bespreekt met de deelnemers, zal snel blijken dat velen van hen bang zijn 'nee' te zeggen en op grond daarvan ook erg tegen de oefening opzien. Het is daarom ook van belang de moeilijkheidsgraad van de oefening goed aan te passen aan het niveau van de deelnemers.

Het 'waarom' van deze oefening ligt voor de hand: als de deelnemers worden geconfronteerd met in hun ogen onredelijke verzoeken of opdrachten waar zij niet aan willen beantwoorden kunnen zij moeilijk 'nee' zeggen. In deze inleiding zou ik graag willen stellen dat het er in deze oefening om gaat dat de deelnemers leren een stem te geven aan hun gevoel en duidelijk te maken wat zij wel of niet willen. Het leren 'nee zeggen' is een eerste stap in dat leerproces. Zoals met alle oefeningen zal de trainer de deelnemers stimuleren dat wat zij eerder al geleerd hebben tijdens deze oefening toe te passen.

Instructie
Deze oefening bestaat uit zes ronden. Geoefend wordt: op een overtuigende manier 'nee' te zeggen. Dat wordt herhaald totdat de deelnemers zonder spanning het woord kunnen uitspreken. In deze oefening zeggen de deelnemers het woord 'nee' eerst op een subassertieve manier (de manier waarop zij het gewend zijn), dan op een naar hun gevoel agressieve manier: ten slotte op een assertieve manier.
Ronde 1: De deelnemers staan in een kring. Eerst spreekt iedereen, die aan de beurt is, het woord 'nee' op een subassertieve manier uit.

Vervolgens op een agressieve manier. Ten slotte spreekt iedereen het woord uit op een assertieve manier: het juiste midden.

Ronde 2: Deze ronde lijkt op de vorige. Alleen probeert nu iedere deelnemer – in een ronde – zich eerst subassertief, dan agressief, ten slotte assertief te uiten.

Ronde 3: Als een deelnemer aan de beurt is, richt deze zich tot zijn buurman. De buurman beantwoordt het 'nee', eveneens weer met 'nee'. Wederom wordt 'nee' achtereenvolgens gezegd op een agressieve, subassertieve en ten slotte assertieve wijze. Als de juiste assertieve toon en houding gevonden is, wordt die doorgeoefend. Alleen als het bij iemand niet lukt, kan hij geholpen worden door het hem op de drie manieren te laten doen.

Ronde 4: De deelnemers staan in de kring. De deelnemer die aan de beurt is, stapt in de kring en gaat iedere collega-cursist langs en stelt zich op een assertieve manier op.

Ronde 5: Deze is hetzelfde als de vorige ronde. Alleen bepaalt de deelnemer nu zelf op welke twee of drie personen hij afstapt.

Ronde 6: De deelnemer krijgt de taak het woord 'nee' uit te spreken tegen een groepje andere deelnemers. Dit groepje kan in het begin uit twee personen bestaan en geleidelijk uitgroeien tot de hele groep.

Verzwaring van de oefening

Deelnemers vinden het in de regel gemakkelijker de oefening zittend dan staand af te werken. Een gemakkelijke start van de oefening kan worden verkregen door de deelnemers eerst te leren op een overtuigende manier het woord 'ja' uit te spreken. Voor ronde 1 kan de trainer een ronde inlassen, waarin de deelnemers zich staande in een kring omdraaien. Zij kunnen dan 'nee' zeggen zonder dat de anderen hen zien.

Punten die de aandacht verdienen

- Als veel deelnemers het moeilijk vinden hun stem te verheffen, kan de trainer de oefening hiervoor inlassen (zie pagina 179). Deze oefening kan ook om andere redenen nuttig zijn.

- Veel deelnemers vinden het niet alleen moeilijk om 'nee' te zeggen, maar ook om dat woord tegen zich te horen. Als de moeilijkheidsgraad dan te hoog wordt, kan de trainer een rondje 'ja zeggen' inlassen.
- De trainer wordt door de deelnemer vaak gezien als degene tegen wie het het moeilijkst is om 'nee' te zeggen. Als de trainer de oefening mee doet, schept dat voor de deelnemers een extra oefengelegenheid.

Assertieve woordenlijst
'Soms schieten woorden tekort om een ander op een rustige manier te zeggen wat wij willen. Daar besteden we in deze en de volgende bijeenkomsten aandacht aan. We gaan zinnetjes oefenen die van pas kunnen komen.'
Het handigste is dat de trainer op dit moment onderstaande lijst aan de deelnemers verstrekt. Als deelnemers en trainers de oefening doorgesproken hebben, wordt afgesproken welke zinnetjes zullen worden geoefend. Daarna geeft de trainer een voorbeeld hoe de oefening gaat.
Eerste stap: De deelnemers en trainers staan in een kring. De trainer leest de eerste zin voor en vraagt iedere deelnemer de zin te herhalen: eerst op een subassertieve manier, dan op een agressieve, ten slotte op een assertieve manier. Net zo als in de oefening 'nee zeggen', helpt hij iedere deelnemer zo'n groot mogelijk onderscheid tussen deze drie gedragsvormen te laten zien. Iedere deelnemer krijgt de gelegenheid verbeteringen aan te brengen in houding en volume van zijn woorden. Na één of twee zinnetjes kan de trainer aan een deelnemer vragen als eerste met een zinnetje te beginnen.
Tweede stap: Hierna worden trio's gevormd die op soortgelijke wijze te werk gaan met dezelfde zinnetjes die in de grote groep zijn geoefend.
Derde stap: Als na een aantal bijeenkomsten de lijst is afgewerkt kan de oefening meteen worden begonnen in trio's.
Om de deelnemers te helpen hun woorden krachtig en zelfbewust te uiten, wordt de oefening als volgt gewijzigd: twee deelnemers A en B, richten zich tot elkaar, C fungeert als observator. A is de deelnemer

waarom het gaat. B helpt hem de zinnen assertief te uiten. Dat kan B doen door:
- dezelfde zin, iets versterkt, te herhalen. A heeft tot taak nog krachtiger uit de bus te komen.
- een zin te bedenken die aan het assertieve zinnetje voorafgaat en dat zinnetje te herhalen totdat A er voldoende krachtig op reageert. Onderstaand volgt een voorbeeld.

B: voorafgaande zin	A: assertieve woordenlijst
(Hoe gaat het met je vriendin?)	Ik heb liever niet dat je je daarmee bemoeit.
(Je moet me helpen.)	Daar heb ik geen tijd voor.
(Jij krijgt geen salaris deze maand.)	Ik heb daar recht op.

Als steeds geeft de trainer het concrete voorbeeld hoe B A kan helpen. In deze stap is het in de regel niet meer nodig te oefenen op het onderscheid tussen agressief, assertief en subassertief gedrag.

PUNTEN DIE DE AANDACHT VERDIENEN
- Sommige uitspraken uit de onderstaande lijst zullen soms niet als echt overkomen bij de deelnemers: in hun streek of buurt drukken ze hetzelfde uit op een andere manier. Vanzelfsprekend worden de desbetreffende zinnetjes dan aangepast.
- Vaak komt het voor dat een of meer deelnemers een sterk verontschuldigende toon in hun uitspraak hebben.
- Een ander opvallend punt is dat sommige deelnemers belangrijke woorden in een zin onvoldoende nadruk geven. Typische woorden die weggemoffeld worden, zijn: 'ik', 'niet' en 'wil'.
- Soms is het nodig een deelnemer te adviseren de lijst thuis door te nemen en te oefenen met behulp van een bandrecorder.
- Juist omdat deze woorden centraal staan in de training, schonk ik extra veel aandacht aan zinnetjes die beginnen met: 'ik wil (niet) ...' en 'ik vind ...'

Ik heb liever niet dat u zich daarmee bemoeit.
Dat heb ik goed gedaan.
Ik wil nu met rust gelaten worden.
Dat mag ook wel eens gezegd worden.
Ik wil dat je me helpt.
Ja.
't Interesseert me niet.
Dat is niet waar.
Maak niet zoveel lawaai.
Ik vind het fijn bij jou.
Schiet eens een beetje op.
Los dat zelf maar op.
Ik heb daar geen tijd voor.
Kun je even stil zijn?
Dat kun je niet maken.
Leuk dat je dat zegt.
Ik heb er geen zin in.
Ik ben het niet met je eens.
Ik vind je erg aardig.
Dat is wél waar.
Ik heb daar recht op.
Gelul!
Ik ben ertegen.
Ik doe niet mee.
Ik wil niet dat je dat doet.
Dat is jouw probleem.
Erg fijn dat je dat gedaan hebt.
Dat neem ik niet.
Dat wil ik niet.
Ik ga, dag!
Ik blijf hier.
Nee.
Ik wil niet dat je gaat.
Daar heb ik niets mee te maken.
Leuk dat je er bent.

Ik ga wat anders doen.
Probeer het zelf maar eens.
Ik verwacht meer van je.
Dat kun je zelf wel.
Kun je me een tientje lenen?
Begin jij maar vast.
Wat kan jou dat nou schelen.
Ik leen jou liever geen geld.
Daar begin ik niet aan.
Wil je even buiten wachten?
Ik vind dat je dat goed gedaan hebt.
Ik verveel me.
Wat je nu vertelt is onzin.
Ik wil het over iets anders hebben.
Jij moet ook je steentje bijdragen.
Ik wil nu meteen een afspraak met u maken.
Ik word er doodziek van.
Nee, dat kan ik niet.
Nee, ik ga naar de film.
Leuk dat je blijft.
Ik wil u graag helpen, maar ik bel u nog terug.
Aardig dat u me wilt helpen, maar ik los m'n probleem liever zelf op.
Ik geloof niet dat jou dat iets aangaat.
Ik heb het gevoel dat je me voor de gek houdt.
Je hebt groot gelijk.
Dat vind ik een goed voorstel van je.
Je hebt groot gelijk dat je je ermee bemoeit.
Dat is waar, *jij* hebt gelijk.
Dat komt me slecht uit.
Ik vind je erg mooi.
Ik heb nu wel tijd.
Ik vind het genoeg zo.
Ik heb nu geen tijd om te praten.
Ik zou het fijn vinden als je rekening hield met mijn wensen.
Dat kan ik beter zonder jou.

Kan de radio wat zachter?
Je bent daar erg goed in.
Ik doe graag mee.
Ik wil je wel helpen.
Dat kun jij veel beter dan ik.
Dat vind ik vervelend.
Dat vind ik leuk.

Het beantwoorden van verzoeken, smeekbeden of opdrachten waaraan men niet wil beantwoorden
Er worden trio's gevormd (deelnemer A, B, C). C heeft de rol van observator. A richt een verzoek of smeekbede of opdracht aan B. B heeft de rol deze af te wijzen.
Deze verzoeken of opdrachten worden in de regel bedacht.
Bijvoorbeeld:
- Bart, doe dat raam dicht.
- Sander, poets mijn schoenen.
- Tobias, ik heb zo'n pijn in m'n voeten. Ik kan niet zo goed lopen; wil jij voor mij sigaretten gaan halen?
- Ik wil dat jij (dit of dat) voor mij doet.

A gaat door met zijn verzoek, opdracht, smeekbede totdat hij (A) en C vinden dat B op een duidelijke manier heeft laten horen wat hij er van vindt en wat hij wel of niet wil.

DE OEFENING TELT 3 RONDES:
Ronde 1: Volgens bovenstaande instructie wordt eerst in de grote groep gewerkt.
Ronde 2: Als de cursisten de bedoeling begrijpen wordt er volgens bovenstaande instructie in trio's gewerkt.
Ronde 3: A krijgt de taak om de situatie voor B te verzwaren, door ondanks de duidelijke weigering door te gaan met zijn verzoeken, totdat B hem op een duidelijke manier daarin stopt.

PUNTEN DIE DE AANDACHT VERDIENEN
- Het wil de deelnemers wel eens niet lukken om op een assertieve

manier hun stem te verheffen. Is er wat dat betreft onvoldoende vooruitgang, dan kan het nuttig zijn om de ondersteunende oefening 'schelden' in te lassen (zie pagina 179).

- De trainer stimuleert de deelnemers het onderscheid tussen de drie gedragsvormen zo scherp mogelijk tot uiting te laten komen. Om de deelnemers hierbij te helpen kan de trainer hen stimuleren in het begin te overdrijven.
- Het kan soms de moeite waard zijn een rondje 'ja' zeggen in te lassen. Dit geldt wanneer voor de deelnemers het uitspreken van het woord 'nee' met een nog oncontroleerbaar grote spanning gepaard gaat. Soms vinden deelnemers het vervelend alsmaar 'nee' te zeggen tegen hun collega-cursisten. Een rondje 'ja' zeggen kan dan het gevoel herstellen dat 'we allemaal bij elkaar horen'.
- Als vele groepsleden zeer angstig zijn kan het woord 'nee' de eerste keren zittend worden uitgesproken. Staande oefenen wordt ook hier vaak als moeilijker beschouwd dan zittend.
- De trainer let op non-verbale uitingen van de deelnemer: Hoe is het oogcontact? Sommige deelnemers knipperen vaak als ze aan de beurt zijn of sluiten de ogen op het moment dat ze 'nee' zeggen of horen.
Anderen kijken naar de grond, zodra zij 'nee' hebben gezegd. Zij vinden het moeilijk om de ander rustig te blijven aankijken.
Praat de deelnemer over zijn schouder met zijn partner of stelt hij zich frontaal voor de ander op?
Hoe groot is de afstand tussen de deelnemers? Hoe geringer de afstand des te moeilijker de oefening, vinden veel cursisten.
- Als twee deelnemers tegenover elkaar staan, is niet alleen de 'nee-zegger' aan het oefenen. Ook degene die de verzoeken of opdrachten stelt heeft een moeilijke klus. Vaak is hij niet gewend opdrachten aan een ander te geven. Zeer vaak vinden de deelnemers het moeilijk de opdracht te herhalen. Bovendien moet de 'opdrachtgever' dicht bij zijn gevoel blijven om vast te stellen of de ander duidelijk is in zijn afwijzing. De trainer bevordert dat de opdrachtgever het woord 'ik wil' gebruikt.

- Wanneer is iemand duidelijk in zijn afwijzing? Volgens mij zouden de volgende boodschappen vervat moeten zijn in B's reactie op A's verzoek of opdracht:

A's verzoek of opdracht:	B's reactie:
Ik wil dat je de ramen dicht doet. (eenmalige herhaling) (het verzoek wordt vele malen herhaald)	Nee. Nee, dat wil ik niet. Ik vind het vervelend, dat je die vraag blijft herhalen: ik doe het raam niet dicht. Ik wil er verder niet meer met je over praten; laten we doorgaan.

Anders gezegd: B's reactie is duidelijk, als hij: het verzoek afwijst ('Nee'), dat wil zeggen: zegt wat hij niet wil ('Dat wil ik niet'), een stem geeft aan zijn gevoel dat ontstaat na A's herhaalde aandrang ('Ik vind het vervelend dat ...') en zegt wat hij zelf wil ('Laten we doorgaan'). De duidelijkheid van B's reactie blijkt in de regel als A zelf stopt of hapert.
- Wat als A blijft aandringen ondanks B's duidelijke reactie? Ik zie het dan zo, dat A dan zijn relatie met B op het spel zet. In de training laat ik dan A met B van rol wisselen, zodat A zelf kan ervaren hoe zijn gedrag op hem overkomt. Subassertieve mensen zijn geneigd de relatie met een ander in stand te houden ten koste van de kracht van de eigen pijler in de relatie. Daarom ligt in deze oefening in eerste instantie de nadruk op versterking van de pijler. Naarmate de oefening vordert, zal de trainer steeds meer aandacht schenken aan de vraag of B's reactie zijn relatie met A nodeloos schaadt of niet.
- Op basis van mijn ervaring kunnen de verschillende oefeningen als volgt (naar moeilijkheidsgraad) worden gerangschikt:
  ◦ nee zeggen;
  ◦ afwijzen van een duidelijke opdracht;
  ◦ afwijzen van een medelijdenopwekkend/smekend verzoek;
  ◦ reageren op een herhaald verzoek of opdracht;

- reageren op impliciete opdrachten, bijvoorbeeld als A zegt: 'Wat warm hier', als hij wil dat B het raam opendoet;
- als een persoon de relatie op het spel zet.

Moeilijke situaties oefenen in stilte of thuis met behulp van bijvoorbeeld een cassetterecorder
De komende bladzijden zijn gevuld met een groot aantal moeilijke situaties. Deze lijst kan op twee manieren worden gebruikt:
1 Aan het einde van de training: aansluitend op de vorige oefening kan de trainer telkens een situatie kiezen en deze zo levendig mogelijk voorlezen en de deelnemers vragen in stilte daarop te reageren. De deelnemer moet zich dus de situatie voor de geest halen en in gedachten daarop reageren. Voor die reactie krijgen de deelnemers vijftien seconden. De trainer kan vragen of iedereen tevreden is over zijn reactie. Zeker tegen het einde van de training zijn de deelnemers zeer goed in staat dat voor zich zelf vast te stellen. Is een deelnemer niet tevreden, dan kan de situatie kort worden doorgespeeld. De trainer kan ook vragen of iedereen kort zijn concrete reactie wil weergeven.
2 Aan het begin van de training: de trainer kan de situaties samen met de inleidende tekst op bijvoorbeeld cassettebandjes inspreken. De deelnemers krijgen een bandje mee naar huis. Bij iedere bijeenkomst is tijd ingeruimd om de thuis geoefende situaties door te nemen.

Mijn ervaringen met deze werkwijze waren goed. Het in de groep doornemen van de situaties neemt echter veel tijd. Bij de introductie van de bandjes dient de trainer zich ervan te vergewissen dat alle deelnemers inderdaad bereid zijn om de bandjes thuis te oefenen. De deelnemers die dat, om welke reden dan ook, niet doen, vertragen de nabespreking van het huiswerk in de groep.

De trainer kan onderstaande lijst zelf aanvullen met situaties die in de loop van het ongestructureerde gedeelte van de training aan bod zijn gekomen. Deze situaties voorlezen in de groep of via een band laten oefenen biedt een goede herhalingsoefening. De deelnemers kunnen dan voor zich zelf vaststellen in hoeverre het geleerde beklijft.

INLEIDING HUISWERKBAND

'Op deze band staat een aantal vaak voorkomende situaties; sommige daarvan hebben we al in de groep geoefend. In de regel zijn het wat lastige situaties waarin een direct antwoord van je wordt verwacht. Elk van deze situaties is zo volledig mogelijk beschreven alsof het op dit moment werkelijk gebeurt. Je moet goed op de beschrijving letten en je elke situatie zo scherp mogelijk voorstellen. Probeer elke situatie voor de geest te halen alsof je het ziet gebeuren. Nadat een situatie is beschreven zal er een bel gaan zoals nu. (bel) Dus als je de bel hoort geef je je antwoord. Denk niet te lang na over je antwoord: in het dagelijks leven heb je ook niet veel gelegenheid om lang te wachten.
Het is natuurlijk van belang dat je een zo assertief mogelijk antwoord geeft. Dat wil zeggen, je moet opkomen voor je eigen gevoelens en rechten, zonder agressief of onderdanig te zijn!
Nadat je je antwoord hebt gegeven denk je rustig na of er verbeteringen mogelijk zijn. Hierbij kun je letten op de volgende punten:
1 Vond je de woorden en zinnen die je gebruikte assertief genoeg?
2 Was je tevreden met de manier waarop je sprak: was dat aarzelend, onderdanig, agressief, natuurlijk of onnatuurlijk; sprak je te luid of was je moeilijk verstaanbaar?
3 Was het samenhangend of een beetje verward of juist goed?
4 Was je te defensief of verontschuldigde je je te veel?

SITUATIES

1 Stel je voor, je loopt op straat. Je bent op weg naar een afspraak. Onderweg bedenk je, dat je misschien nog wat boodschappen kunt doen, maar je weet niet zeker of je daar wel tijd genoeg voor hebt.
Je grijpt naar je pols. Hè verdikkeme, horloge vergeten. Gelukkig zie je in de verte een man aankomen. Misschien weet hij de tijd. Je loopt elkaar tegemoet. De man is vlakbij, als je

wilt weten hoe laat het is, zul je het nu moeten vragen ... (bel)
2 Je loopt in een vreemde stad door een winkelstraat. Plotseling komt er een man op je af, hij blijft staan en vraagt: 'Kunt u mij de weg naar het stadhuis wijzen?' (bel)
3 Stel je bent de trotse bezitter van een nieuw horloge. Het horloge heb je onlangs gekocht, het is een prachtig duikhorloge dat € 150,- heeft gekost. Op dit moment loop je door de stad en de kerkklokken beginnen te luiden: 12.00 uur. Om te controleren hoe nauwkeurig die oude klokken zijn, of beter: hoever ze achterlopen, kijk je op je nieuwe horloge. Hè, je nieuwe horloge staat op 10.30 uur en de secondewijzer loopt niet eens.
Je hebt op dit moment toch niets te doen en het is misschien het beste het horloge terug te brengen naar Juwelier Van der Hulst, waar je hem hebt gekocht.
Je bent bij de winkel aangekomen, je staat voor de deur. Nu ga je de deur door en loopt naar de toonbank waar meneer Van der Hulst staat. Hij zegt: 'Goedemiddag, kan ik u helpen? (bel)
4 Stel je voor dat je een flat hebt gehuurd in de stad. Toen je het huurcontract tekende, heeft de flatbeheerder beloofd bepaalde reparaties uit te voeren. Meer dan twee maanden zijn nu voorbij en er is nog helemaal niets gebeurd. 's Nachts doet de verwarming het niet, de douche is verstopt en het toilet loopt over. Nadat je dit meer dan twee maanden hebt aangezien, ben je vastbesloten de beheerder de waarheid te zeggen. De volgende keer dat je hem ziet, zul je hem aanspreken. Je wilt hem dan zeggen dat, als hij de zaken niet repareert, je de huur niet langer zult betalen.
Stel je voor dat je nu in je kamer staat. Het is ochtend en je staat op het punt naar je werk te gaan. Je pakt je spullen bij elkaar en gaat de deur uit. Je loopt de trap af in de richting van de buitendeur. Terwijl je naar beneden loopt, zie je de flatbeheerder de trap omhoog lopen. Je herinnert je dat je had besloten hem aan te schieten. Nu is hij vlak bij je. Hij heeft je

nog niet gezien, maar als je het tegen hem wilt zeggen zul je het nu moeten doen ... (bel)

5   Zo'n twee weken geleden heb je een aantal kledingstukken naar de wasserette gebracht om te laten stomen. Toen je er vorige week langs ging, verwachtte je dat het klaar zou zijn, maar dat was niet zo. Men vertelde je toen dat het stoomgoed nog niet binnen was gekomen van de stomerij. Je staat nu op het punt er voor de tweede keer in twee weken heen te gaan om je kleren op te pikken. Natuurlijk vind je dat twee weken voldoende zijn om jouw spullen te stomen. Je verwacht terecht dat het nu klaar zal zijn. Stel je voor dat je nu de winkel binnenstapt om je kleren op te halen. Je ziet de vrouw achter de balie, je voelt de warmte en ruikt de bekende 'wasserettegeur'. Je staat nu tegenover de vrouw en je geeft haar het bonnetje. Je kijkt haar aan terwijl zij het bonnetje bestudeert. Dan kijkt zij glimlachend op en zegt dan: 'O, ja, ik herinner het me nu, maar ik ben bang dat het nog niet klaar is. Ik begrijp er niets van. Uw spullen zijn weer niet meegekomen. Er moet iets fout gegaan zijn. Ik denk dat het 't beste is als u af en toe eens langs komt om te kijken hoe het ermee staat. Ze zijn beslist niet kwijt.' (bel)

6   Stel je voor: je zit tussen de middag in een druk restaurant. Je bent net klaar met eten en je drinkt je laatste kopje koffie. Je hebt dorst en het smaakt goed. Terwijl je drinkt, kijk je naar de menigte mensen in het restaurant. Je ziet dat er veel mensen op een plaatsje staan te wachten. Je kijkt op en ziet dat de serveerster naar je toe komt. Ze stopt bij je tafeltje, kijkt je aan en zegt: 'U zit hier al een half uur. Waarom gaat u niet weg, zodat iemand anders op uw plaats kan zitten ...' (bel)

7   Stel je voor dat je in een grote schoenenwinkel bent. Je zit er nu al meer dan een half uur. Je hebt het ene paar na het andere gepast, maar je kunt niet precies de schoenen vinden die je wilt. De verkoper is heel behulpzaam geweest: hij heeft je op je wenken bediend en je alles laten zien wat hij in voorraad heeft.

Na al dat gepas zie je nu een paar schoenen dat wel in de buurt komt van wat je zoekt.
Je kijkt toe terwijl de verkoper dit paar aan je voeten doet. Ze zitten gemakkelijk en het begint erop te lijken, maar ... nee, het is het nog steeds niet helemaal. Je bent je ervan bewust dat de verkoper meer dan een half uur aan je besteed heeft en er zijn andere mensen die wachten om geholpen te worden. Het wordt tijd dat je een beslissing neemt. Je kijkt de verkoper aan. Hij glimlacht naar je en zegt: 'Deze schoenen vind ik echt bij u passen, zal ik ze maar voor u inpakken?' ... (bel)

8 Stel je voor: het was vandaag een zware dag op je werk. Maar gelukkig: vanavond kun je je ontspannen: je hebt kaartjes voor een voetbalwedstrijd waar je je erg op verheugd hebt. Je kijkt op de klok en ziet dat het half vijf is. Mmm ... je zult straks maar net genoeg tijd hebben om na het werk thuis te komen, te douchen, te eten en je vrienden op te halen om naar de wedstrijd te gaan. Je kijkt nog eens naar de klok en net als je dat doet zie je dat je baas op je afstapt. Wat zou die nu weer te vertellen hebben? 'Zeg, we hebben het ontzettend druk vandaag, ik vraag me af of je door zou willen werken tot ongeveer 9 uur. Wat vind je daarvan?' (bel)

9 Je bent net thuis van je werk, het is hartstikke druk geweest. Het is een mooie herfstavond en je voelt je goed bij de gedachte lekker thuis te eten en te ontspannen. Thuis zie je een kaartje in de brievenbus, het is een kaartje van een levensverzekeringsagent. Op het kaartje staat: 'Ik zal u vanavond tussen 7 en 9 uur bezoeken om ons verzekeringspakket met u door te spreken. Wilt u mijn kantoor bellen als u op deze tijd verhinderd bent?' Je hebt er de pest over in dat die vertegenwoordiger zo opdringerig is en je peinst er niet over om op te bellen en te zeggen dat je niet geïnteresseerd bent. Het is nu wat later op de avond. Je zit lekker ontspannen te luisteren naar goede muziek.
Plotseling wordt er gebeld. Je staat op, loopt naar de deur en doet hem open. Voor je staat een keurig geklede heer die zegt:

'Goedenavond, ik ben Leferink van de Nationale Levensverzekeringsmaatschappij. Ik hoop dat u mijn afsprakenkaart vandaag hebt gekregen. Ik zou graag met u over onze levensverzekeringen van gedachten willen wisselen. Zoals u weet is het nooit te laat met een goede levensverzekering te beginnen. Natuurlijk houden we daarbij volledig rekening met individuele omstandigheden en behoeften. Als ik binnen mag komen zou ik u graag alles over onze polissen willen vertellen.' (bel)

10 Stel je voor: je staat in een rij te wachten voor de kassa van een bioscoop. Je staat nu al zeker tien minuten in een rij en de voorstelling kan ieder moment beginnen. Je bent nog een heel eind van de kassa af en je begint je af te vragen of er straks nog kaartjes zullen zijn. Je staat geduldig te wachten als er opeens twee mensen aankomen. Ze lopen naar de man voor jou en beginnen een praatje. Het zijn kennelijk vrienden van elkaar. Ze gaan naar dezelfde film. Je kijkt op je horloge en je ziet dat de voorstelling over twee minuten begint. Op dat moment zegt een van de nieuwkomers tot zijn vriend in de rij: 'Hé zeg, die rij is wel een kilometer lang, zullen wij er hier tussen kruipen?' Man in de rij: 'Tuurlijk, kom maar achter me staan, een paar meer of minder maakt toch geen verschil.'
En als de twee mensen zich in de rij persen tussen jou en hun vriend, kijkt een van hen jou aan en zegt: 'Mag ik even, u vindt het toch niet erg dat we hier inschieten, hè?' (bel)

11 Het is zaterdag in de namiddag. Je bent de hele dag druk in de weer geweest. Morgen is het om verschillende redenen een erg belangrijke dag voor jou. Het enige wat je vandaag nog hoeft te doen is op tijd je kleding bij de stomerij halen. Het is al vrij laat, dus je haast je om er te komen. Maar als je naar de deur loopt, zie je dat de eigenaar al gaat sluiten. Je kijkt op je horloge en ziet dat het vijf voor zes is. Nog vijf minuten voor sluitingstijd. Misschien loopt je horloge niet goed ... Maar nee, zelfs de elektrische klok in de winkel staat op vijf voor zes. Dus je loopt naar de deur toe en tikt op de ruit. De eigenaar trekt

een kwaad gezicht, opent de deur op een kier en zegt: 'Pardon we zijn gesloten. Komt u maandag maar terug.' En jij zegt tegen hem: 'Op uw klok is het pas vijf voor zes. Bovendien heb ik die kleren morgen beslist nodig.' De eigenaar antwoordt: 'Met de klok heb ik niets te maken. We zijn gesloten ...' (bel)

12 Stel je nu dezelfde situatie voor. Ditmaal gaat het zo: De eigenaar zegt: 'Pardon, we zijn gesloten. Komt u maandag maar terug.' En jij zegt tegen hem: 'Op uw klok is het pas vijf voor zes. Bovendien heb ik die kleren morgen beslist nodig.' De eigenaar antwoordt: 'Meneer, het spijt me voor u. Als ik nu voor de zaak weer open doe, kom ik hier nooit meer weg, en kan ik de hele avond klaarstaan voor mensen die hun kleren het weekend nog willen hebben.' (bel).

13 Stel je voor dat het zaterdagmiddag is, een frisse zonnige dag in oktober. Je bent op weg naar een voetbalwedstrijd. Je loopt in een drukke menigte mensen. Je hoort iedereen opgewonden praten en lachen als je het grote stadion binnengaat. Nu ben je in het stadion. Je hebt voor de wedstrijd een besproken zitplaats. Je loopt de stenen treden af op zoek naar je plaats en hoort overal uit de menigte luide kreten ter aanmoediging. Iedereen staat te dringen om vóór de aftrap zijn plaatsje te bemachtigen. Je haast je langs de rijen mensen en bereikt je gereserveerde zitplaats ... Maar plotseling zie je dat er iemand op jouw plaats zit. Je loopt naar de man toe. Je tikt hem op de schouder en hij draait zijn gezicht naar je toe. Je laat hem jouw kaartje zien. Hij kijkt je aan en zegt: 'Luister eens, wat maakt het nou uit waar u zit? Wij zitten hier nu met z'n allen. Waarom zoekt u niet gewoon ergens anders een plaatsje. Er is nog wel plaats over. Wees een beetje sportief.' Jij zegt tegen hem: 'Het spijt me, maar u zit op mijn plaats. Aan het kaartje kunt u zien dat deze plaats gereserveerd is. Ik ben bang dat u een andere plaats zult moeten zoeken.' De man antwoordt: 'Kijk eens, ik heb veel geld betaald om deze wedstrijd te zien en ik voel er niets voor hier weg te gaan...' (bel)

14 Je stelt je nu weer dezelfde situatie voor. Je laat de man je kaart zien. Hij kijkt je aan en zegt: 'Luister eens, wat maakt het nou uit, waar u zit? Wij zitten hier nu met zijn allen. Waarom zoekt u niet gewoon ergens anders een plaatsje. Er is nog wel plaats over. Wees een beetje sportief.'
Jij zegt vervolgens tegen hem: 'Het spijt me, maar u zit op mijn plaats. Aan het kaartje kunt u zien, dat deze plaats gereserveerd is.'
De man antwoordt weer: 'Hoor eens, doet u mij een plezier. Ik wist echt niet dat dit uw plaats was, maar we zitten nu hier al met z'n allen. Waarom zoekt u nou niet een andere plaats…'
(bel)

15 Hier is de volgende situatie. Je bent televisie aan het kijken, als er gebeld wordt. Je vraagt je af, wie dat kan zijn en staat op om de deur open te doen. Op de stoep staat een goed geklede heer met een aktetas in de hand. Hij zegt:
'Goedenavond. Mijn naam is Fris, en ik ben bezig met een onderzoek naar de mate waarin mensen hun vloeren reinigen. U moet weten, dat de meeste mensen dat nauwelijks doen. Erg onhygiënisch. Nu doet de Firma Frank en Fris u een zeer bijzonder aanbod. Voor maar € 50,-…'
Op dat moment besef je dat hij net zo min geïnteresseerd is in een tapijtreiniger als jezelf. Afgezien daarvan heb je er absoluut geen zin een te kopen. Je kunt niet zomaar de deur weer dichtdoen, omdat hij op de drempel staat. De man gaat verder: '… en ik zou graag voor u dit kleine wonder willen demonstreren, zo dat u het belang ervan kan zien.'
Jij zegt tegen hem: 'Het spijt me, maar ik heb geen enkele behoefte aan een tapijtreiniger.'
De man vervolgt: 'Meneer, dit is een uniek aanbod, dat niet meer herhaald wordt. U wilt dit toch niet zomaar voorbij laten gaan, zonder dat u gezien hebt hoe het werkt? Als u me toestaat, zou ik graag de werking demonstreren, zodat u kunt zien wat dit apparaat waard is…' (bel)

16 Je zit in een gezelschap te luisteren naar een verhaal van

iemand. Je kunt duidelijk horen dat hij gestudeerd heeft, want hij gebruikt veel moeilijke woorden. Je hebt soms moeite om hem te volgen. De vriendelijke heer zit duidelijk op zijn praatstoel en je voelt je steeds dommer worden, want het lijkt alsof alle anderen het wel begrijpen. 'Ja', zegt de man, 'de gedachten occulteren is een genre dat vooral in Amerika wordt gefiseleerd.' (bel)

17 Je komt al verschillende keren achter elkaar in allerlei gezelschappen Vera tegen. Je vindt Vera wel aardig maar vaak irriteert ze je mateloos zonder dat je er iets aan kan doen. Ze heeft namelijk overal een mening over; en ze denkt altijd dat ze gelijk heeft. Ze is moeilijk te overtuigen. Bovendien heeft ze de hinderlijke neiging je voortdurend te onderbreken zodat je nooit eens rustig jouw mening naar voren kunt brengen. Op een avond kom je haar weer tegen. Ze heeft weer het hoogste woord. Jij denkt dat je aardig wat van paardrijden weet, maar hoewel je weet dat zij geen paard van een varken kan onderscheiden, overbluft ze jou weer: 'Ik kan me niet voorstellen dat paarden hoefijzers moeten hebben, waar is dat nou voor nodig.' (bel)

18 Jij had een bijzonder goed idee voor een verbetering op je werk. Het was niet zo'n grote verbetering, maar toch wel leuk. Het heeft je verschillende avonden gekost om het idee uit te werken. In je enthousiasme vertel je het aan Peter, een oudere collega.
Een paar dagen later zit je met Peter en je baas een kop koffie te drinken. 'Moet je eens horen', zegt Peter, 'wij hebben een belangrijke verbetering bedacht.' Vervolgens legt hij de plannen uit. Jij voelt je overdonderd, want het was *jouw* idee. Je baas knikt belangstellend. (bel)

19 Je bent in gesprek met een bekende. Je praat over de vakantie en allerlei andere gezellige onderwerpen. Plotseling komt er iemand bij staan die jou iets wil vragen. Jij zegt dat hij maar even moet wachten tot jij uitgesproken bent. Plotseling verschiet die ander van kleur en roept uit: 'Wel verdomme, het

lijkt wel of ik met de koningin zelf spreek. Ben je nou helemaal gek geworden. Je kunt best tijd voor me maken.' (bel)
20 Nu volgt er voor de variatie iets anders: je hoeft nu niet te antwoorden maar alleen maar na te denken. Het kan soms voorkomen dat je het gevoel hebt dat je uit plichtsgevoel iets moet doen terwijl je er eigenlijk niets voor voelt. Je voelt je in zo'n situatie vaak rot: je kunt het namelijk nooit goed doen: ga je je eigen weg, dan denk je dat je de ander kwetst; doe je de zin van de ander, dan kom je zelf niet aan je trekken. In de regel gebeurt dit met mensen die dicht bij je staan: een kind, vriend, een baas, collega die je mag, et cetera. In de regel is het een onprettige situatie. Ga nu bij je zelf na wanneer je zo'n situatie meemaakte. Doe hier de nodige moeite voor, want dit is vaak een vervelende situatie. Schrijf je antwoord op. (bel)
21 Bart wil graag 'in vivo trainen' met de groep. Hij verheugt zich er echt op, want hij denkt er veel van te leren. Maar de avond van tevoren zegt zijn vrouw: 'Nou Bart, je bent er twee avonden in de week mee kwijt en dan nog al die oefeningen. En nu ben je het halve weekend ook nog weg. Ik wil dat er ook nog wat tijd voor mij overblijft ...' (bel)
22 Je bent net terug van je vakantie en je vertelt aan vrienden en kennissen wat je allemaal hebt meegemaakt. 'Ja', zo zeg je, 'ik was toen in Barcelona, zoals jullie weten de hoofdstad van Spanje ...' Tot je verbazing begint iedereen heel hard te lachen. En je weet meteen waarom. Iemand uit het gezelschap zegt: 'Hoe kun je nou zo iets stoms zeggen, Madrid is toch de hoofdstad!' (bel)
23 Je ziet twee mensen lopen die goede vrienden van elkaar zijn. Jij kent een van hen 'n beetje en je loopt 'n stukje met hen mee, op weg naar huis. De een zegt tegen de ander: 'Zullen we nog even wat gaan drinken?' Je weet niet zeker of het de bedoeling is dat jij ook mee gaat, maar 't lijkt je wel leuk. (bel)
24 Je zit in een vergadering. Het is net even pauze geweest, en iedereen praat nog druk over van alles behalve over het onderwerp van de vergadering. Er is nog maar weinig tijd, en

het is belangrijk dat nog enkele dingen besproken worden. Maar 't lijkt net of de anderen alle tijd van de wereld hebben. Je zegt: ... (bel)

25 Je bent in een supermarkt inkopen aan het doen voor het weekend. Het is er erg druk. Eindelijk ben je aan de beurt bij de kassa. Je wilt betalen. Je zoekt je portemonnee, niet in de tas. Misschien in je jaszak. Nee, ook niets. Je vraagt je af waar die in godsnaam kan zijn. Niet in je jas, niet in de tas, niet tussen de boodschappen ... Achter je beginnen ze te dringen. Je zegt tegen de caissière: ... (bel)

26 Je bent naar een winkel gegaan om een affiche te kopen. Je had erg veel moeite om te kiezen, op een gegeven moment waren er twee die je erg mooi vond. Uiteindelijk heb je een keuze gemaakt. Je betaalt en gaat weg. Als je thuis komt, pak je hem meteen uit. Hè, eigenlijk is ie nu achteraf bekeken toch minder mooi als je dacht. Je pakt hem weer in en gaat terug naar de winkel. Je zegt ... (bel)

27 Je hebt de hele morgen al hard gewerkt. Hè, hè, even uitblazen. Je gaat 'n kopje koffie halen en steekt 'n sigaretje op. Heerlijk, even niets aan je hoofd, daar gaat de deur open en je baas komt binnen: 'Nou, nou, 't lijkt wel of je niets te doen hebt. Waar denk je dat je voor betaald wordt? Stel je voor dat iedereen dat zou doen. Ik wil dat je onmiddellijk weer aan het werk gaat in plaats van de hele dag te pauzeren!' (bel)

28 Je vriend heeft een grote hobby: timmeren. Hij maakt stoelen, tafels en nog veel meer. Er is één ding wat eraan scheelt: je vriend *kán* niet timmeren. Hij maakt scheef wat recht moet en krom wat scheef moet. Het is geen pretje om dat aan te zien. Toch blijft je vriend doorgaan. Hij vraagt je bovendien voortdurend wat je ervan vindt. In het begin heb je altijd gezegd dat je het mooi vond, omdat je hem niet wilde kwetsen. Maar je vraagt je af of dat wel de goede weg is. Nu is het weer zover. Hij heeft een nachtkastje gemaakt. Hij vindt het duidelijk mooi, maar jij vindt het nergens op lijken. Je vriend kijkt je stralend aan en vraagt: 'Nou wat vind je ervan!?' (bel)

29 Je loopt gehaast door de stad, want je moet de trein halen van 14.50 uur en het is nog tien minuten. Je moet ook nog wat kopen. Je loopt de winkel binnen die net helemaal vol met mensen staat. Dat wordt de trein missen of ... (bel)

30 Je hebt pas met je vriend een goed gesprek gevoerd over de dingen die jullie allebei erg belangrijk vonden. Je had 't gevoel dat je met alles bij hem kon komen. Je vertelt hem nu dat je altijd wel net gedaan hebt alsof je er niets om gaf, maar dat je 't eigenlijk vreselijk vindt als anderen grapjes maken over je grote voeten. Je weet dan niets meer te zeggen en ook niet waar je blijven moet. Je vriend begreep dat best. Hij had zelf ook zoiets en jullie hebben er samen verder over gesproken. Je zit nu in een gezelschap, en ineens hoor je je vriend lachend zeggen: 'Hé, nou moet je eens kijken wat die Bart voor 'n voeten heeft, 't lijken wel slagschepen!' (bel)

31 Stel je voor dat bij je baas de telefoon gaat. Je weet dat hij in vergadering is, en niet gestoord wil worden, maar degene die belt zegt dat het dringend is. Je gaat naar de vergaderruimte. Je doet de deur open. Iedereen kijkt naar je. (bel)

32 Je hebt erg goede zin vandaag en je gaat op een terrasje in de zon zitten. Lekker kijken naar mensen, beetje bruin worden, even niets doen. De ober brengt je een biertje, en je besluit meteen te betalen, dan hoef je straks niet te wachten. Je vraagt wat het kost. Alsjeblieft! € 2,50 voor zo'n rotbiertje. Dat is natuurlijk te gek. Je zegt ... (bel)

33 Je hebt iemand een boek geleend. Dat doe je eigenlijk niet graag, iets uitlenen, want je bent zelf erg zuinig op je spullen en je hebt al vaker meegemaakt dat je spullen beschadigd terugkrijgt. Nu komt die ander eraan, met jouw boek in zijn hand. Hij geeft 't je, maar wat nu? Je ziet dat er een stuk van de kaft is afgescheurd. Je vriend zegt: 'Ja, sorry hoor, ik had 't op 'n tafeltje liggen en m'n dochtertje heeft 't in handen gekregen. Toen ik 't afpakte, was 't al te laat. Maar dat kan jou natuurlijk ook overkomen, hè, het spijt me in ieder geval.' Je zegt ... (bel)

34 Je hebt van je vriend een cd geleend die je erg mooi vindt. Je bent erg blij dat je hem even mag hebben. Je gaat hem meteen draaien als je thuiskomt. Je haalt hem uit het hoesje, maar wat zie je? Een grote kras. O jee, wat vervelend, wat een pech. Je pakt de cd en gaat ermee terug naar je vriend want misschien heeft hij ook nog andere leuke cd's. Maar je vriend denkt dat jij hem kapot hebt gemaakt.
Hij zegt: 'Ik baal er ontzettend van dat je die cd beschadigd hebt. Dat had ik niet van jou verwacht; ik leen je nooit meer iets!' (bel)

35 Je maakt met iemand een praatje. Dat is niet de eerste keer, telkens zien jullie elkaar in de kantine en op de een of andere manier komen jullie steeds bij elkaar aan 'n tafeltje te zitten. Dat is natuurlijk niet toevallig, want je vindt die ander erg aardig. Dat zou je willen laten merken, maar het gesprek gaat steeds over koetjes en kalfjes. Je hebt je voorgenomen vandaag eens te zeggen wat je van de ander denkt. De pauze is bijna afgelopen. Als je wat wilt zeggen moet je het nu doen. (bel)

36 Je zit in een vergadering. Er wordt gesproken over dingen die je erg belangrijk vindt, en je wilt graag je steentje bijdragen. Maar steeds zijn er bepaalde mensen die je net een stapje voor zijn, zodat je niets kunt zeggen. Je vindt dat je ze toch tenminste uit moet laten spreken. Dan kom jij aan de beurt. Je weet al precies wat je wilt zeggen. Maar, als je nog maar net je mond open hebt om te beginnen, zit er al weer een ander tussen. Maar nu heb je er genoeg van. Je zegt: ... (bel)

37 Je zit lekker te luieren als de bel gaat. Ha, je beste vriend. Dat is leuk, je doet open.
Hij wil iets lenen. Je houdt je hart al vast want je weet dat hij altijd alles kapot terugbrengt. 'Hé, goed dat je thuis bent. Ik *moet* even naar m'n baas, en die woont in Son, minstens tien kilometer rijden. Ik moet er binnen twintig minuten zijn. Zou je me even je brommer willen lenen? Ik zal er voorzichtig mee zijn.' (bel)

38 Stel je voor dat je in de stad bent om wat boodschappen te

doen. Je moet sigaretten hebben, wat te eten en nog wat kleine spulletjes. Je besluit bij V&D binnen te gaan, daar heb je alles bij de hand. Je zoekt wat je nodig hebt, loopt naar de kassa en betaalt. Als je bijna buiten bent, bedenk je ineens dat je je wisselgeld hebt laten liggen. Je draait je om. Gelukkig, er is nog niemand na je geweest, je geld ligt er dus nog. Net als je eraan komt, loopt er ineens een mevrouw langs, die jouw geld weggrist. Je loopt haar achterna en zegt: 'Mevrouw, u zult zich vergissen, maar dat geld wat u zojuist meenam is van mij.' De vrouw is brutaal en zegt: 'Waar hebt u het over. Ik heb helemaal niets weggepakt.' ...(bel)

39 Stel dat je met je baas in gesprek bent over een onderwerp dat jou bijzonder interesseert, namelijk het houden van tropische vissen. Je vertelt hem wat voor 'n soort vissen je hebt, welke type planten in het aquarium moeten, hoe je het water tot de juiste temperatuur verwarmt en dergelijke. Hij luistert vriendelijk, maar ineens zegt hij: 'Ja maar, Sam, waar maak je toch zo'n drukte over. De vissen hoeven helemaal niet in verwarmd water. Je kunt toch ook gewoon water uit de kraan gebruiken ...' (bel)

40 Stel je voor dat je met drie vrienden gezellig in een kroegje zit. Je hebt wat gepraat over van alles en nog wat, wat gedronken, en je hebt het erg naar je zin. Dat vinden je vrienden ook, maar die willen nu toch eigenlijk wel een potje kaarten. Jij wilt liever verder praten, maar voor het kaarten zijn vier mensen nodig. Jij zegt: 'We waren toch gezellig aan het praten. Waarom moet er nou ineens weer gekaart worden? Trouwens, ik houd helemaal niet van kaarten.'

Maar je vrienden zien dat toch anders en een van hen, die je nota bene het aardigst van allemaal vindt, zegt: 'Toe nou, je kunt toch wel meedoen als vierde man. Als jij niet meedoet kunnen wij ook niet kaarten, en dan bederf je het voor ons allemaal.' Je wilt nu toch geen spelbreker zijn?'... (bel)

41 Stel je voor dat je in de bioscoop zit. De film die draait had je al

lang willen zien, je hebt je er echt op verheugd en je vindt het fijn dat je er nu bent. De film beantwoordt helemaal aan je verwachtingen, en je zit gespannen te kijken. Maar dan word je ineens gestoord. De persoon die achter je zit, vindt het kennelijk ook erg spannend. Hij zit tenminste steeds tegen je stoel aan te schoppen. Je kunt je nu helemaal niet meer concentreren, je bent er helemaal uit. Je draait je om en zegt: 'Meneer, zou u op willen houden met tegen mijn stoel aan te schoppen? De man die achter je zit vindt het kennelijk onzinnig wat je vraagt en zegt: 'Wat bent u chagrijnig. Ik moet toch ergens mijn voeten kwijt. En die stoel is toch zeker niet van u ...' (bel)

42 Er is een bijeenkomst over een onderwerp dat je erg interesseert. Je zit achter in de zaal. Het is verder helemaal vol. De vrouw die de spreker aankondigt, vertelt dat er na afloop een discussie zal zijn. Je wilt hier graag aan meedoen, en wacht gespannen de spreker af. Tot je grote schrik merk je dat je de spreker niet kunt verstaan. Hoe je je ook inspant, je vangt alleen af en toe een woord op. Zo heb je er natuurlijk niets aan. Je staat op en zegt: 'Meneer, hier achterin is niets te verstaan.' De spreker kijkt verstoord op en zegt: 'Kom u dan wat dichterbij zitten.' Maar het is helemaal vol, en je wilt het blijven volgen, dus je zegt terug: ... (bel)

43 Stel, je loopt langs een kroegje waar je nogal eens met je vrienden zit. Je wilt voorbij lopen, maar dan zie je plotseling je vrienden zitten, en je bedenkt je. Je gaat toch maar even een biertje drinken. Je loopt naar binnen. Ze hebben je nog niet gezien. Ze zijn druk aan het praten. Je komt naderbij. Ze zien je nog steeds niet. Plotseling vang je je naam op. Ze hebben het over jou. Dan ziet een van hen je, en op een tekentje van hem zijn ze ineens allemaal stil. Je komt dichterbij en zegt: 'Als jullie het over mij hadden mag je rustig doorgaan. Ik ben er nu tenminste bij. Een van de anderen zegt: 'Maar Bart, we hadden het helemaal niet over jou, doe niet zo raar.' Maar je bent er zeker van, je hebt het gehoord, dus je zegt ... (bel)

44 Stel je voor, je zit in de bus naar een vriend van je. Je bent er nog nooit geweest, en je weet dus niet precies waar je uit moet stappen. Je hebt aan een medepassagier gevraagd of hij je wil waarschuwen als je er bent. Dan kan het niet fout gaan. Je zit lekker rustig en kijkt een beetje naar buiten. Allemaal kleine dorpjes die als een lint achter elkaar liggen. De bus stopt in ieder dorp maar één keer, zo klein zijn ze. Net heeft hij weer wat mensen opgeladen en als hij optrekt zie je ineens tot je grote schrik de plaatsnaam van het dorp. Precies, je had er eigenlijk hier uit gemoeten. En nou stopt de bus pas in het volgende dorp. Je loopt naar de chauffeur en zegt: ... (bel)

45 Je zit in de trein. Je bent in de niet-rokencoupé gaan zitten, want je hebt er altijd veel last van als andere mensen roken. Dan gaat de deur open en er komt iemand binnen. De persoon gaat naast je zitten en ... steekt een sigaret op. Daar ben je natuurlijk niet voor in deze coupé gaan zitten, en je zegt: 'Meneer dit is een niet-rokencoupé. Zou u uw sigaret alstublieft uit willen doen?'
'Kom meneer, doe niet zo kinderachtig. Wat kan het u nu schelen of ik hier een sigaretje opsteek?' (bel)

46 Stel je voor dat je een tijdje geleden een vriend tien euro hebt geleend op voorwaarde dat hij het je de volgende dag terug zou betalen. Dat is nu al weken geleden en hij heeft het nog steeds niet terugbetaald. Telkens als je hem ziet – maar dat gebeurt niet meer zo vaak sinds hij dat geld geleend heeft – praat hij nooit over het geld dat hij al lang had moeten terugbetalen. Je begint je af te vragen of hij nog ooit van plan is het terug te geven. Stel je voor dat het laat in de middag is en je op straat loopt van je werk naar huis. Plotseling tikt iemand je op je schouder. Je draait je om en ziet je vriend die jou het geld schuldig was. Hij glimlacht en zegt tegen je: 'Hoe gaat het met je, ik heb je een tijd niet meer gezien. Misschien zou je me kunnen helpen. Ik wilde net wat sigaretten gaan kopen maar ik ontdek dat ik geen geld bij me heb. Zou je me een paar euro

willen lenen om me een vergeefse reis te besparen?' .... (bel)
47 Stel je voor, er is iemand die je regelmatig ontmoet en die je bijzonder aardig vindt. Je zou graag willen weten wat hij of zij van jou vindt. Op een avond na het werk drink je thuis met die persoon een lekker glaasje wijn. De sfeer is ontspannen. Als je je vriend of vriendin een vraag zou willen stellen, moet je het nu doen. (bel)
48 Je bent uitgenodigd voor een verjaardagsfeestje. Hoewel je bezig bent af te leren ergens altijd precies op tijd te komen, is dat deze keer nog niet gelukt ... Samen met nog drie of vier andere vroege gasten wacht je tot het wat gezelliger wordt. Zoals zo vaak heerst er in het begin van een feestje een nog gedwongen sfeer: de meeste mensen fluisteren; vaak ook is het ijzig stil. Jij zit daar al een tijdje en je voelt je onrustig. Als je iets wilt veranderen aan de situatie, zul je nu het initiatief moeten nemen. (5 seconden stilte, bel)
49 Een goede vriend of bekende van je gaat er al geruime tijd vanuit dat jij dingen wilt die jij zelf eigenlijk niet wilt. Je kent wel van die situaties. Helemaal tegen je zin in, heb je gedaan wat hij wilde, met als gevolg dat je jezelf steeds vervelender gaat voelen en dat je hem ook minder aardig gaat vinden. Je hebt besloten hem te vertellen dat je het niet langer neemt. Denk nu even na over een concreet voorbeeld in je eigen leven. Nu zit je met die persoon ergens rustig te praten. Als je hem of haar iets wilt zeggen, zul je het nu moeten doen. (bel)
50 Natuurlijk heb jij evenals alle anderen recht om regelmatig opslag te krijgen. Het leven wordt steeds duurder en je werkt er hard voor. Je hebt besloten dat je je baas om opslag zult vragen. Je hebt een afspraak met hem gemaakt en je stapt nu zijn kamer binnen ... (bel)
51 Je staat op het station in Den Bosch. Je moet naar Eindhoven. Je staat daar wat te mijmeren. Je hebt een goede dag gehad. Het leven straalt je tegemoet. Plotseling schiet je te binnen dat je in Eindhoven van het station moet worden opgehaald. Je loopt naar een telefooncel. 'Oh jee, geen geld bij me'. Je zoekt al je

zakken af, maar je kunt geen muntje vinden. En je moet bellen! Gelukkig daar komt een mevrouw aan. (bel)

52 Het heeft, zoals je weet, alleen maar zin deze bandjes te oefenen als je je datgene wat er gebeurt zo goed mogelijk voorstelt. Je bent uitgenodigd voor een avondje, maar je bent te laat gekomen. De gastheer kijkt je bij het binnenkomen fronsend aan, zo van: 'Jezus man, waarom ben je zo laat?!' En de gastvrouw zegt: 'Hallo, leuk dat jullie er zijn, heb je moeilijkheden gehad onderweg.' (bel)

53 Je partner heeft moeilijkheden op haar werk. Je geeft veel om haar, maar je vindt in je hart dat zij ongelijk heeft. Haar baas heeft gezegd dat ze een bepaalde opleiding moet volgen en zij is het daar niet mee eens. Jij bent het nu met de baas eens. Die opleiding zal haar een heel eind op weg helpen. Jij bent met haar aan het praten en plotseling zegt zij op tamelijk felle toon: 'Maar je bent het toch met me eens of niet soms.' (bel)

54 Je bent rustig aan het werk, plotseling zie je vanuit je ooghoeken de directeur aankomen. Hij stevent recht op je af. Bij jou gekomen zegt hij: 'Jij lijkt mij de geschikte persoon, ik zit in grote moeilijkheden, zou je mij willen helpen met het schrijven van deze brief?'
Je schrikt, want dat is nou net iets wat je eigenlijk niet zo goed kan. Je aarzelt even en hij zegt: 'Nou, ik ga alvast naar mijn kamer, ik zie je zo wel.'

55 Je moet even iets bij je baas halen. Hij heeft goede zin en hij vraagt of je een kop koffie wil. Je hebt het er eigenlijk te druk voor, maar aan de andere kant heb je ook wel trek in een lekker bakje. Als je de koffie op hebt, wil je weg, maar je baas ratelt maar door ...
'... je zult het met me eens zijn, het was gewoon te gek voor woorden, komt daar die man op me af. Hij zegt: "Meneer ik wil deze parkeerplaats, ik stond hier het eerst, u hebt het recht niet om deze plek op te eisen." Nou, wat vind je daar nou van?'
... (bel)

56 Je hebt vanavond kennissen op bezoek. Gezellige mensen. Ze

zijn onverwacht langsgekomen en je hebt samen al heel wat afgekletst. Het loopt al tegen twaalven en plotseling realiseer je je dat je morgen vroeg op moet om de trein van half zeven te halen. Bovendien voel je je moe worden. Een van je gasten die al een tijd aan het woord geweest is, is uitgepraat. Als je je wensen kenbaar zou willen maken zou je dat nu moeten doen ... (bel)

57 Je wacht in de wachtkamer van de dokter op je beurt. Het is druk. Er is niemand die je kent. Het is, zoals vaak in wachtkamers doodstil, niemand zegt iets. Zo zit je daar weggedoken in een stoel de Libelle te lezen. Plotseling, als een donderslag bij heldere hemel, hoor je iemand zeggen: 'Hé, jij daar, zou jij mij die Libelle even willen aangeven'... (bel)

58 Je zit in de trein tegenover iemand die je erg aardig lijkt. Je zou met die persoon best een gesprekje willen beginnen, maar je weet niet zo goed hoe. Nu steekt die ander een sigaret op, en zoekt naar lucifers. Die zijn kennelijk niet te vinden want hij buigt zich naar je toe en zegt: 'Heeft u misschien een vuurtje voor mij?'
Dit is je kans. Als je een praatje wilt maken, moet je het nu doen. Je zegt ... (bel)

59 Je zit in een taxi. Het is middag en je rijdt van het station naar huis. Onderweg kijk je uit het raampje. Het is een zonnige middag en je ziet veel mensen op straat. Je zit lekker onderuit gezakt achterin. Het straatbeeld wordt steeds vertrouwder. Dan stopt de chauffeur voor je huis en zet de meter stop. De meter geeft € 7,50 aan. Je haalt je geld tevoorschijn en geeft de chauffeur tien euro. Je wacht op het wisselgeld. Je ziet dat hij je maar twee euro terug heeft gegeven, dat is vijftig eurocent te weinig, dus je zegt tegen de chauffeur: ... (bel)

60 Stel je nu dezelfde situatie voor. Je krijgt weer vijftig eurocent te weinig terug, en je zegt tegen de chauffeur: 'U hebt me niet genoeg teruggegeven.' De taxichauffeur zegt: 'O, sorry. Wel, u had me dat waarschijnlijk toch als tip gegeven, dus ik stel voor dat we nu quitte zijn.' (bel)

Met stemverheffing spreken ('schelden')

De trainer: 'Sommigen van jullie vinden het moeilijk hun stem te gebruiken. Ik geloof dat het goed is daar aandacht aan te besteden. Ik stel daarom voor dat we een potje gaan schelden. Wie van jullie scheldt wel eens? ... (gesprek) ... En wie wordt er wel eens uitgescholden ... Hoe reageer je er dan op? Vaak zeggen mensen liever "ja" en geven toe omdat ze bang zijn dat een ander ze uitscheldt of afsnauwt. Vaak ontbreken, als je zelf kwaad bent, de woorden om terug te schelden. Ik ben geen voorstander van schelden, maar ik vind het voor me zelf een rustig gevoel dat ik het kan als "de nood aan de man komt".'

DE OEFENING VERLOOPT IN TWEE RONDEN
Ronde 1: Iedereen maakt voor zichzelf een lijstje met scheldwoorden en schrijft die op; de deelnemers lezen elkaar de lijst voor.
Ronde 2: De groepsleden vormen zittend een kring rond een of ander voorwerp, bijvoorbeeld een kopje. Op een teken van de trainer geven ze een roffel met hun vuisten op de grond. Op een volgend teken van de trainer lanceren de deelnemers hun scheldwoorden.

PUNTEN DIE DE AANDACHT VERDIENEN
- De trainer mag niemand dwingen woorden te gebruiken die zij niet willen gebruiken.
- Hij let er voortdurend op dat bij elke herhaling het volume crescendo gaat. Natuurlijk let de trainer ook op de mimiek en intonatie die de scheldwoorden vergezellen. Hij stopt de oefening als deelnemers te opgewonden raken.

Ingaan tegen 'op de kast gejaagd worden'

A heeft tot taak te proberen B op de kast te jagen, in de trant: 'Zo Jan, vertel me eens, waarom heb je een snor? Nee Jan, nou moet je me de echte reden eens vertellen.' Et cetera. B verweert zich op een assertieve wijze: hij kapt eventueel het gesprek af zonder nodeloos schade toe te brengen aan zijn relatie met A.

97 Het aanknopen, aan de gang houden en afsluiten van gesprekken

Handen schudden – een oefening zonder woorden

De trainer vraagt de deelnemers of zij willen gaan staan en een plaats in de ruimte in willen nemen. 'Loop nu rustig door elkaar heen ... kijk elkaar niet aan ... raak elkaar niet aan ... je raakt niemand aan ... zo loop je rustig door elkaar heen ... Blijf nu staan en stel je zelf de vraag: liep ik altijd aan de buitenkant van de groep of liep ik juist daar waar de meeste mensen waren? Als je veel aan de buitenkant hebt gelopen, kun je nu eens proberen daar te lopen waar meer mensen zijn. Goed, daar gaan we weer ... Je loopt door elkaar heen ... je kijkt elkaar niet aan en je raakt elkaar niet aan. Zoek nu de plekken op waar de meeste mensen zijn ... Sta nu even stil en sluit je ogen ... loop weer door elkaar ... zonder elkaar aan te raken ...

Goed ... houd je ogen dicht ... we gaan iets anders doen ... als je denkt dat iemand in je buurt is, zoek je de hand van die ander op en je geeft elkaar een hand. Dan ga je verder. Ga je gang ... Sta nu stil ... hoeveel handen heb je nu gehad? ... Probeer nu zo veel mogelijk handen te krijgen ...

Stop ... loop nu gewoon door elkaar heen, kijk elkaar aan, en geef elkaar een hand. Je zegt "goedendag" of "hallo" of wat je gewend bent te zeggen als je iemand tegenkomt. Ga je gang ...

Stop even. Ga eens na voor je zelf ... ben je altijd de eerste of de laatste die zijn hand uitsteekt en goedendag zegt ... Probeer daar eens op te letten ... misschien wil je eens proberen de laatste te zijn als ie altijd de eerste bent ... of de eerste als je altijd de laatste bent ... ga je gang ... Laten we nu even gaan zitten en wat napraten.'

Punten die de aandacht verdienen
- De deelnemers hebben in de regel weinig moeite met het met gesloten ogen rondlopen.
- Als iemand de ogen opent, zal hij vrijwel altijd naar de trainer kijken. De trainer heeft immers de ogen open. In zo'n geval herhaalt de trainer liever het voorstel met z'n allen de ogen weer

te sluiten, dan de desbetreffende persoon persoonlijk toe te spreken: hij zal zich dan immers nog sterker beoordeeld voelen.

In de nabespreking kan het probleem dat een deelnemer heeft met het sluiten van ogen natuurlijk persoonlijk worden doorgenomen.

- Een belangrijk punt van de nabespreking is: in hoeverre de deelnemers erin geslaagd zijn met nieuwe gedragsvormen te experimenteren en hoe hun dat afging.

Je voorstellen aan een groep mensen

De deelnemers staan in een kring. Een van hen verlaat de ruimte, komt vervolgens weer binnen en stelt zich aan iedereen voor. Daarna de volgende. Et cetera.

PUNTEN DIE DE AANDACHT VERDIENEN
- Hoe was de handdruk van de deelnemer?
- Hoe was zijn houding? Keek hij de mensen aan? Stond hij recht voor de mensen of praatte hij over de schouder van de ander?
- Was zijn naam duidelijk verstaanbaar?
- Hoe reageert de deelnemer als iemand hem vraagt zijn naam nog eens te herhalen?
- Voelt de deelnemer zich gelukkig als hij altijd de eerste of laatste is die zich voorstelt? Vraag hem daar eens variatie in aan te brengen en hoe hij deze variatie ervaart.
- Bij wie ervoer de deelnemer de meeste spanning? Soms komt het voor dat een deelnemer bij bepaalde mensen zijn naam niet wil zeggen en gespannen raakt omdat hij denkt dat het hoort zijn naam te zeggen; of dat die ander dat van hem eist.

VARIATIES
- Je voorstellen in een groep die nog geen aandacht voor je heeft. De deelnemers zijn (staand of zittend) druk met elkaar in gesprek gewikkeld. Een deelnemer stelt zich aan de mensen voor.
- Je voorstellen zonder handen schudden. De deelnemer komt de groep binnen. Kijkt iedereen die kijken wil aan en zegt

duidelijk en luid zijn naam. Daarna gaat hij zitten.
- De ander weigert je uitgestoken hand aan te nemen. Veel deelnemers lijkt dat het ergste wat hun kan overkomen. De situatie kan eenvoudig geoefend worden. In de nabespreking blijkt vaak dat deelnemer zichzelf de schuld geeft als de ander zijn hand niet uitsteekt. Dat is dan in de regel stof voor een pittige discussie: ik vind iemand die een hand van een hem voorheen onbekend persoon weigert onbeschoft.
- Je voorstellen aan een groeiende groep. Een deelnemer staat of zit wat apart. Vervolgens komt de tweede deelnemer die zich voorstelt. Daarna de derde die zich aan de deelnemer 1 en 2 voorstelt. Et cetera.

Wat doen de deelnemers die later aan de beurt zijn met de opkomende spanning?

Het beginnen van een gesprek

De deelnemers (A t/m H) zitten in twee rijen stoelen (I en II) tegenover elkaar:

I	A	B	C	D
II	E	F	G	H

Iedere deelnemer in rij II heeft tot taak een gesprek te beginnen met de deelnemer die tegenover hem of haar zit. De deelnemer in rij I wacht tot het gesprek is begonnen en gaat daarmee door. Na ongeveer een halve minuut schuift de rij door: E gaat op de plaats van A zitten, A op de plaats van B, et cetera. Er wordt opnieuw begonnen. In ieder gesprekje moet een ander onderwerp worden gekozen.

PUNTEN DIE DE AANDACHT VERDIENEN
- Veel deelnemers maken het zich in het begin moeilijk, doordat ze te koortsachtig zoeken naar een onderwerp waarvan ze vermoeden of hopen, dat de ander dat interessant vindt.
- De deelnemer moet de kunst leren om in een eerste contact een

stem te geven aan wat hij voelt en interessant vindt. Mijn ervaring is ook dat een gesprek moeilijker verloopt als de ene partij begint met een vraag te stellen. Het beste is als de deelnemer over de drempel komt met een positieve uitspraak: 'Ik vind het hier warm' in plaats van: 'Vind je het hier ook niet warm?'
- Als een deelnemer zegt met geen mogelijkheid iets te kunnen bedenken stelt de trainer hem een paar vragen. De belangrijkste is: hoe voel je je nu? Vaak hoor je dan gespannen: 'Ik vind het moeilijk om een gesprek te beginnen'. Dit is dan voor hem een goede manier om een gesprek te vinden. Hij komt weer bij zichzelf. Andere vragen zijn erop gericht om de deelnemer in contact te brengen met de dingen waar hij warm voor loopt of waaraan hij denkt op het moment dat hij het gesprek begint.

VARIATIES
- Een geïnteresseerde of ongeïnteresseerde houding. Een belangrijk punt van aandacht is de manier waarop de ander erbij zit. Maakt de deelnemer een geïnteresseerde of ongeïnteresseerde indruk? De trainer heeft tot taak de deelnemer bewust te maken van zijn houding en helpt hem tijdens deze en volgende oefening om daarmee te experimenteren, tot bevredigender gewoontes gestalte hebben genomen.
- Gesprek beginnen in een groeiende groep. De werkwijze is als die in de oefening 'Je voorstellen aan een groeiende groep'. Juist omdat veel subassertieve mensen beducht zijn voor wachtkamersituaties is dit een vruchtbare oefening. De oefening kan zowel zittend als staand worden gedaan.

Wie ben je, wat voor een soort werk doe je, wat doe je in het dagelijks leven?
Deelnemer A krijgt van B een van deze vragen te horen; eerst in de grote groep, later in een kleine groep. Voor A is het de kunst om dan op een duidelijke manier aan B uit te leggen wat hij zoal doet. Daarna vertelt B wat hij doet.

PUNTEN DIE DE AANDACHT VERDIENEN
- Deze oefening wordt vaak als moeilijk ervaren. Veel deelnemers slagen er in het begin niet in om duidelijk te zeggen wat hun functie is. Het komt voor dat zij het als opschepperij beschouwen om hun werkkring en baan te noemen. Daardoor nemen zij de ander ongevraagd in bescherming. In het begin gebruiken de deelnemers ook veel woorden, zijn onduidelijk en verontschuldigen zich. Soms ook laten zij zich op een ongunstige manier over hun baan uit, ervan uitgaande dat de ander 'het ook wel niets zal vinden'.
- De trainer vindt tijdens deze oefening stof om de oefening 'jezelf prijzen' (zie pagina 184-5) op een soepele wijze in te leiden.

Wat doe je als je in een gesprek gestoord wordt?
Deelnemer A is met B in gesprek. Dan komt C ertussen en begint, het gesprek tussen A en B onderbrekend, tegen A een verhaal af te steken. Wat doet A?

PUNTEN DIE DE AANDACHT VERDIENEN
- Deze oefening is zowel voor A als C pittig.
- A zal moeten proberen C op een duidelijke en vriendelijke wijze te bewegen hem de gelegenheid te geven zijn gesprek met B af te ronden of voort te zetten.

Je mengen in een gesprek
Een groepje van x deelnemers is met elkaar in gesprek. Een deelnemer sluit zich aan en mengt zich geleidelijk aan in het gesprek.

Je prijzend uitlaten over jezelf
De deelnemers maken thuis of in de groep een lijstje met zaken waarover zij tevreden zijn: bijvoorbeeld over dingen die zij goed kunnen of hun uiterlijk.
- Iedere deelnemer leest zijn lijstje met overtuiging voor aan de andere deelnemers.
- Twee deelnemers gaan tegenover elkaar zitten. Ieder noemt op

zijn beurt een eigenschap op waarover hij tevreden is. Op die manier stimuleren ze elkaar om de lijst zo lang mogelijk te maken. Verontschuldigingen 'mogen niet'.

Een eind maken aan een gesprek
Zoals gezegd biedt de gehele training zeer veel gelegenheden gesprekken te voeren. Daarom bevat dit blok alleen de belangrijkste elementen uit een gesprek. Een dergelijk element is ook: het afsluiten van een gesprek.
De instructie is eenvoudig: de deelnemers beginnen in duo's een gesprek. Een van de deelnemers heeft tot taak het gesprek af te sluiten. De trainer kan deze oefening gemakkelijk beginnen door een receptiesituatie in scène te zetten. De deelnemer kan na afsluiting van het gesprek naar een ander doorschuifelen. Moeilijker wordt de 'thuissituatie': de trainer zet de deelnemers in stoelen dicht tegenover elkaar. Beëindiging van het gesprek is dan moeilijk, omdat men tegenover elkaar blijft zitten.

98 Typische expressie-oefeningen
'Feeling talk': het uitdrukken van gevoelens in eenvoudige zinnetjes
Degene die in de grote groep aan de beurt is, kijkt zijn buurman aan en zegt het uitgekozen zinnetje met de juiste intonatie. De trainer kan de deelnemers hier helpen door hen aan te moedigen het begin te overdrijven. Daarna kan geleidelijk aan de goede vorm worden gevonden.

1 Ik voel me goed.
2 Ik baal.
3 Ik voel me hartstikke goed vandaag.
4 Ik heb er de pest in.
5 Doodvallen kunnen ze allemaal.
6 Ik ben verdrietig.
7 Ik voel me sterk van binnen.
8 Ik voel me rot.
9 Er zijn ogenblikken dat ik me enorm sterk voel.
10 Ik heb geen trek, ik kan niet eten.

11 Ik heb een enorme pijn in m'n hoofd.
12 Ik voel me slap.
13 Ik ben woedend omdat ...
14 Ik vind jou aardig.
15 Ik mag jou best graag.
16 Ik schrik me rot.
17 Dat is mooi om te zien zeg.
18 Hé, moet je daar eens kijken.
19 Het gaat best goed met me de laatste tijd.
20 Ik vind dat je af en toe knap vervelend (lullig) uit de hoek kunt komen.
21 Ik verveel me dood (kapot) hier.

Bij de zinnetjes 22 t/m 29 kiest iemand een zin uit plus de manier waarop hij het gaat zeggen. De groepsleden raden welk gevoel gekozen is.

verbaasd   kwaad   verveeld   enthousiast   teleurgesteld

22 Daar ligt een bal.
23 Het is vandaag zondag.
24 We eten spinazie.
25 Bart komt vanavond.
26 Doe je de televisie aan?
27 Heb je je haren laten knippen?
28 Gebruik je suiker in je koffie?
29 Ben je dat boek aan het lezen?

Smeuïg een verhaal vertellen

De deelnemer vertelt kort iets wat hij meegemaakt heeft. Trainer en andere deelnemers letten vooral op de manier waarop hij het verhaal vertelt: gezichtsuitdrukking, intonatie, volume. Na de opmerkingen te hebben aangehoord, herhaalt de deelnemer zijn verhaal gaandeweg op een betere manier. Deze oefening eist veel tijd en kan het beste in subgroepen worden afgewerkt.

99 Het houden van spreekbeurten

De deelnemers vertellen steeds weer hun eigen belevenissen in de groep. Zij zijn dan alleen aan het woord; de anderen luisteren. Gaandeweg leren zij op een rustige manier hun verhaal te doen. Dit leren gaat spontaan en vereist geen aparte oefening. Daarnaast zijn drie oefeningen opgenomen.

Voorlezen
Iedere deelnemer leest een stukje voor uit de krant die doorgegeven wordt.

Iets vertellen uit de vrije hand
De deelnemer die aan de beurt is, vertelt wat hij gelezen heeft of iets anders wat hem interesseert.

Spreekbeurt
Een groepslid krijgt opdracht een spreekbeurt van circa zeven minuten voor te bereiden en te houden. Onderwerp naar eigen keuze.
Na een korte inleiding door een van de groepsleden begint de voordracht. Meestal hoeven er maar een paar punten op papier te staan. Na de spreekbeurt wordt de overige groepsleden gevraagd hun bevindingen te geven en kunnen er vragen gesteld worden.

PUNTEN DIE DE AANDACHT VERDIENEN
De oefeningen kunnen naar believen worden gevarieerd en zodoende verzwaard.
- Het publiek kan al dan niet geïnteresseerd zijn. Deelnemers zijn soms bang uitgefloten te worden. Het kan dan nuttig zijn deze situatie te oefenen.
- De voor te lezen tekst kan makkelijker of moeilijker gemaakt worden.
- Vaak zijn deelnemers bang te haperen of fouten te maken. Ik spoor hen dan aan om juist die fouten te maken of bewust een pauze van dertig seconden in te lassen.

- De huiswerklijst bevat een aantal ondersteunende oefeningen die de deelnemers thuis kunnen doen.

VARIATIE

Tijdens de training wordt af en toe iemand aangewezen die vijf minuten moet improviseren over een bepaald onderwerp dat hij kort voor de spreekbeurt te horen krijgt.

100 Enkele non-verbale oefeningen

Hier worden slechts een paar voorbeelden gegeven. In ieder boek over relatietrainingen vindt u er meer.

- Loop rond in de ruimte met ogen dicht. Probeer botsingen tussen personen te vermijden. Verken de ruimte.
- Vertrouwenswandeling. Er worden paren gevormd. Een van beiden sluit de ogen en geeft de ander een hand en laat zich leiden. Na een tijdje worden de rollen gewisseld.
- Trustfall. De deelnemers verspreiden zich twee aan twee over de kamer. Een van de twee gaat met de rug naar de ander toe staan en laat zich met gesloten ogen achterover vallen. De bedoeling is dat de ander hem opvangt, maar doet die dat ook?
- In aansluiting op de vorige oefening kan de hele groep een cirkel vormen. Een deelnemer gaat binnenin staan, sluit de ogen en laat zich zijwaarts vallen. De kring vangt hem op en geeft hem door.
- Headlift. Er worden paren gevormd. Een van beiden gaat liggen. De ander gaat op z'n knieën bij het hoofd zitten. Degene die ligt sluit de ogen en probeert volkomen ontspannen zijn hoofd door de ander heen en weer te laten bewegen en op te laten tillen.
- Sandwich. Iedereen pakt elkaar om het middel vast, zodat een rij gevormd wordt. De bedoeling is dat je allerlei bewegingen maakt en zorgt dat de rij niet breekt (gaan zitten, opstaan, achteruit lopen, et cetera).
- Iedereen gaat met zijn hoofd op de buik van een ander liggen. Je hoofd ontspannen. Als het goed is, rolt het heen en weer door de ademhaling van de ander.

• Lachen. De hele groep gaat lachen.
Dit zijn uitgesproken expressie-oefeningen. Deze oefeningen moeten aansluiten op de behoefte van deelnemers. De oefeningen kunnen speciaal nuttig zijn als men bang is leden van de andere sekse aan te raken.

101 Algemene levenssituaties: de Ullrich-Paulussen-Rosielle-lijst

De volgende oefensituaties hebben betrekking op wat kan gebeuren op straat, in de trein, bus, tram of vliegtuig, in winkels, openbare gelegenheden en bij officiële instanties, bij vrienden en bekenden, op het werk met collega's en leidinggevenden.
De situaties zijn naar moeilijkheidsgraad gerangschikt.

De instructie per oefening is steeds af te leiden uit de beschreven situaties. Als er twee bekwame trainers zijn, kunnen de deelnemers zich in twee groepen splitsen, elk met een trainer. Anders kunnen de oefeningen in de grote groep worden doorgenomen. In de regel meldt zich een duo dat wil beginnen. Daarna worden andere duo's gevormd totdat iedereen aan de beurt is geweest en het gewenste gedrag heeft kunnen oefenen.
De trainer heeft een erg actieve rol in deze oefenserie. Hij vertelt de deelnemers de situatie op dusdanige manier, dat deze als zo levensecht mogelijk wordt ervaren. Hij onderhoudt een hoog tempo en stimuleert de deelnemers zichzelf zo veel mogelijk in te zetten. Mijn ervaring is dat (behalve in het ongestructureerde gedeelte) het verschil tussen een goede en een slechte trainer nergens zo goed tot uiting komt als uit de manier waarop hij met deze oefeningen omspringt. Het commentaar bij de oefenserie heb ik tot een minimum beperkt omdat ik ervan uitga, dat iedere trainer deze oefening zelf afwerkt alsof hij een deelnemer was.

Situaties op straat
1 Je loopt op straat en komt een onbekende tegen. Je kijkt hem aan en loopt door.

2 Je komt iemand tegen die je nauwelijks van gezicht kent. Je zegt goedendag en loopt door.
3 Je komt iemand tegen die je strak aankijkt. Hoe laat je merken zonder bijvoorbeeld de straat over te steken, dat je niks met hem of haar te maken hebt en wilt hebben?

Deze drie oefeningen zijn van een bedrieglijke eenvoud. Ze zijn tamelijk lastig voor de deelnemers. Met deze oefeningen laten zij zich namelijk voor het eerst aan de anderen zien. Bovendien worden de niet-actieve deelnemers voor het eerst uitgenodigd opmerkingen te maken over het gedrag van de actieve deelnemers. Het leren feedback te geven, te incasseren en daarvan te leren is begonnen. De trainer stimuleert de deelnemers aandachtig te observeren, zodat zij er zelf van kunnen leren en zij de 'acteurs' kunnen helpen verder te komen.

De oefeningen zijn ook spannend voor de deelnemers. Omdat ze eenvoudig lijken grijpen sommige deelnemers de kans hun spanning weg te redeneren: de situatie is niet echt, dus hoef ik niet te oefenen.

Vaak maakte ik dan de situatie echt: 'De situatie speelt zich niet af op straat, maar hier in deze ruimte.'
Bij het begin van de oefening kan de trainer beginnen een schets te geven van de situatie dat men iemand tegenkomt op straat, die zich op verschillende manieren gedraagt. Hij kan vervolgens de deelnemers vragen te uiten hoe hun dat afgaat.

Deze oefeningen zijn niet alleen spannend, ze zijn ook onthullend. De bekwame trainer kan er alles van maken. Hij let op zaken als:
- Oogcontact: kijken de deelnemers elkaar aan? Als zij in het begin op elkaar aflopen, kijken zij dan de ruimte in of slaan zij de ogen neer? Wat gebeurt er als de deelnemers elkaar gepasseerd zijn? Hoelang duurt het oogcontact: is dat kort, zoals dat gebruikelijk is als men elkaar passeert, of blijft een deelnemer 'kleven': de blik van de ander vasthouden? Iemand afwijzen die je strak aankijkt, gebeurt altijd met de ogen. Dat maakt de derde

oefening lastig. In het begin hebben deelnemers de neiging te blijven staan. Zij blijven de ander die hen fixeert aankijken: gebiologeerd door de strakke blik; als een konijntje gevangen in het licht van een stroper. Andere deelnemers zullen vermijden de ander aan te kijken. Sommige deelnemers zullen stil blijven staan, zich omdraaien en de ander nakijken of een paar passen nalopen. Meestal melden zij dan dat zij zich kwaad voelen worden. De trainer kan hun vragen welke bedoelingen zij aan de ander toeschrijven zodat de deelnemers deze kunnen verifiëren. In de regel reageren de deelnemers kwaad op kwalijke bedoelingen die zij ten onrechte aan de ander toeschrijven.

- De houding: staat de deelnemer rechtop? Of kruipt hij in elkaar? Heeft hij de handen gevouwen voor de borst? Op zijn rug? Neemt hij een sigaret mee onderweg? Wat gebeurt er als de twee elkaar ontmoeten? Wie wijkt voor wie? Hoe is het tempo waarin men op elkaar afloopt?

In deze en vele andere oefeningen liet ik de oefening vertraagd afwerken, zeker als de cursisten op elkaar afstormden om zodoende snel van de lastige oefening af te zijn. Vertraging heeft het voordeel dat de trainer gemakkelijker onderdelen van een gedragspatroon apart kan laten inoefenen.

- Wat maakt de deelnemer door tijdens de oefening; wat doet de deelnemer met zijn spanning? Herkent de deelnemer de situaties? Hoe waardeert de deelnemer de vooruitgang die hij tijdens de oefening doormaakt?

De volgende twee oefeningen sluiten op de eerste drie aan. Oefening 4 is het vervolg op oefening 3. Alle deelnemers kunnen er kort en krachtig aan deelnemen. Oefening 5 is een uiterst moeilijke oefening. Veel deelnemers hebben nare herinneringen aan momenten hoe zij eens iemand groetten die hen straal voorbijliep. Ik ken geen kortere oefening die op een duidelijker manier de deelnemer helpt rustig te blijven bij wat hij vaak, op grond van verkeerd toegekende bedoelingen, ervaart als een volstrekte afwijzing.

4 Deelnemer X neemt een centrale plaats in in de ruimte. De andere deelnemers lopen ieder om de beurt hem tegemoet. X heeft de opdracht de andere deelnemers strak te fixeren alsof hij 'iets van hen moet' of 'iets van hen aanheeft'. De anderen proberen zijn blik af te wijzen.

5 Deelnemer A loopt deelnemer B tegemoet. A kent B vaag. Hij groet B. B reageert niet: hij loopt door alsof hij niets gehoord of gezien heeft.

6 Je komt iemand tegen die je niet kent, hoe laat je merken, zonder stil te blijven staan, dat je elkaar aardig vindt.

7 A komt iemand (B) tegen die hij vaag kent. B wil niet met hem praten, maar A wel.

Oefening 7 is moeilijk. Het vereist dat de deelnemer een gesprek begint en dat de ander dat gesprek op een vriendelijke doch duidelijke manier onderbreekt. Het gebeurt vaak dat de deelnemer blijft 'plakken' of dat hij bruusk onderbreekt. Net als bij de andere oefeningen is het belangrijk dat de trainer hierbij geen smoesjes of verontschuldigingen accepteert. Dat is niet nodig. De trainer ziet toe, dat A gaandeweg meer probeert dat gesprek vast te houden; dat wil zeggen het B lastig maakt.

8 A en B lopen elkaar tegemoet op botsingskoers. A en B passeren elkaar en wijken elk evenveel.

9 A komt een groep tegemoet van x (drie of meer) personen. Hij moet zich een weg banen door de groep zonder zijwaarts weg te draaien, zonder verontschuldigend gemompel of gebaar en zo mogelijk zonder iemand te raken.

In beide situaties is oogcontact van vitaal belang. Als iemand een groep (op straat, op een receptie, in een bar) moet passeren, dan gaat dat ook het beste als hij de groep onderzoekt totdat iemand hem aankijkt; hij fixeert vervolgens die persoon en de desbetreffende persoon maakt ruimte. De deelnemer moet leren dit oogcontact te maken.

Bij beide oefeningen is vertraging vaak nuttig. Als een deelnemer erg veel moeite heeft, kan hij de oefening omgekeerd afwerken. Ik plaats

hem dan één meter van de groep, met de opdracht de groep aan te kijken en zo achteruit te lopen. Vervolgens komen deelnemer en groep elkaar tegemoet.
Soms zijn deelnemers bang voor een botsing. Ik stel dan voor dat juist de botsing geoefend wordt: de deelnemer heeft tot taak hard in te lopen op de groep en er zich met geweld doorheen te werken. Na een keer of vier wijkt de angst voor een botsing voor opluchting en hilariteit.
Oefening 9 kan gevolgd worden door een oefening waarbij alle deelnemers tegelijkertijd betrokken zijn. Alle cursisten behalve A staan dicht op elkaar. A heeft tot taak zich door de groep te werken.

10   A vraagt op straat aan B hoe laat het is. B kan dit meteen zeggen.
11   A vraagt aan B naar een straat, waarvan A denkt dat die in de directe omgeving is. B is aardig en legt het precies uit.
12   A vraagt op straat aan B hoe laat het is, B reageert kortaf (zoiets als: 'Ik heb haast'), maar geeft A de juiste tijd.
13   A vraagt aan B naar een straat, waar A niet helemaal van weet in welk stadsdeel die ligt. B is erg vriendelijk en vertelt A precies welke tram hij moet nemen, et cetera. A vraagt voor de zekerheid nog even of hij het goed heeft begrepen.
14   A vraagt B naar een straat die moeilijk te vinden is (dat wil zeggen: A heeft geen idee in welk stadsdeel die straat is). B – het lijkt alsof B wat verstoord is door al die vreemdelingen in de stad – wijst A vaag de richting en wil dan doorlopen. Maar A vraagt het met nadruk nog een keer, en krijgt dan van B een korte, maar nauwkeurige beschrijving.
15   Voorbijganger (B) vraagt A in een vreemde stad de weg. A antwoordt: 'Het spijt me, ik weet het niet.' A geeft geen verdere verontschuldigingen of verklaringen.
16   Voorbijganger (B) vraagt je (A) naar een jouw bekende straat. Het is echter nogal ingewikkeld om uit te leggen, en je hebt echt geen tijd omdat je de trein moet halen. Je zegt vriendelijk: 'Ik heb helaas geen tijd' en loopt door. Maar B laat zich niet

afschepen en vindt dat je het hem heel kort even moet uitleggen. A antwoordt: 'Nee, ik heb echt haast, vraagt u het a.u.b. aan iemand anders.'

17 A komt tegelijkertijd met een of meer mensen bij een deur (in een gebouw, op het station, et cetera). Hij zorgt ervoor dat hij als de eerste door de deur gaat.
18 'De bulderbaan': de deelnemers verspreiden zich in een gang van het gebouw of op straat voor het gebouw. Ieder heeft een eigen rol, bijvoorbeeld:
    - vragen naar een bekende weg
    - Jehovagetuige
    - een oude bekende wil een praatje maken; de ander voelt daar niets voor, et cetera.

Iedere deelnemer doorloopt dit parcours.

Openbaar vervoer

19 A vraagt in de trein naar de naam van het eerstvolgende station. B vertelt A meteen wat hij weten wil.
20 A zit in de trein en vraagt aan B, die tegenover hem zit, of de trein naar ... gaat. B is vriendelijk en geeft de gevraagde informatie, zonder dat hierop een gesprek volgt.
21 A roept op vijf meter afstand naar B in de tram: 'Meneer ... we moeten hier uitstappen.' (Enkele reizigers kijken even op).
22 A vraagt in de volle tram aan de conducteur op twee meter afstand, of de volgende halte Rembrandtsplein is. A roept hard genoeg, of herhaalt de vraag zonder dichterbij te komen, totdat hij antwoord heeft gekregen (de medepassagiers kijken maar heel even op).
23 De wagen van A wil niet meer starten, juist als hij op de middelste rijstrook van een drukke straat staat. A bekommert zich niet om de claxons van anderen, spreekt voorbijgangers en agenten aan en zegt: 'Mijn auto wil niet meer starten. Wilt u zo vriendelijk zijn mij te helpen de auto naar de kant van de weg te duwen?' (De mensen die A aanspreekt zeggen dat dit hun ook wel eens is overkomen en helpen met duwen,

proberen de auto weg te krijgen, halen benzine of bellen de wegenwacht.)
24 A heeft voor een treinreis van tien uur een plaats gereserveerd. Als hij zijn coupé binnenkomt, ziet hij dat alle plaatsen bezet zijn. Op A's plaats zit een jonge man. A spreekt hem aan en zegt: 'U zit op mijn plaats. Zou u alstublieft op willen staan?' De ander verontschuldigt zich vriendelijk en staat op.
25 A heeft voor een tien uur durende treinreis een plaats gereserveerd. Op die plaats blijkt een jonge man te zitten. A vertelt hem dat dit zijn plaats is. Maar de ander blijft zitten en zegt boos: 'Ik was hier het eerst.' A zegt nu zeer luid: 'Aan het loket was ik eerder, en dit is mijn plaats.' A dreigt de conducteur te roepen, waarop de ander gauw opstaat.
26 A heeft voor een lange reis een plaats gereserveerd. De coupé is vol. Er is geen plaats meer vrij in de trein. A's plaats is bezet en A verzoekt degene die daar zit voor hem op te staan:
• A verzoekt de ander hardop direct zijn plaats te verlaten en dreigt de conducteur te roepen. Dit heeft geen effect.
• A roept nu werkelijk de conducteur die ervoor zorgt dat A kan zitten.
27 Je hebt net afgerekend met de taxichauffeur. Hij geeft een euro minder terug als waar je recht op hebt. 'Ach meneer (mevrouw) dat had u me toch als fooi gegeven.'
28 Je hebt met opzet een niet-rokencoupé opgezocht. Iemand steekt een sigaret op.
29 Je hebt de buschauffeur gevraagd voor een bepaalde halte te stoppen. Na vijftig meter merk je dat hij de halte voorbijgereden is.
30 Je zit in de trein. Een paar plaatsen verder draait iemand een raampje open. Je krijgt het koud.

Winkelsituaties

31 Je vraagt in een winkel naar een voorwerp dat je erg nauwkeurig kunt beschrijven. Je krijgt uitvoerige en exacte informatie over het artikel (prijs, kwaliteit, werking).

32 Je vraagt in een winkel naar een voorwerp dat je maar vaag kunt beschrijven. Je zegt zoiets als: 'Ik wil graag een jurk (pak) kopen.' De verkoper vraagt wat je wensen precies zijn. Je zegt alleen maar: 'Ik weet het niet precies. Laat u maar wat zien.'

33 Je bent in een winkel, de verkoper komt op je af, maar je wilt alleen maar rondkijken.
- Je zegt direct: 'Ik wil alleen maar wat rondkijken.'
- De verkoopster loopt met je mee en biedt haar hulp aan. Je wimpelt haar af en zegt: 'Dank u wel, ik wil eerst rustig alleen kijken.'

34 Je bent in een schoenenwinkel. De schoenen staan ergens achter in het magazijn. Je stuurt de verkoper vaak heen en weer.
- De verkoper komt met tien paar schoenen die je nog steeds niet bevallen. Je zegt: 'Nee, deze schoenen vind ik niet mooi.'
- De verkoper komt nu met een erg mooi paar schoenen. Je vraagt: 'Wat kosten ze?' Antwoord: € 90,-. Je zegt: 'Dat is me te duur.' Je gaat weg zonder je verontschuldigingen aan te bieden. (Je zegt dus niet: 'Ik moet er nog eens over nadenken, ik kom nog wel eens langs.')

35 Je gaat de winkel binnen en koopt kleren. Aan de kassa merk je dat je portemonnee vergeten hebt. Je zegt: 'Ik ben mijn geld vergeten, wilt u het even voor me opzij leggen?' De verkoper knikt en zegt: 'Komt in orde' en gaat verder met de volgende klant.

36 Je hebt een paar schoenen gekocht dat je tegenvalt: ze passen niet, de kleur valt tegen en je gaat ermee terug naar de winkel om ze te ruilen. Je zegt iets in de trant van: 'Toen ik merkte dat ze toch niet goed pasten wilde ik ze graag ruilen.' De verkoper zegt: 'Dat is prima' en ruilt het voor een ander paar.

37 Je hebt een kledingstuk gekocht. Thuis zie je dat er een grote vlek op zit. De volgende dag ga je ermee terug want je wilt het ruilen. Je zegt: 'Ik heb dit gisteren hier gekocht; toen ik thuiskwam, zag ik pas dat er een vlek op zat.' De verkoper twijfelt eraan of de vlek er al op zat en vraagt naar de bon. Maar je kunt de kassabon laten zien en nadat je duidelijk en

luid naar de manager hebt gevraagd, komt de verkoper aan je wens tegemoet.

38 In de winkel vraag je of ze de gesneden ham nog eens willen wegen omdat je het niet goed hebt kunnen zien. Je gaat voor de weegschaal staan, want het moet precies één ons zijn. Je vraagt de prijs per kilo en kijkt op de bon of het klopt. De verkoper doet zonder commentaar wat je wilt. Oefen eerst in een supermarkt en dan in een winkel waar ze je kennen.

39 Je stuurt een vertegenwoordiger weg:
- Een vertegenwoordiger belt aan en laat zien wat hij wil verkopen. Je antwoordt: 'Ik ben niet geïnteresseerd' en doet de deur dicht.
- Een vertegenwoordiger verspert brutaal de deur of komt direct binnen. Je zegt luid en erg boos: 'Eruit. En wel meteen. Eruit zeg ik.'
De vertegenwoordiger vertrekt direct om geen aanklacht wegens huisvredebreuk aan zijn broek te krijgen.

40 Je bent in een supermarkt. Je hoeft maar één artikel te kopen en hebt het geld al afgepast klaar. Je loopt langs de rij wachtenden en vraagt aan de klant die bij de kassa staat: 'Wilt u mij alstublieft voor laten gaan' en laat daarbij vluchtig het artikel en geld zien. De klant knikt instemmend.

Openbare gelegenheden en officiële instanties

41 Je roept in een café luid om de ober of de serveerster die ongeveer vijf meter verderop staat.
- De ober staat met zijn gezicht naar je toe en komt reeds op het minste teken aanzetten.
- De ober staat met zijn rug naar je toe en je moet luid 'ober' roepen.

42 Je stuurt in een restaurant het koude eten weer terug.
- Je zegt: 'Ober, het eten is koud en niet lekker. Brengt u mij a.u.b. iets warms.'
- Je eist dat ze je wat anders te eten brengen. De ober zegt echter dat het eten voortreffelijk is. Er volgt een korte

woordenwisseling. De manager wordt erbij gehaald en die doet meteen wat je wilt.

43 In een openbare gelegenheid vraagt iemand die ook aan je tafeltje zit, of je een ogenblik op z'n tas wilt passen. Omdat je een afspraak hebt, sta je echter net op het punt weg te gaan en dat zeg je. De ander vraagt het aan iemand anders.

44 Je belt bij een officiële instantie aan bij een deur. Niemand geeft antwoord. Je doet de deur open. De ambtenaar vraagt of je nog even wilt wachten. Je zegt dat je ontzettend haast hebt (auto geparkeerd bij parkeerverbod). Je wilt alleen maar weten of je hier op de juiste plaats bent en wanneer je verzoek behandeld wordt. Na even wachten wordt je snel geholpen.

45 Je staat aan een loket. De man erachter kijkt niet op, heeft misschien pauze. Je maakt je aanwezigheid luid kenbaar. Daarop word je geholpen.

46 Je staat in een rij en het ziet ernaaruit dat je nog een kwartier moet wachten. Iemand wil voordringen. Je maakt luid bezwaar en stuurt hem terug.

47 Je hebt een ingevuld formulier dat je alleen maar hoeft af te geven. Er staat een lange rij. Je gaat zonder je te verontschuldigen naar het loket en handelt de zaak af.

48 Je werd in een instantie zonder reden onbeleefd en nors behandeld. Je brengt je bezwaren luid en energiek bij de leidinggevende naar voren, die zich verontschuldigt.

Situaties met vrienden en bekenden

49 Je loopt een kroegje binnen. Daar zie je een paar vrienden in druk gesprek. Je loopt erop af, zij zien je: ineens valt er een diepe stilte.

50 Een vriend of bekende, aan wiens oordeel je veel waarde hecht, vertelt iets waarmee je het niet eens bent. Wat doe je ...?

51 Een vriend die voortdurend iets van je leent zonder het terug te geven vraagt je veel geld of iets kostbaars te leen.

52 Een buurman met wie je geen vriendschappelijke relatie hebt, verwacht bezoek maar de buurman weet niet precies wanneer

het bezoek komt. De buren vragen je nu of je de sleutel wilt bewaren en aan de vriend wilt geven als die langskomt. Jij hebt echter andere plannen voor die dag en wilt per se niet de hele dag zitten wachten tot die kennissen van de buurman langskomen.
53 Iemand die je maar vluchtig kent, vraagt je een boodschap voor hem aan te nemen omdat hij zelf verhinderd is. Jij hebt zelf andere plannen.
54 De buurvrouw – aan wie je hekel hebt omdat ze voortdurend roddelt over iedereen – komt regelmatig bij je over de vloer. Je hebt er genoeg van. Op een gegeven avond ben je aan het eten. Er wordt gebeld. En ... daar staat die roddeltante weer voor je deur ...
55 Je bent jarig. Van iemand die jij graag mag, krijg je iets cadeau, dat je helemaal niet mooi vindt.

Collega's
56 Je vraagt aan een collega van een andere afdeling om grondige zakelijke informatie en uitleg over iets. Je vraagt net zo lang door totdat je het ook zeker hebt begrepen.
• Je collega reageert geduldig en bereidwillig.
• Je collega heeft weinig tijd en reageert in algemene termen. Jij zegt hem dat je, als hij het je niet vertelt, telkens moet komen vragen. Je collega stemt toe en geeft je vervolgens uitvoerig antwoord.
• Je collega zegt iets in de trant van: 'Zeg weet je dat niet? Waarvoor wordt je eigenlijk betaald hier?'
  ○ Jij antwoordt daarop: 'Als jij het niet weet, moet ik me het door iemand anders laten uitleggen.' (Bijvoorbeeld zijn of jouw leidinggevende.)
  ○ Daarna geeft je collega nauwkeurig maar nors antwoord.
57 Je zegt tegen een collega die voortdurend werk naar jou afschuift (bijvoorbeeld door telkens ziek te zijn of voortdurend te laat te komen) dat je er niet van gediend bent. Je zegt: 'Ik kan niet altijd voor twee mensen werken. Vanaf nu knap je je

zaakjes zelf maar op.' Hij begint meteen te klagen en zegt iets in de trant van: 'Dat is oncollegiaal', maar je laat je niet tot andere gedachten brengen.

58 Je maakt op je werk een tijdje gebruik van de laptop van een ander. Als je het ding probeert, stel je vast dat het kapot is. Maar die ander houdt vol dat het juist in orde was en klaagt: 'Je geeft het nog niet uit handen of ze maken het al kapot. Die laptop heb ik nou al zo lang en het is nog nooit kapot gegaan', et cetera.

59 Een collega die je goed kent, vraagt je hem in het weekend met de auto naar een plaats te brengen die nogal ver van je huis ligt. Je had het plan opgevat om er juist een fijn, rustig weekend van te maken. Hij dringt stevig aan.

60 In de middagpauze raak je met iemand die op je afdeling werkt in gesprek. Hij begint op een onaardige manier te praten over iemand die je erg graag mag. Je zegt hem: 'Ik vind het vervelend dat je zo over X praat. Ik ken hem en ik mag hem graag', of 'Ik heb een heel andere mening over hem.' De collega probeert het gesprek op een ander onderwerp te brengen.

61 Je hebt een collega verteld over een verbeteringsvoorstel dat je wilt indienen. Je hebt echter gemerkt dat die collega met jouw idee naar de leidinggevende is gegaan en heeft gedaan alsof het zijn idee was. Hij heeft er zelfs een premie voor gekregen. Je bent nagegaan of het inderdaad zo gegaan is; het blijkt zo te zijn. Wat doe je?

62 Je hebt een nieuwe baan en krijgt een opdracht die je niet aankunt: je hebt zo'n klus namelijk nog nooit gedaan. Je zegt dat, maar er wordt je gezegd dat je het toch maar moet proberen. Je voert de opdracht uit; maar doet het prompt fout. Men zegt je nu dat er helemaal niets van klopt wat je gedaan hebt.

Leidinggevenden

63 Je maakt een voorstel tot verbetering bij je baas. Je loopt zijn kamer binnen (hard kloppen, deur helemaal openen, naar zijn bureau lopen en gaan zitten). Je zegt: 'Ik heb een voorstel om

(dat en dat) beter te laten lopen.' Je vertelt op een kalme toon je verhaal. De baas luistert rustig.

64 Je gaat weer naar de baas, maar dit keer heb je duidelijke klachten over arbeidsvoorwaarden (stoel, lucht, licht, et cetera).
- Je baas is het niet onmiddellijk met je eens maar belooft uiteindelijk verandering.
- Na twee weken is er nog niets gebeurd. Je gaat weer naar hem toe en vraagt een termijn waarbinnen alles geregeld is.

65 Je loopt weer de kamer van je baas binnen. Je vraagt: 'Ik zou vandaag vier uur vroeger weg willen gaan wegens familieomstandigheden. Vind je dat goed?'
Baas: 'Goed, we trekken het wel van je vakantiedagen af.'
Jij: 'Nee, daar ben ik het niet mee eens: daarom kom ik juist naar je toe. Ik heb al genoeg onbetaalde overuren gemaakt.' (Eventueel toelichting geven).

66 Je vraagt je leidinggevende om een salarisverhoging. Jij wil meer dan hij wil geven. Prijs jezelf aan en geef argumenten. Op welk moment sluit je een compromis?

67 Je leidinggevende is druk bezig, hij telefoneert. Je wilt zijn aandacht trekken want hij heeft zich niet aan een belofte gehouden. Hij wil eigenlijk van je af en probeert het onderwerp te verplaatsen. Jij houdt echter aan.

68 Je leidinggevende stapt je kamer binnen en vraagt je privéklusjes voor hem op te doen. Jij weigert omdat je het (bijvoorbeeld) te druk hebt. Maar hij zegt tegen je dat je dan langer moet blijven.

69 Je leidinggevende komt je kamer binnen en geeft je een opdracht die eigenlijk door iemand anders uitgevoerd zou moeten worden. Maar die iemand anders is er niet: voor de functie hebben ze niemand kunnen krijgen. Je hebt zelf nog bergen werk te doen en je wilt het werk niet aannemen. Je leidinggevende dringt aan.

70 Evenals bovenstaande situatie, maar nu zwaait je baas je allerlei lof toe: 'Je bent onze beste man, betrouwbaar, ik kan altijd wat aan je over laten, et cetera.'

71 De baas geeft je in het openbaar een standje omdat je de laatste tijd niet zo goed gepresteerd hebt. Jij geeft daarvoor een verklaring die te maken heeft met de wijze waarop het werk is georganiseerd. De man wordt vervolgens erg kwaad en begint je 'en plein public' uit te schelden.

72 Je baas vraagt al een tijdje of je wilt overwerken. Je bent er met je hoofd niet zo goed bij maar je geeft toch toe aan zijn verzoek. 's Avonds blijkt dat je je aandacht er inderdaad niet zo goed bij hebt: je maakt een paar fouten. Je baas – je ziet het aan zijn gezicht – staat op het punt je een uitbrander te geven.

73 Je baas scheldt je uit om een fout die jij echter niet gemaakt hebt.
- Jij blijft rustig en geeft hem zakelijke informatie. Hij druipt af.
- Als boven, maar nu houdt je baas niet gelijk op met schelden.

102 De laatste bijeenkomst(en)

De laatste bijeenkomsten staan in het teken van het naderende afscheid. Trainer en deelnemers bespreken openhartig 'wat men aan de training heeft gehad'. Deze evaluatie kan ook worden gehouden aan de hand van de 'evaluatielijst assertieve training'.

De laatste keren dat de deelnemers bijeen zijn, ontstaat er een groeiende nieuwsgierigheid naar hoe men is overgekomen op de andere deelnemers. Tijdens de evaluatie stelt de trainer dit thema aan de orde. Soms geven de deelnemers er de voorkeur aan daar rustig zonder opgelegde structuur met elkaar over te praten. Soms vinden ze het prettig dit thema aan de hand van een van onderstaande oefeningen te behandelen.

Wat vind je van me?

Instructie: ga in groepjes van twee ergens zitten en stel bovenstaande vraag. Geef serieus, open en eerlijk antwoord aan elkaar. Tijd: circa 10 minuten. Daarna van partner verwisselen.

Je bent – houden zo

Maak op een vel papier vier kolommen met de volgende opschriften:

je bent   –   houden zo   –   meer doen   –   minder doen

Zet je naam erboven. Vul nu op ieders papier in wat je van hem vindt, tot je bij iedereen in elke kolom iets gezegd hebt. Naderhand is er gelegenheid tot nabespreken, verduidelijken, vragen stellen, et cetera.

13 Het bijhouden van een dagboek en andere huiswerktaken

103 Zelfdiagnose met behulp van een dagboekje
In de loop van de dag kunnen er zich vervelende situaties voordoen: situaties waarin je je gespannen, verlegen, geïrriteerd, gekwetst of gewoon niet prettig voelde.
Probeer nu voor elke dag na te gaan, wat er precies gebeurd is. Om deze situaties te analyseren kun je gebruikmaken van de volgende vragen:

Situaties	Wat gebeurde er?
	Wanneer gebeurde het?
	Waar?
	Wie zaten er bij?
Wat doe je zelf	Wat zei je?
	Wat dacht, voelde je?
	Hoe sta je erbij?
Wat waren de gevolgen?	Voor jezelf?
	Voor anderen?

Neem elke trainingssessie twee duidelijk omschreven voorbeelden mee van je eigen zelfdiagnose. Deze moeten op schrift zijn gesteld. Je kunt van onderstaand schema gebruikmaken:

Situatie	Wat doe je zelf?	Wat waren de gevolgen?

Toelichting
Over het gebruik van deze techniek is al het nodige gezegd. Zie hiervoor de paragrafen 6 en 7. Volgens mij is het gebruik van het dagboekje een goed middel in de begeleiding van situationeel subassertieve mensen. Hoewel men in een AT voor deze categorie personen in de regel ook met oefeningen werkt, neemt het onge-

structureerde gedeelte toch een grote plaats in. Het dagboekje is dan zonder meer al zeer geschikt voor het vastleggen van concrete moeilijke situaties. Een tweede mogelijkheid is dat de deelnemer aan de hand van de concrete beschrijving zijn eigen gedrag gaat analyseren en vervolgens *zelf* gaat proberen zijn probleem op te lossen.

Om een paar redenen gebruikte ik deze oefening op een gegeven moment niet meer als een vast onderdeel van AT voor algemeen subassertieve mensen. Dat deden mijn collega's en ik in de eerste instantie wel, maar we stapten ervan af. In de eerste plaats bleek deze oefening vaak niet nodig: deelnemers herinnerden zich zeer goed moeilijke situaties. In het ongestructureerde gedeelte is er altijd stof om te werken. Het hanteren van het dagboekje uitsluitend als middel van het vastleggen van onplezierige ervaringen blijkt vaak niet nodig. Het wordt steevast door een paar deelnemers als weinig zinvol geacht en door anderen wel. Omdat het idee van het dagboekje als regel van de trainer komt, richten zich irritaties in zijn richting: 'Moeten wij het dagboekje nu wel of niet bijhouden?' Als deelnemers aan de slag gaan met de zelfdiagnose, schept dat de verwachting dat zij dan ook met hun problemen in de groep terecht kunnen. Dit is alleen waar te maken in een ongestructureerde benadering. Maar ook in deze benadering is er waarschijnlijk onvoldoende tijd om de vele probleemsituaties die loskomen, door te werken. Als middel tot het *zelf* veranderen van gedrag werkt de methode slechts aan het einde van de training. Eerder zijn de deelnemers te subassertief en hebben te veel moeite om dat zelf te kunnen (zie paragraaf 7). Maar ook dan, aan het einde van de training, kunnen niet alle deelnemers iets beginnen met de zelfdiagnose: het is erg verbaal, rationeel-afstandelijk en vereist een behoorlijk zelfinzicht dat bovendien expliciet gemaakt moet worden. Een van de voordelen van de AT is, dat mensen leren hun eigen problemen op te lossen. Maar dit gebeurt vaak langs andere wegen dan in deze oefening gegeven.

In de volgende situaties maakte ik wel gebruik van de dagboekmethode:
- In een training voor situationeel subassertieve personen: als de voorbeelden van moeilijke situaties lastig te concretiseren waren of als de reeks van ingebrachte voorbeelden wat magertjes bleef.
- In een training voor algemeen subassertieve personen: als iemand tijdens de training beslist niet op concrete voorbeelden van moeilijke situaties kon komen.

104 De huiswerklijst

Het doen van huiswerk is van wezenlijk belang. De training kan alleen slagen, als je het geleerde in praktijk brengt. In deze lijst staan veel oefeningen die je zelfstandig kunt uitvoeren. Sommige sluiten aan op wat er in de training gebeurt, andere niet.

1 Ga alleen of samen met andere deelnemers oefenen:
   - op straat
   - in winkels
   - in de trein
   - in cafés en restaurants.

   Oefeningen hiervoor zijn opgenomen aan het einde van de lijst. Bedenk zelf ook moeilijke situaties.

2 Pas voortdurend ontspanning toe. Als je merkt dat het nog niet helemaal lukt, oefen dan weer thuis.

3 Ga in de komende periode ten minste vier keer met je partner uit: bioscoop, restaurants, cafés, et cetera. Deze gelegenheden zijn er ook voor jou!

4 Bezoek leden van de groep, maak er een gezellige avond van. Praat *niet* over problemen.

5 Schrijf een rapport over jezelf. Daarin schrijf je:
   - welke situaties goed gaan,
   - welke situaties nog niet goed gaan.

   Wees zo concreet mogelijk. Beschrijf dus de situaties zo precies mogelijk. Oefen deze situaties en vertel in de groep hoe het gelukt is.

6 Schrijf een verhaal over jezelf; onderwerp: ik als *hyperassertief*

persoon. In dit verhaal mag niet geklaagd worden. Lees je verhaal voor in de familiekring.

7 Let erop dat je je niet nodeloos verontschuldigt. Onthoud de situaties waarin dit plaatsvond.

8 Kom een aantal malen expres te laat op de bijeenkomst. Verontschuldig je niet.

9 Geef de komende dagen bewust bekenden gemeende complimenten over hun uiterlijk, smaak, dingen die ze doen, et cetera.

10 Als iemand je een compliment maakt, verontschuldig je dan niet, maar zeg: 'Dank je wel, leuk dat je dat zegt of iets dergelijks'.

11 Oefen alleen op een kamer met volle inzet om dingen te doen als: boeren, rochelen, smerige gebaren, snot ophalen, et cetera.
Je zult merken dat je *niet* door de grond gaat als je dat doet.

12 Maak een lijst van hobby's, verenigingen, trainingen die je interesseren:
 • Vraag informatie.
 • Meld je aan.

13 Je oefent nu tien minuten alleen in een kamer om jezelf te prijzen. Je herhaalt dit in je gezin of bij een vriend(in).

14 Organiseer *zelf* voor de komende maand een feestje. Nodig iedereen zelf uit en maak er een leuk feestje van.

15 Ga iets lenen bij de buren; geeft niet wat.

16 Maak in gezelschap bewust een fout.

17 Vraag iemand bewust om uitleg van een vreemd woord, ook al ken je het.

18 Begin in een groepje (thuis, op het werk, bij kennissen) iets te vertellen waar de anderen waarschijnlijk niets van af weten.

19 Antwoord, als iemand je de betekenis of de bedoeling van iets vraagt, expres enige keren met iets als: 'Daar weet ik geen antwoord op.'

20 Kies in gezelschap systematisch, bewust, de hoogste of meest centrale plaats. Kruip niet weg in een hoekje.

21 Als je een cadeautje of aardigheidje van iemand krijgt, zeg dan

eenvoudig: 'Dank je wel, wat leuk' of zo, in plaats van: 'Dat had je niet moeten doen.'

22 Ga de komende dagen eens dansen, nodig een onbekende ten dans uit en ga na het dansen nog eens met hem of haar praten.
23 Vraag op je werk aan een collega of hij je even wil vervangen, omdat je tussendoor weg wil.
24 Kruip voor bij deuren: laat anderen niet voorgaan en houdt geen deuren voor anderen open.
25 Je leest vijf minuten lang hardop voor, daarbij kijk je tussen de zinnen door in een spiegel. Doe hetzelfde voor een huisgenoot.
26 Zoek een oude bekende op, die je al lang niet meer gezien hebt.
27 Als je het nog lastig vindt om iemand op te bellen, maak er dan een gewoonte van iedere avond een of meer mensen op te bellen. Gewoon voor de gezelligheid.
28 Je gaat iets kopen wat gewogen moet worden (bijvoorbeeld vis); je eist dat je precies krijgt (niet meer) wat je gevraagd hebt. Je vraagt of het opnieuw gewogen kan worden.
29 Je koopt bewust iets om het een paar uur (dag) later te ruilen. Zorg dat je het geruild krijgt.
30 Begin een gesprek met een vreemde, in de bus, lift, kantine, kroeg, et cetera.
31 Ga de komende weken eens alleen naar de film, zorg dat je een plaats in het midden krijgt. Ga daarna iets drinken in de stad.
32 Vraag telefonisch uitgebreid inlichtingen over bijvoorbeeld zwemkaarten, huurcontracten, paspoorten, het boeken van reizen e.d.
33 Houd bewust een gesprek met je partner over de toekomst en je relatie.

Vivo lijst A: de straat

Ga bij voorkeur de straat op als het druk is.

34 Loop rond en kijk iedereen die je ziet vriendelijk aan.
35 Loop door groepen heen, wijk niet; bots eventueel.
36 Vraag de tijd. Bepaal bij welke mensen je dat moeilijk vindt en doe het *juist* hij hen. Doe dat minstens vijf keer. Ga ook eens onder

een klok staan van bijvoorbeeld een stationshal en vraag de tijd.
37 Vraag de weg naar de markt en de Suikerpeerstraat (of een andere echt bestaande, maar onbekende straat). Vraag net zo lang door tot je het weet. Vraag het aan:
- individuele voorbijgangers
- groepjes voorbijgangers
- winkelbedienden (kruip eventueel voor)
- in cafés, snack bars, restaurants
38 Wissel een euro in twee muntjes van 50 eurocent. Vraag door totdat het lukt. Doe het verschillende keren. Wissel het:
- bij voorbijgangers individueel
- bij groepjes voorbijgangers
- in winkels (voorkruipen)
- in cafés, restaurant
39 Roep iemand aan (hard) over een afstand van vijf à tien meter.
40 Groet onbekende mensen op straat vriendelijk (niet selecteren).
41 Schiet een onbekende aan en vraag: 'Zeg heb ik jou niet eerder gezien?' Daarna een kort praatje maken.
42 Vraag aan voorbijgangers waar ze die mooie gympen, et cetera hebben gekocht.
43 Vraag naar de betekenis van (bekende) verkeersborden.
44 Knoop een praatje aan met iemand op straat (niet alleen oude vrouwtjes).
45 Vraag op straat naar:
- een goede fotowinkel
- een zaak waar je ritssluitingen kunt kopen
- een goede boekenwinkel
- een lingeriezaak
- een wasserette
46 Vraag iemand op straat om een muntje om op te bellen. Dus niet wisselen, maar vragen. Geef het muntje eventueel naderhand terug. Je kunt het muntje ook gebruiken om een goede kennis op te bellen, en hem vertellen dat het goed met je gaat.
47 Schiet iemand aan en vraag welke bioscopen er zijn en welke

films er draaien. Vraag door totdat je minstens twee films te horen krijgt. Je kunt ook uitvoerige informatie vragen, bijvoorbeeld waar het gezellig is om uit te gaan.

Vivo lijst B: winkels

Doe de komende tijd zelf veel boodschappen.

48 Je loopt een klein zaakje binnen; je wilt alleen rondkijken, daarna ga je weg.

49 Ga naar een cd-winkel en vraag iets onduidelijks, bijvoorbeeld: 'Ik zoek Russische muziek, laat maar wat horen.' Ga weg zonder iets te kopen.

50 Pas in een winkel twaalf paar schoenen, ga dan weg.

51 Loop een herenmodezaak binnen en vraag: 'Waar kan ik een carnavalspak huren?' Kom terug met het adres.

52 Vraag in een zaak naar de fabrikant van een product dat in de etalage ligt. Kom terug met de naam en het adres.

53 Vraag in een leuke zaak, de naam en het adres van de etaleur.

54 Ga naar een zaak en vraag naar de prijzen en uitvoeringen van een product. Zorg dat je ten minste vijf prijzen hoort van eventuele uitvoeringen. Koop niets.

55 Snuffel eens gezellig een kwartiertje in een boekenzaak.

56 Ga naar een parfumerie: probeer alles en ga dan weg.

57 Vraag bij de Hema naar een sigarenzaak of iets dergelijks.

58 Loop een winkel binnen en vraag of je mag bellen. Bel je vriend/vriendin om te zeggen dat het goed met je gaat.

59 Vraag bij een druk bezochte slager driemaal een half ons gesneden ham. En precies een half ons.

60 Ga naar Albert Heijn of een andere zelfbedieningszaak met een boodschappenlijstje. Laat bij de kassa drie verschillende kassabonnen maken.

61 Je gaat iets kopen wat gewogen moet worden; je eist dat je precies krijgt wat je gevraagd hebt. In ieder geval vraag je of het opnieuw gewogen kan worden.

62 Koop ergens een krant, maak een praatje en laat je uitvoerig informeren over het uitgaansleven (waar goede cafés, restau-

rants zijn, et cetera). Laat je niet afschepen.
63 Koop ergens iets. Zeg: 'Ik heb mijn geld niet bij me, wilt u het even apart leggen, ik kom zo terug.'
64 U bent in een supermarkt. Je hoeft maar één artikel te kopen en je hebt het geld afgepast klaar. Ga voor.

Vivo lijst C: openbaar vervoer en verkeer; reizen
65 Bel de inlichtingen van de Nederlandse Spoorwegen. Zeg dat je vrijdag om 11.00 uur 's ochtends op Schiermonnikoog wilt zijn. Laat je precies vertellen hoe je daar het eenvoudigst komt. Vraag *daarna* hoe je moet reizen om op woensdag daarop om 11.00 uur 's avonds terug kunt zijn. Schrijf de informatie op.
66 Vraag bij verschillende reisbureaus om de beste en goedkoopste veertiendaagse reis naar Kreta (in juli). Wissel je gegevens uit met andere groepsleden.

Neem de bus/trein
67 Vraag naar de naam van de volgende halte.
68 Loop een keer de hele bus/trein door. Kijk iedereen kort aan.
69 Vraag naar het tijdstip van aankomst.
70 Vraag of je van plaats mag ruilen.
71 Bepaal tevoren op welke bank u gaat zitten (bijvoorbeeld de twaalfde). Doe dat dan en knoop een gesprek aan.
72 Roep naar iemand, die vijf meter of verder van je zit.
73 Doe net of je je kaartje niet kunt vinden. Zeg tegen de conducteur: 'Ik heb er een, ik zal zoeken, maar het duurt nog even.' Zoek dan heel rustig je kaartje.
74 Vraag naar de restauratiewagen.
75 Oefen de straatlijst van de 'in vivo training' in de stationshal.
76 Ga telkens als eerste door de deuren van de trein en de stationshal.

Vivo lijst D: cafés – restaurants – uitgaan
77 Bestel koffie; als het kopje voor je staat, wijzig je je bestelling.
78 Ga de komende weken vaak een kop koffie drinken in een café-

restaurant in je woonplaats. Als je moet afrekenen vraag je eerst om het totaalbedrag, daarna vraag je met nadruk om de prijs van de koffie. Ga ook eens aan een reeds bezet tafeltje zitten en begin een gesprek.

79 Ga de komende maand twee keer naar de film. Neem een plaats in het midden. Ga daarna iets drinken in de stad.
80 Als je gaat eten, stuur dan iets terug naar de keuken.
81 Snuit zeer luidruchtig je neus.
82 Loop naar een ober en vraag hardop naar de wc. Niemand let erop.
83 Loop naar een andere gast en vraag hardop naar de wc.
84 Loop in een bar of restaurant, de hele zaak rustig door, kijk rustig rond en ga ergens zitten. Als het erg druk is in een bar, kun je door de menigte komen door je ogen te gebruiken: verontschuldig je niet.
85 Je laat je *altijd* de rekening uitleggen.
86 Bestel een kleintje pils, als de ober voor je staat, ruil je die voor een grote pils.
87 Vraag de barman een muntje voor de jukebox.
88 Roep de ober als hij juist achter in het restaurant staat. Eis dat hij onmiddellijk komt.
89 Ga in een kroegje bewust naast iemand zitten. Zeg hem vriendelijk goedendag. Begin een gesprek.
90 Als je ergens iets besteld hebt, ga dan op een ander plaatsje zitten. Zeg tegen de ober dat hij het eten daar brengt.
91 Je gaat met je AT-groepje of met andere vrienden naar een dansgelegenheid. Je vraagt eerst de mensen uit je groep ten dans, daarna iemand die je niet kent.

14 Evaluatielijst assertieve training; de Primulaschaal

105 Evaluatie assertieve training

1 Ik beoordeel mijn eigen vooruitgang in deze training als:
   O zeer bevredigend
   O bevredigend
   O onbevredigend
   O zeer onbevredigend

Toelichting:

2 Kun je in het onderstaande vak omschrijven in welke opzichten je wel en in welke opzichten je weinig vooruitgegaan bent?

3 Wat was (waren) voor jou het meest belangrijke resultaat (resultaten) van deze training?
Wat was (waren) voor jou de grootste teleurstelling(en) in deze training?

Toelichting:

4 Hoe zie je de toekomst?
   O positief
   O negatief

Toelichting:

5 Hebben mensen in je omgeving verschillen in je gedrag gemerkt:
   O ja
   O nee

Welke mensen waren dat en welke verschillen vielen hun op?

6 Hoe reageerden de mensen in je omgeving op je veranderde houding? (Beviel het hun, ergerden ze zich, waren ze alleen maar verbaasd?)

7 Hieronder staan nog eens kort de verschillende oefeningen weergegeven. Zou je per oefening willen aangeven hoe waardevol of hoe moeilijk je ze vond? Had je ze vaker willen oefenen?

	te veel	*genoeg*	*te weinig*
1 oogcontact	*geoefend*	*geoefend*	*geoefend*
2 et cetera			

8 Wat waren voor jou de twee of drie meest belangrijke onderdelen van de training? Wil je een toelichting geven?

9 Wat waren jouw ervaringen met het huiswerk?
- Lukte het je het geleerde in praktijk te brengen?
- Welke obstakels heb je ondervonden?
- Werd er in de groep voldoende tijd en aandacht besteed aan de voor- en nabespreking van huiswerk?

10 Zou je nog iets over de 'in vivo trainingen' kunnen zeggen? Vond je die waardevol, moeilijk, te kort? Vond je dat er meer aandacht aan besteed moest worden?

- waardevol ———— minder waardevol
- makkelijk ———— moeilijk
- te kort ———— te lang
- genoeg geoefend —— te weinig geoefend —— te veel geoefend

Zou je meer commentaar willen geven?

11 Over het algemeen werd in de training voldoende aandacht besteed aan mijn privé-moeilijkheden om mij assertief te gedragen:
O ja
O nee

Toelichting:

12 Welke mensen in de groep hebben volgens jou het meest aandacht besteed aan jouw persoonlijke problemen?

Toelichting

13 Wat vond je van de samenstelling van de groep?

14 Wij hebben geprobeerd (natuurlijk niet zonder jou) om van de groep 'een echte groep' te maken: in hoeverre zijn wij erin geslaagd?
O ten dele
O geheel
O niet

15 Ik vond de groep:
O te groot
O te klein
O goed zo

16 Ik vond de bijeenkomsten:
O wel lang, maar niet hinderlijk lang duren
O te lang duren

Toelichting:

17 In hoeverre heeft de ruimte waar de training werd gegeven nog invloed gehad op het trainingsresultaat?
    O niet van belang geweest
    O positief
    O negatief

18 De organisatie van de training vond ik
    zeer goed   zeer slecht

    Nadere opmerkingen:

19 Zou je ons, de trainers, adviezen willen geven voor de opzet van volgende trainingen? Misschien wil je ook andere opmerkingen kwijt; die kun je hier maken.

106 De Primulaschaal

Op de volgende pagina's vindt u de lijst van 56 vragen die na iteratieve cluster analyse overbleven. De volledige lijst heeft betrekking op de groep van Werkende Jongeren. Daarna zijn vervangingsvragen opgenomen voor:
- werkende meisjes
- voor schoolgaande en studerende jongens en meisjes
- voor volwassen mannen
- voor werkende vrouwen
- voor niet-werkende vrouwen.

Onderstaand schema geeft nog eens de groeperingen weer waarop de Primulaschaal betrekking heeft.

	♂	♀
werkend leeftijd < 21 jaar	O	O
schoolgaand/ studerend	O	O
werkend leeftijd > 22 jaar	O	O
niet werkend		O

Scoringsinstructie

item nr.	antwoord alternatief	item nr.	antwoord alternatief
	1 2 3 4		1 2 3 4
1	0 1	26	0 1
2	1 0 0	27	0 1
3	0 1	28	0 1
4	0 1	29	1 0
5	0 1	30	0 1
6	0 1	31	0 1
7	1 0	32	0 1
8	1 0	33	1 0
9	0 1	34	0 1
10	0 1	35	0 1
11	0 1	36	1 0
12	0 1	37	0 1
13	0 1	38	0 1
14	0 1	39	0 1
15	0 1	40	0 1
16	0 1	41	0 1
17	0 1	42	1 0 0
18	0 1	43	0 0 0 1
19	0 1	44	0 0 1 1
20	0 1	45	0 0 0 1
21	1 0	46	0 1 1 1
22	1 0	47	1 0 0 0
23	1 0	48	1 0 0 0
24	1 0	49	1 0 0 0
25	0 1	50	1 1 0 0
		51	1 0 0 0
		52	0 0 0 1
		53	0 0 0 1
		54	1 0 0 0
		55	1 1 0 0
		56	0 0 1 1

Verkorte versie; normering

De oorspronkelijke Primulaschaal die in dit stuk is weergegeven bestaat uit 56 items (vragen of uitspraken). Uit deze grote schaal is een betrouwbare verkorte lijst samengesteld. Deze bestaat uit de volgende items: 6, 7, 9, 10, 14, 15, 19, 21, 25, 38, 39, 42, 47, 50, 56. In onderstaande grafiek is de cumulatieve frequentieverdeling gegeven van de Primulascores van 301 personen.

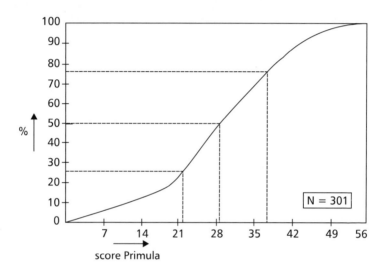

Primulaschaal

Op de volgende bladzijden vind je een aantal vragen en opvattingen waar je het meer of minder mee eens zult zijn. Wil je bij *elk* van die opvattingen of vragen aangeven wat jouw mening is? Dit doe je door een kruisje te zetten bij een van de antwoorden.

Voorbeeld 1: Mensen drinken vaak te veel.
    O   ja, meestal wel
    ⊗   nee, meestal niet

Het kruisje in het onderstaand rondje zou betekenen dat je echt niet vindt dat mensen meestal te veel drinken.

Voorbeeld 2: Als ik mensen niet zo aardig vind, laat ik dat duidelijk merken.
 ⊠ ja, meestal wel
 ○ nee, meestal niet.

Dit zou betekenen dat je het meestal aan mensen laat merken als je ze niet aardig vindt.

Het kan zijn dat sommige vragen lijken op vragen die je al beantwoord hebt. Het beste is ze dan toch maar te beantwoorden. Werk de vragen verder snel af; denk niet te lang na. Goede of foute antwoorden zijn er niet. Het gaat om jouw eigen mening.

Werkende jongeren/jongens

1 Ik vind het moeilijk opdringerige mensen te zeggen dat zij zich met hun eigen zaken moeten bemoeien.
○ ja, dat vind ik vaak moeilijk
○ nee, dat vind ik niet zo moeilijk

2 Als mijn baas domme of ondeskundige dingen zegt over iets waar ik verstand van heb, probeer ik hem dat duidelijk te maken.
○ ja, zonder meer
○ ja, maar ik voel me dan niet altijd op mijn gemak
○ nee, ik zeg maar liever niets

3 Als mensen iets onredelijks van mij willen
○ vind ik het soms moeilijk 'nee' te zeggen
○ vind ik het niet moeilijk om 'nee' te zeggen

4 Het komt vaak voor dat ik mensen gelijk geef, ook al ben ik het in mijn hart niet met ze eens.
○ ja, vaak wel
○ nee, meestal niet

5 Als iemand mij iets vraagt te doen wat ik eigenlijk niet zo goed kan, word ik gauw zenuwachtig
O ja, vrij vaak
O nee, bijna nooit

6 In gesprekken word ik vaak overbluft, terwijl ik achteraf op het goede antwoord kom.
O ja, dat maak ik vaak mee
O nee, dat overkomt me zelden

7 Als het ergens saai is, ben ik vaak de eerste die de zaak opvrolijkt.
O ja, meestal wel
O nee, meestal niet

8 Als iemand die ik ken, leugens over me heeft verteld, ga ik hem meteen opzoeken om er over te praten.
O ja, vaak wel
O nee, bijna nooit

9 Als iemand mij in een groep een onverwachte vraag stelt, vind ik het vaak moeilijk om rustig een antwoord te bedenken/geven.
O waar
O niet waar

10 Als ik een meisje aardig vind, maar ik ken haar niet zo goed, vind ik het moeilijk om er een praatje mee te maken.
O ja, meestal wel
O nee, bijna nooit

11 Ik vind het moeilijk een meisje dat ik niet zo goed ken, uit te nodigen voor een feest.
O ja, meestal wel
O nee, meestal niet

12 Als een belangrijk iemand mij afsnauwt
   ○ klaag ik achter zijn rug maar doe ik verder vaak niets
   ○ zoek ik hem later op en vraag om uitleg

13 Ik ga liever niet naar vreemde mensen omdat ik misschien wel stomme dingen doe of zeg.
   ○ ja, meestal is dat zo
   ○ nee, meestal is dat niet zo

14 Als iemand mij in een vreemd gezelschap een vraag stelt, krijg ik vaak een rood hoofd.
   ○ waar
   ○ niet waar

15 Je zou van je vrienden eigenlijk willen weten wat ze van je vinden, maar je vraagt het niet.
   ○ ja, in het algemeen is dat waar
   ○ nee, in het algemeen is dat niet waar

16 Je maakt liever geen ruzie met verkopers als zij een te hoge prijs rekenen voor iets.
   ○ nee, liever niet
   ○ ja, wel eens

17 Als iemand zich niet eerlijk gedraagt, vind ik het moeilijk om naar hem toe te gaan en hem dat te zeggen.
   ○ ja, in het algemeen waar
   ○ nee, in het algemeen niet waar

18 Ik zou het moeilijk vinden als ik mijn baas zou moeten vertellen dat hij een slecht stukje werk had afgeleverd.
   ○ ja, in het algemeen waar
   ○ nee, in het algemeen niet waar

19 Ik vind het onprettig om in een gezelschap als eerste wat te zeggen.
   O ja, meestal is dat zo
   O nee, meestal is dat niet zo

20 Ik vind het moeilijk om hard op te treden tegen mensen die mij lomp en beledigend behandelen.
   O ja, meestal wel
   O nee, meestal niet

21 Bij de gedachte dat ik mijn baas om opslag zou moeten vragen, voel ik mij best op mijn gemak.
   O waar
   O niet waar

22 Je ziet iemand lopen waarvan je niet zeker bent of je hem kent. Wat doe je dan?
   O je schiet hem aan en maakt een praatje met hem
   O je loopt hem voorbij

23 Als je in een trein of bus rijdt, knoop je dan een gesprek aan met je medereizigers?
   O ja, vaak wel
   O nee, nooit

24 Ik kom vaak voor mijn mening uit, zelfs als ik weet dat ze me voor schut proberen te zetten.
   O ja, meestal wel
   O nee, vaak niet

25 Ik vind het vaak vervelend om uitleg te vragen van moeilijke woorden, omdat ik denk dat ze me anders dom zullen vinden.
   O ja, meestal is dat zo
   O nee, meestal is dat niet zo

26 Je zou sommige vrienden best willen vertellen wat je van ze vindt, maar je doet het niet.
    O ja, in het algemeen waar
    O nee, in het algemeen niet waar

27 Als ik mijn vriendin aan iemand voor moet stellen, weet ik me niet zo goed een houding te geven.
    O waar
    O niet waar

28 Als ik voor de eerste keer bij een meisje thuis kom of zou komen, ben ik bang dat ik iets verkeerd zal doen of zeggen.
    O waar
    O niet waar

29 Als ik tijdens een bijeenkomst de spreker niet goed kan verstaan
    O steek ik mijn arm op en vraag of hij iets harder wil praten
    O span ik mij extra in of schuif iets naar voren, maar zeg niets

30 Als ik de indruk krijg dat iemand mij strak aankijkt, laat ik mij daardoor wel eens van mijn stuk brengen.
    O ja, dat is waar
    O nee, dat is niet zo

31 Je bent bezig met een stuk werk dat je graag af zou willen maken. Je denkt dat je nog tien minuten nodig hebt. Je bent bijna klaar. Maar je baas komt en vraagt of je aan iets anders wil gaan werken. Eigenlijk wil je eerst je eigen werk afmaken. Wat doe je?
    O ik zou het moeilijk vinden tegen mijn baas te zeggen dat ik het niet doe
    O ik zou het niet zo moeilijk vinden tegen mijn baas te zeggen dat ik het niet doe

32 Je zit met een paar mensen te praten. Iemand zegt iets vervelends over een vriend van je. Wat doe je?
O je houdt je mond maar je vindt het vervelend
O je zegt dat je het niet leuk vindt over iemand te praten die er niet is.

33 Je wilt wel meepraten in een groep, maar iemand anders is je telkens net voor. Wat doe je?
O je zegt dat hij nu zijn mond eens dicht houden moet omdat jij ook wel eens aan de beurt wilt komen
O je vindt er niets meer aan en zegt niets meer

34 Soms zeg ik dingen niet, omdat ik bang ben dat anderen mij brutaal zullen vinden.
O waar
O niet waar

35 Soms zeg ik mijn mening niet omdat ik weet dat het toch niet helpt, omdat niemand wil luisteren.
O waar
O niet waar

36 Als je ergens vast van overtuigd bent, maar de anderen niet, en ze praten er overheen.
O kom je erop terug en probeer je hem te overtuigen
O zeg je niets meer maar je voelt je niet prettig

37 Omdat je een hekel hebt aan ruzies, geef je vaak maar gelijk om ervanaf te zijn.
O waar
O niet waar

38 Je zegt vaak in een groep niets, uit angst dat je niet genoeg afweet van het onderwerp, en dan stomme dingen zegt.
O waar
O niet waar

39 Als je te laat komt op een bijeenkomst, blijf je dan liever staan dan dat je een opvallende plaats vooraan kiest?
○ je blijft liever staan
○ je gaat vooraan zitten

40 Houd je meestal je mening voor je?
○ ja, meestal wel
○ nee, meestal niet

41 Vind je het moeilijk in een winkel weg te komen als de verkoper een praatje met je wil maken?
○ ja, meestal wel
○ nee, meestal niet

42 Als iemand in de bioscoop steeds maar tegen de leuning van je stoel zou schoppen, zou je hem of haar vragen daarmee op te houden?
○ ja, dat zou me geen moeite kosten
○ ja, maar ik zou me daarbij niet op mijn gemak voelen
○ nee, ik zou niets zeggen

Hieronder vind je een aantal vragen die je in verschillende mate met 'ja' of 'nee' kunt beantwoorden. Het is mogelijk dat je op sommige vragen 'ja' kunt antwoorden, op andere vragen zul je 'nee' willen antwoorden en over weer andere vragen kun je onzeker zijn. Je kunt antwoord geven door een kringetje te zetten om een van de volgende vier mogelijkheden:
○ ja! – helemaal waar
○ ja? – eigenlijk wel waar
○ nee! – helemaal niet waar
○ nee? – eigenlijk niet waar

Voorbeeld
Kijk je graag naar de televisie?   ja!   ja?   nee?   nee!
Als je helemaal niet graag t.v.
kijkt, vul je zó in: ja!   ja?   nee?   nee!
Als je het niet zeker weet, maar
toch wel vaak kijkt, vul je in: ja!   ja?   nee?   nee!

Denk niet te lang na, het gaat om je eerste indruk. Sla geen vragen over. Sommige vragen lijken erg op andere. Geef toch op iedere vraag apart antwoord.

43 Als een verkoper erg zijn best   ja!   ja?   nee?   nee!
    voor je heeft gedaan, kost het je
    dan moeite om zonder iets te
    kopen weg te gaan?

44 Als een vriend mij iets verwijt dat ja!   ja?   nee?   nee!
    helemaal niet waar is, vind ik het
    soms moeilijk hem te zeggen dat
    ik kwaad ben.

45 Vind je het moeilijk te laten zien ja!   ja?   nee?   nee!
    dat je iemand erg graag mag?

Op de volgende bladzijden vind je een aantal vragen en opvattingen waar je het meer of minder mee eens zult zijn. Wil je bij elk van die opvattingen of vragen aangeven wat je mening is? Dit doe je door een kruisje te zetten bij een van de antwoorden:

Voorbeeld 1:   Ik vind het eng om iemand een hand te geven.
               ⊠ meestal wel
               O soms wel
               O soms niet
               O bijna nooit

Het kruisje in het bovenste rondje zou betekenen dat je het meestal wel eng vindt iemand een hand te geven.

Voorbeeld 2:   Ik denk dat anderen mij aardig vinden.
   ○ meestal wel
   ○ soms wel
   ⊗ soms niet
   ○ bijna nooit

Dit zou betekenen dat je er wel eens aan twijfelt of ze je echt aardig vinden.

Het beste is de vragen snel af te werken. Denk niet te lang na. Goede of foute antwoorden zijn er niet. Het gaat om je eigen mening. Sommige vragen lijken erg op andere. Geef toch op iedere vraag een antwoord.

46 Als je 's avonds kennissen op bezoek hebt en je wilt naar bed, vind je het dan moeilijk ze te vragen op te stappen?
   ○ meestal wel
   ○ soms niet
   ○ soms wel
   ○ nooit

47 Als een vriend je iets onredelijks vraagt, weiger je dan?
   ○ ja, zonder meer
   ○ ja, maar dat kost moeite
   ○ nee, maar ik vind het niet prettig
   ○ nee, zonder meer

48 Je loopt de winkel uit en je merkt dat je een euro te weinig hebt teruggekregen; ga je dan terug?
   ○ ja, zonder meer
   ○ ja, maar dat kost moeite
   ○ nee, maar dat vind ik niet prettig
   ○ nee, beslist niet

49 Als iemand waar je veel respect voor hebt dingen zegt waar je het helemaal niet mee eens bent, breng je dan je eigen mening naar voren?
○ ja, zonder meer
○ ja, maar daarbij voel ik mij niet op mijn gemak
○ nee, ik houd mijn mond en vind dat vervelend
○ nee, beslist niet

50 Je hebt er geen moeite mee een gesprek te beginnen met mensen die je niet kent.
○ meestal niet
○ soms wel
○ soms niet
○ altijd

51 Als iemand uit je familie waar je goed mee op kunt schieten je boos maakt, zeg je het hem dan?
○ meestal wel
○ soms niet
○ soms wel
○ bijna nooit

52 Ik steek wel eens de straat over om iemand niet te hoeven tegenkomen.
○ meestal wel
○ soms wel
○ soms niet
○ bijna nooit

53 Als een ouder iemand mij oneerlijk behandelt, denk ik bij mezelf: 'Ik houd mijn mond maar.'
○ altijd
○ meestal wel
○ soms
○ nooit

54 Als iemand je gevoelens kwetst, laat je hem weten hoe je je daaronder voelt.
○ meestal niet
○ soms niet.
○ soms wel
○ bijna nooit

55 Als ik een slechte indruk heb van iemand zeg ik hem dat meestal.
○ meestal wel
○ soms niet
○ soms wel
○ bijna nooit

56 Ik word bang bij de gedachte dat ik voor een groep een spreekbeurt zou moeten houden.
○ altijd
○ meestal wel
○ bijna nooit
○ nooit

Werkende meisjes – vervangingsvragen

10 Als ik een jongen aardig vind, maar ik ken hem niet zo goed, vind ik het moeilijk om er een praatje mee te maken.
○ ja, meestal wel
○ nee, bijna nooit

11 Ik vind het moeilijk om met een jongen die ik niet zo goed ken naar een feest te gaan.
○ ja, meestal wel
○ nee, meestal niet

15 Je zou van je vriendinnen eigenlijk willen weten wat ze van je vinden, maar je vraagt het niet.
○ ja, in het algemeen is dat waar
○ nee, in het algemeen is dat niet waar

26 Je zou sommige vriendinnen best willen vertellen wat je van ze vindt, maar je doet het niet.
   O ja, in het algemeen waar
   O nee, in het algemeen niet waar

27 Als ik mijn vriend aan iemand voor moet stellen weet ik me niet zo goed een houding te geven.
   O waar
   O niet waar

28 Als ik voor de eerste keer bij mijn vriend thuis kom of zou komen, ben ik bang dat ik iets verkeerds zeg of doe.
   O waar
   O niet waar

32 Je zit met een paar mensen te praten. Iemand zegt iets vervelends over een vriendin van je. Wat doe je?
   O je houdt je mond, maar vindt het vervelend
   O je zegt dat je het niet leuk vindt over iemand te praten die er niet bij is

43 Als een vriendin mij iets verwijt, wat helemaal niet waar is, vind ik het soms moeilijk haar te zeggen dat ik kwaad ben.
   ja!   ja?   nee?   nee!

47 Als een vriendin je iets onredelijks vraagt, weiger je dan?
   O ja, zonder meer
   O ja, maar dat kost moeite
   O nee, maar ik vind het niet prettig
   O nee, zonder meer

Schoolgaande/studerende jongens – vervangingsvragen
2   Als mijn leraar domme of ondeskundige dingen zegt over iets waar ik verstand van heb, probeer ik hem dat duidelijk te maken.
   ○ ja, zonder meer
   ○ ja, maar ik voel me dan niet altijd op mijn gemak
   ○ nee, ik zeg maar liever niets

18   Ik zou het moeilijk vinden als ik een leraar (trainer, professor, docent) zou moeten vertellen dat hij een slecht stukje werk had afgeleverd.
   ○ ja, vaak waar
   ○ nee, meestal niet

21   Ik voel mij op mijn gemak bij de gedachte dat ik de directeur van de school om een vrije dag moet vragen.
   ○ ja, meestal waar
   ○ nee, meestal niet waar

31   Je bent bezig met een stuk werk dat je graag af zou willen maken. Je bent bijna klaar. Maar de leraar komt en vraagt of je aan iets anders zou willen beginnen. Eigenlijk wil je liever eerst je eigen werk afmaken. Wat doe je?
   ○ ik zou het moeilijk vinden tegen de leraar te zeggen dat ik het niet doe
   ○ ik zou het niet moeilijk vinden tegen de leraar te zeggen dat ik het niet doe

Schoolgaande/studerende meisjes – vervangingsvragen
2   Als mijn leraar domme of ondeskundige dingen zegt over iets waar ik verstand van heb, probeer ik hem dat duidelijk te maken.
   ○ ja, zonder meer
   ○ ja, maar ik voel me dan niet altijd op mijn gemak
   ○ nee, ik zeg maar liever niets

18 Ik zou het moeilijk vinden als ik een leraar (professor, trainer, docent) zou moeten vertellen dat hij een slecht stukje werk had afgeleverd.
O ja, vaak waar
O nee, meestal niet

21 Ik voel mij op mijn gemak bij de gedachte dat ik de directeur van de school om een vrije dag moet vragen.
O ja, meestal waar
O nee, meestal niet waar

31 Je bent bezig met een stuk werk dat je graag af zou willen maken. Je bent bijna klaar. Maar de leraar komt en vraagt of je aan iets anders zou willen beginnen. Eigenlijk wil je liever eerst je eigen werk afmaken. Wat doe je?
O ik zou het moeilijk vinden tegen de leraar te zeggen dat ik het niet doe
O ik zou het niet moeilijk vinden tegen de leraar te zeggen dat ik het niet doe

48 Als een vriendin je iets onredelijks vraagt, weiger je dan?
O ja, zonder meer
O ja, maar dat kost moeite
O nee, maar ik vind het niet prettig
O nee, zonder meer

10 Als ik een jongen aardig vind, maar ik ken hem niet zo goed, vind ik het moeilijk om er een praatje mee te maken.
O ja, meestal wel
O nee, bijna nooit

11 Ik vind het moeilijk om met een jongen die ik niet zo goed ken, naar een feest te gaan.
O ja, meestal wel
O nee, meestal niet

15 Je zou van je vriendinnen eigenlijk willen weten wat ze van je vinden, maar je vraagt het niet.
   O ja, in het algemeen is dat waar
   O nee, in het algemeen is dat niet waar

26 Je zou sommige vriendinnen best willen vertellen wat je van hen denkt, maar je doet het niet
   O ja, in het algemeen waar
   O nee, in het algemeen niet waar

27 Als ik mijn vriend aan iemand voor moet stellen weet ik me niet zo goed een houding te geven.
   O waar
   O niet waar

28 Als ik voor de eerste keer bij mijn vriend thuiskom, of zou komen, ben ik bang dat ik iets verkeerds zeg of doe.
   O waar
   O niet waar

32 Je zit met een paar mensen te praten. Iemand zegt iets vervelends over een vriendin van je. Wat doe je?
   O je houdt je mond, maar vindt het vervelend
   O je zegt dat je het niet leuk vindt over een afwezige te praten

43 Als een vriendin mij iets verwijt, wat helemaal niet waar is, vind ik het soms moeilijk haar te zeggen dat ik kwaad ben.
   ja!   ja?   nee?   nee!

Werkende en niet-werkende mannen – vervangingsvragen

10 Als ik een vrouw aardig vind, maar ik ken haar niet zo goed, vind ik het moeilijk om er een praatje mee te maken.
   O ja, meestal wel
   O nee, bijna nooit

11 Ik vind het moeilijk om een aardig iemand die ik nog niet zo goed ken, voor een avondje bij mij thuis uit te nodigen.
   O ja, meestal wel
   O nee, meestal niet

27 Als ik mijn vrouw (vriendin, verloofde) aan iemand voor moet stellen, weet ik me niet zo goed een houding te geven.
   O waar
   O niet waar

28 Als ik bij mijn (aanstaande) schoonouders thuis ben of zou zijn, ben ik bang dat ik iets verkeerds zal doen of zeggen
   O waar
   O niet waar

Werkende volwassen vrouw – vervangingsvragen

10 Als ik een man aardig vind, maar ik ken hem niet zo goed, vind ik het moeilijk om er een praatje mee te maken.
   O ja, meestal wel
   O nee, bijna nooit

11 Ik vind het moeilijk om een aardig iemand, die ik nog niet zo goed ken, voor een avondje bij mij thuis uit te nodigen.
   O ja, meestal wel
   O nee, meestal niet

15 Je zou van je vriendinnen eigenlijk willen weten wat ze van je vinden, maar je vraagt het niet.
   O ja, in het algemeen is dat waar
   O nee, in het algemeen is dat niet waar

26 Je zou sommige vriendinnen best willen vertellen wat je van hen denkt, maar je doet het niet.
   O ja, in het algemeen waar
   O nee, in het algemeen niet waar

32 Je zit met een paar mensen te praten. Iemand zegt iets vervelends over een vriendin van je. Wat doe je?
   ○ je houdt je mond, maar vindt het vervelend
   ○ je zegt dat je het niet leuk vindt over iemand te praten die er niet bij is

43 Als een vriendin mij iets verwijt, dat helemaal niet waar is, vind ik het soms moeilijk haar te zeggen dat ik kwaad ben.
   ja!   ja?   nee?   nee!

47 Als een vriendin je iets onredelijks vraagt, weiger je dan?
   ○ ja, zonder meer
   ○ ja, maar dat kost moeite
   ○ nee, maar ik vind het niet prettig
   ○ nee, zonder meer

Niet-werkende volwassen vrouw – vervangingsvragen
2 Als iemand domme of ondeskundige dingen zegt over iets, probeer ik hem dat duidelijk te maken
   ○ ja, zonder meer
   ○ ja, maar ik voel me dan niet altijd op mijn gemak
   ○ nee, ik zeg maar liever niets

31 Je bent bezig met een stuk werk dat je graag af zou willen maken. Je bent bijna klaar. Maar je man (ouder, vriend) komt en vraagt of je iets anders zou willen doen. Eigenlijk wil je liever eerst je eigen werk afmaken. Wat doe je?
   ○ ik zou het moeilijk vinden te zeggen dat ik het niet doe
   ○ ik zou het niet moeilijk vinden te zeggen dat ik het niet doe

10 Als ik een man aardig vind, maar ik ken hem niet zo goed, vind ik het moeilijk om er een praatje mee te maken.
   ○ ja, meestal wel
   ○ nee, bijna nooit

11 Ik vind het moeilijk om een aardig iemand die ik niet zo goed ken voor een avondje bij mij thuis uit te nodigen.
    O ja, meestal wel
    O nee, bijna nooit

18 Ik zou het moeilijk vinden als ik een loodgieter zou moeten vertellen dat hij een slecht stuk werk heeft afgeleverd.
    O ja, meestal is dat zo
    O nee, meestal is dat niet zo

21 Bij de gedachte dat ik een leverancier om korting zou moeten vragen, voel ik me best op mijn gemak.
    O ja, meestal wel
    O nee, meestal niet

21 Als ik mijn man aan iemand voor moet stellen, weet ik me niet zo goed een houding te geven.
    O waar
    O niet waar

27 Als ik bij mijn schoonouders thuis kom, of zou komen, ben ik bang dat ik iets verkeerds zeg of doe.
    O waar
    O niet waar

15 De opzet van een evaluatie, evaluatie-instrumenten, literatuuroverzicht

107 Over de opzet van een evaluatie

De evaluatie-opzet die mijn collega's en ik vaak hanteerden, bestond uit een voor- en nameting zonder controlegroepen. We kozen hiervoor omdat het moeilijk was geschikte vergelijkbare controlegroepen te vinden.
De voor- en navergelijking vonden plaats op groeps- en individueel niveau. Bij de groepsgewijze vergelijking werd gebruikgemaakt van t-toetsen. In een enkel geval was het nodig gebruik te maken van gecorrigeerde t-toetsen (ter correctie van een te groot verschil in variatie).
Vanzelfsprekend zijn groepsgewijze vergelijkingen vanuit het oogpunt van systematisch onderzoek belangrijk: zij leiden tot geverifieerde algemene stellingen, zoals bijvoorbeeld de stelling dat een assertieve training aan een aantal eisen beantwoordt.
Vanuit een oogpunt van training, behandeling of therapie is in ieder geval ook een individuele analyse vereist. Hierbij staat de vraag centraal hoe iedere deelnemer het er – individueel – vanaf heeft gebracht. Trainingscontracten worden in assertieve trainingen immers met aparte deelnemers en niet groepsgewijs gemaakt.

Individuele analyse is nodig:
- ter nuancering van de groepsgewijze analyse en vergelijkingen;
- ter vaststelling van het trainingsresultaat per individuele deelnemer; dit kan dan gegevens opleveren die richting geven aan verdere adviezen en training aan de deelnemer;
- op grond van het trainingsresultaat kan worden vastgesteld welke deelnemers relatief veel en welke relatief weinig van de training hebben geprofiteerd; de vraag is dan aan welke factoren dit verschil in profijt kan worden toegeschreven; het antwoord op deze vraag kan weer leiden tot aanpassing van de trainingsopzet aan de typische eigenaardigheden van de deelnemers.

Een drietal beperkingen van de evaluatie-opzet valt onmiddellijk in het oog: het ontbreken van een controlegroep, het uitsluitend gebruik van vragenlijsten en de afwezigheid van tussenmetingen. Als u de kans hebt, probeer dan een controlegroep (no treatment) van subassertieve personen in de evaluatie te betrekken. Als u tijd hebt zou u een reeks van niet-opvallende gedragsmetingen kunnen ontwerpen. Wij hebben zelf gedacht aan gedragstests, zoals Asch die heeft uitgevoerd, of gedragsmetingen volgens de procedure van McFall.

108 Mogelijke evaluatie-instrumenten

- de evaluatielijst assertieve training voor het vastleggen van de mening van de deelnemers over resultaat en methode van de training;
- de Primulaschaal, ter vaststelling van de vooruitgang in assertief gedrag in het algemeen;
- drie subschalen van de Firo B van Schutz, eveneens ter vaststelling van de vooruitgang in actief assertief gedrag; deze drie subschalen hebben betrekking op:
  - het uiten van gevoelens ten opzichte van anderen;
  - het heersen over anderen;
  - het zich aansluiten bij anderen;
- de extraversie schaal van de ABV;
- de sociale-angstschaal van Willems;
- de meting van fysiologische manifestaties van angst aan de hand van de *manifest anxiety scale* van Taylor (1953) in een bewerking van het ICIP, Rijksuniversiteit te Utrecht;
- angsten in vele uiteenlopende, niet alleen sociale situaties kunnen worden vastgelegd aan de hand van het *Fear Survey Schedule* van Wolpe, eveneens bewerkt door het ICIP.

109 Beknopt literatuuroverzicht

Dit literatuuroverzicht is beknopt. Als u geïnteresseerd bent in de achtergronden van AT en de gedragstherapeutische uitgangspunten waarop deze deels stoelt, kan het u verder helpen.
Als u aansluiting wilt zoeken met wat er nationaal en internationaal

gaande is op het gebied van AT, kunt u contact opnemen met een universiteitsbibliotheek (bibliotheek van de psychologische afdeling). Over het algemeen zal men daar bereid zijn u te verwijzen naar een gesystematiseerde catalogus waar u onder de trefwoorden *Assertiviteit, Modelling, Social Anxiety* recente artikelen op het vlak van AT zult kunnen vinden. U kunt daar ook recente jaargangen van gedrags- en psychotherapeutische tijdschriften doorsnuffelen.

110 Assertiviteitstraining, gedragstherapie en rollenspel in het algemeen

Voor een algemeen inzicht in de gedragstherapie verwijs ik weer naar twee boeken: die van de Moor en Orlemans en Kanfer en Philips. Op het vlak van assertiviteitstraining bevat het eerder genoemde handboek *Assertiviteit* (Schouten, Rosielle, Paulussen, Beekers en Nelissen, 1974) gedetailleerde informatie.

111 Definitie van assertief en subassertief gedrag

De termen 'assertief' en 'subassertief' worden volgens McFall & Marston (1970) in het algemeen onvoldoende gedefinieerd: '... to define an S's problem simply as a "lack of assertive behavior" does not adequately identify either the stimulus context of the problem, the exact nature of the presently deficient behaviors or the specific topography of the desired alternative behaviors.'
McFall & Lillesand (1971) vatten 'assertief gedrag' op als een brede, niet-functionele, heterogene en situatiespecifieke responsecategorie. De breedte van het begrip wordt ook door de Moor & Orlemans (1971) genoemd.
Inderdaad geeft een aantal auteurs in hun artikel over deze gedragsvorm een gebrekkige begripsomschrijving. Lazarus (1966) omschrijft subassertief gedrag impliciet als 'deficient or inadequate social or interpersonal responses'.
Rathus (1972) definieert subassertief gedrag in termen van angst die ervaren wordt in interpersoonlijke conflictsituaties; angst die verhindert dat men echte gevoelens uitdrukt en dat men adequaat en doeltreffend gedrag vertoont.

Goldstein (1971, pagina 53) definieert subassertief gedrag in termen van het deficiënte gedrag van een patiënte met een 'inability to express any sort of strong negative feeling'. 'She would do things she dit not want to do' (teneinde een goede relatie te behouden). Lieberman (1972) geeft in een hoofdstuk over assertieve trainingen geen definitie van het begrip, evenmin als MacPherson (1972) in een artikel over de behandeling van een subassertieve patiënt.

Scherpere definities van assertief versus subassertief gedrag geven Wolpe, Alberti & Emmons, Ullrich en anderen.
Wolpe (1958, 1969, pagina 61): 'The word assertive is applied to the outward expression of practically all feelings other than anxiety. Experience has shown that such expression tends to inhibit anxiety. Assertiveness usually includes more or less aggressive behavior, but it may express friendly, affectionate and other non-anxious feelings.'
De Moor en Orlemans (1971) zien assertieve responses als 'reacties in de intermenselijke relaties waarbij iemand zich op een normale wijze laat gelden, zelfbewust is, voor zijn mening uitkomt, zich niet in de hoek laat drukken, uiting durft te geven aan positieve gevoelens van vriendschap, liefde en genegenheid. De term assertief gedrag is dus zeer breed en dekt niet alleen min of meer agressief gedrag maar evenzeer alle sociaal aanvaarde uitingen van persoonlijke rechtsgevoelens en gekwetste gevoelens, als ook positieve gevoelens van liefde en genegenheid.'
In tegenstelling tot Wolpe en de Moor & Orlemans, nemen Alberti & Emmons agressie niet op in hun definitie van assertief gedrag. Zij maken een onderscheid tussen subassertief, assertief en agressief gedrag. 'Assertief gedrag' omschrijven zij als: 'behavior which enables a person to act in his own best interest, to stand up for himself without undue anxiety, to exercise his rights without denying the rights of others ...' (pagina 8).

Subassertief gedrag bestaat uit een toegeven aan de veronderstelde eisen van anderen, ten koste van de bereiking van eigen doelen. Volgens Alberti & Emmons is agressief gedrag, evenals subassertief gedrag, niet functioneel. Agressief gedrag is weliswaar doeltreffend maar wordt door anderen negatief gewaardeerd. Dit gaat ten koste van persoonlijke offers (schuld, angst) en offers voor de ander die in zijn streven wordt gefrustreerd.

Rita Ullrich (1971) geeft voor subassertief gedrag (Unsicherheit, Schuchternheit, 'nicht-nein-sagen-können') een definitie in termen van een drietal elementen die ook in de omschrijvingen van Wolpe en Albert & Emmons aanwezig waren, te weten: (a) vermijding van onaangename sociale situaties; (b) een cognitie: angst, onzekerheid; en (c) met (a) en (b) verbonden fysiologische disfuncties. Hun definitie komt in feite neer op een algemene omschrijving van sociale angst.

McFall & Lillesand (1971) ten slotte definiëren assertief gedrag in termen van een meer beperkte, homogene en kwantificeerbare subklasse: het weigeren van onredelijke verzoeken. Volgens hun operationalisering is een weigering zonder 'rotgevoel' (*uncomfortable feeling*), meer assertief dan een weigering met dat rotgevoel; toegeven zonder rotgevoel is minder subassertief als een toegeven met rotgevoel.

De omschrijvingen van Salter en Wolpe & Lazarus benadrukken in hun omschrijving van subassertief gedrag minder het aspect van het toegeven aan een manifeste verwachting van anderen. Zij zien subassertief gedrag meer als geremdheid (inhibitie): het niet spontaan uiten van emoties.

Salter (1949) omschrijft assertief gedrag als een adequate uitdrukking van gevoel; en velen volgen hem hierin.

Wolpe & Lazarus (1966) geven de volgende omschrijving van de sociaal geremde (subassertieve) persoon: 'To outer view such people range in profile from fanning sycophants, who seek to integrate themselves with everyone, to timid souls obsessively and distressfully concerned about conformity to proper and correct behavior patterns. Some non-assertive persons are secretive, undemonstrative and aloof.' De auteurs omschrijven subassertief gedrag als een neurotische reactievorm (pagina 243).

Volgens hen zijn er allerlei vormen van sociale gereserveerdheid die subjectief niet als storend worden ervaren. In het geval van subassertief gedrag gaat het om sociale inhibities die ook door de patiënt als storend worden ervaren, die hem blijvend innerlijke spanningen bezorgen, zijn normaal functioneren belemmeren en zelfs een somatische weerslag kunnen hebben.

112 Naar een functionele definitie

Hoewel een sluitende topografische omschrijving van welk gedrag dan ook een lastige opgave is, is van een omschrijving van assertief gedrag meer te maken dan McFall c.s. vermoeden. Wij hebben zelf een beschrijving gehanteerd die bestaat uit twee elementen.

In de eerste plaats is subassertief versus assertief gedrag beschreven in termen van het sociaal-psychologische begrip 'compliance'. Dit is het toegeven aan de (veronderstelde) wensen, eisen, vragen van anderen, terwijl dit toegeven aan de druk van anderen een vervulling van de eigen wensen uitstelt en geheel of gedeeltelijk onmogelijk maakt (Kiesler & Kiesler, 1971; Wrightsman, 1972).

In tal van sociaal-psychologische experimenten is assertief gedrag, opgevat als 'compliance', gemanipuleerd (Asch, 1955; Deutsch & Gerard, 1955; Crutchfield, 1955; Milgram, 1963; Freedman & Fraser, 1966; Freedman, Wallington & Bless, 1967). Kenmerkend voor deze experimenten is dat een conflict wordt geïnduceerd tussen enerzijds cognities, opvattingen, wensen en belangen van een persoon en anderzijds die van anderen, bijvoorbeeld een groep, die uitdrukkelijk invloed uitoefent op de persoon zich te gedragen overeenkomstig de wensen en cognities van de groep. Het assertieve gedrag bestaat uit niet toegeven of weigeren; het subassertieve uit toegeven.

Deze sociaal-psychologische definitie is congruent met het feit dat assertief gedrag door alle in de voorgaande paragraaf genoemde auteurs impliciet of expliciet is opgevat als interpersoonlijk gedrag. De gegeven omschrijving sluit aan bij die van Goldstein, McFall, Rathus en Alberti & Emmons.

Goldstein (1971, pagina 53) vat subassertief versus assertief gedrag op als het al dan niet doen van dingen die men eigenlijk niet wil doen. McFall & Lillesand (1971), beschouwen het als het al dan niet weigeren van onredelijke verzoeken, terwijl zij evenals Rathus (1972), duidelijk maken dat het gaat om het gedrag dat iemand vertoont als hij betrokken is in een interpersoonlijk conflict.

Het tweede element in de omschrijving van assertief versus subassertief gedrag is 'expression' in de zin als Salter (1949), dit omschreef. 'Expression' komt neer op het uiten van emoties, wensen en behoeften, ook al komt een dergelijke uiting niet tot stand op grond van groepsinvloed. Assertief kan zodoende worden beschouwd als het uitdrukken van de eigen gevoelens (Rathus, 1972; Wolpe, 1969). Voorbeelden: het opvrolijken van een saaie bijeenkomst, tijdens een lezing opstaan en vragen 'kunt u wat luider spreken?'
Deze gedragssoort is te onderscheiden van 'compliance' omdat er geen observeerbare sociale beïnvloeding aan voorafgaat. Het is gedrag waar, als het ware, niemand om vraagt, terwijl 'compliance' juist het gedrag betreft dat men uitvoert omdat een ander dat vraagt. Deze twee gedragsvormen zou je bij wijze van spreken kunnen aanduiden als *reactief* ('compliance') en *actief* ('expression'). Reactief is gedrag dat totstandkomt als reactie op een observeerbare beïnvloedingspoging. 'Expression' zou je actief gedrag kunnen noemen omdat het berust op een spontane actie, die niet onder groepsdruk totstandkomt.
De overeenkomst in beide vormen van gedrag is dat subassertief gedrag vermijding is van een sociale conflictsituatie, of kortweg vermijdingsgedrag. Het duidelijkst is dat nog in het geval van het reactieve subassertieve gedrag. In de experimenten van Asch, bijvoorbeeld, wordt een persoon geconfronteerd met het afwijkende oordeel van een groep. Het eigen oordeel van de persoon is strijdig met dat van de groepsleden.

Ik ga even terug naar de tegenstelling in definitie van enerzijds auteurs als Wolpe en anderzijds Alberti & Emmons. Wolpe omschrijft assertief gedrag als een vorm van agressief gedrag, terwijl de laatstgenoemde auteurs met nadruk een onderscheid maken tussen assertief en agressief gedrag. In deze – op het eerste oog bestaande tegenstelling - nemen wij het door Diepstraten (1973) gebruikte onderscheid tussen verschillende vormen van agressief gedrag over. Volgens hem kan er verschil gemaakt worden tussen instrumentele agressie, zoals assertief gedrag (Wolpes betekenis van agressief gedrag), en frustratie-agressie, zoals gevoelens van woede, irritatie en dergelijke (zie Buss, 1961; Berkowitz 1962, 1969).

In tegenstelling tot Wolpe hanteren Alberti & Emmons het begrip agressie in deze tweede betekenis, met andere woorden als een vorm van destructief gedrag. Als u, zoals deze auteurs, deze tweede betekenis van het woord hanteert, is een onderscheid tussen assertief en agressief gedrag zinvol.

Wij maken ook een onderscheid tussen assertief gedrag en anticonformerend gedrag. Dit laatste is een gedragsvorm die voorkomt alleen omdat het tegengesteld is aan de druk van een meerderheid: 'If Eddy selects a purple skirt because his parents want him to wear the green one, he is manifesting not independence, but anticonformity' (Wrightsman, 1972, pagina 462).

113 Methoden en technieken

In de hieronder genoemde literatuur zijn diverse methoden en technieken gepubliceerd:

1 Voorwaarden voor de groep en de trainers (Hedquist & Weinhold, 1970)
2 Behavior rehearsal (Hedquist & Weinhold, 1970; de Moor & Orlemans; Wolpe, 1958; MacPherson, 1972; Lazarus, 1966; Alberti & Emmons, 1970)
3 Manipulatie van relevante omgeving (Weinman e.a., 1972)
4 Relaxatie training (Weinman e.a., 1972; Di Loreto, 1971)
5 Systematische desensitisatie (Weinman e.a. 1972; Di Loreto, 1971)
6 Self-control/regulatie (Di Loreto, 1971)
7 Rehearsal - desensitisatie (Piaget & Lazarus, 1969)
8 Fixed role therapy (Kelley, 1955; Bonarius, 1970)
9 Behavior rehearsal gestandaardiseerd
9.1 Gedragsoefening met-en-zonder-feedback (McFall, 1970)

9.2 Gedragsoefening met-en-zonder-coaching (McFall, 1971)
10 Expressie & sociale vaardigheden; gedragstraining (Salter, 1949, Rathus, 1972)
10.1 Feeling talk (Salter, Rathus)
10.2 Facial talk (Salter)
10.3 Contradict and attack (Salter, Rathus)
10.4 Het woord 'ik' (Salter)
10.5 Express agreement when you are praised (Salter, Rathus)
10.6 Improvisatie (Salter)
10.7 Greeting talk (Rathus)
10.8 Asking why (Rathus)
10.9 Talking about yourself (Rathus)
10.10 Avoiding justifying opinions (Rathus)
10.11 Oogcontact (Rathus) kijken/aankijken/contact zoeken
11 Discriminatietraining (van Engeland, 1971; de Bakker, 1972)
12 Oefenen buiten (Ullrich, 1971)

114 Literatuur

Alberti, R.E. en M.L. Emmons, *Your Perfect Right*, Impact San Luis Obispo, California, 1970

Asch, S.E., Studies of Independence and Conformity a Minority of One Against a Unanimous Majority, *Psychology Monogr.*, 1956, 70

Bakker, H., *Verslag van een sociale vaardigheidstraining op de W.A. Hoeve in Den Dolder*, afstudeeronderzoek ICIP, Rijksuniversiteit Utrecht, 1972

Bandura, A., E.B. Blanchard en B. Ritter, Relative Efficacy of Desensitization and Modeling Approaches for Inducing Behavioral, Affective and Attitudinal Changes, *Journal of Personality and Social Psychology*, 1909, 13, 173-199

Berkowitz, L., *Aggression. A Social Psychological Analysis*, McGraw Hill, New York, 1962

Berkowitz, L., *Roots of Aggression*, Atherton, New York, 1969

Buss, A.H., *The Psychology of Aggression*, Wiley, New York, 1961

Crutchfield, R.S., Conformity and Character, *American Psychology*, 1955, 10, 191-198; zie ook: Kretch & Crutchfield, 1962

Deutsch, M. en H.B. Gerard, A Study of Normative and Informational Social Influences upon Individual Judgment, *Journal of Abn. & Soc. Psychol*, 1955, 51, 629-636

Diepstraten, Ph.H.J., Systematische desensitisatie van agressieve gevoelens, *Gedrag, Tijdschrift voor Psychologie*, 1973, 2, 97-108

Di Loreto, A.D., *Comparative Psycho-Therapy – An Experimental Analysis*, Aldine, Atherton-Chicago-New York, 1971

Engeland, H. van, M. van Son en L. Fischer, *Van assertieve training naar sociale vaardigheden*, Intern rapport, ICIP, Rijksuniversiteit Utrecht, 1971

Freedman, J.L. en S.C. Fraser, Compliance Without Pressure – The Effect of Guilt, *Journal of Personality and Social Psychology*, 1966, 4, no. 2, 195-202

Freedman, J.L., S.A. Wallington en E. Bless, Compliance Without Pressure – The Effect of Guilt, *Journal of Personality and Social Psychology*, 1967, 7, 117-224

Goldstein, A., Case Conference: Conflict in a Case of Frigidity, *J. Behav. Therapy & Exp. Psychiat.*, 1971, 2, 51-59

Mc Guire, W.J., Personality and Susceptibility to Social Influence, in: E.F. Borgatta & W.W. Lamberts (eds), *Handbook of Personality Theory and Research*, Rand McNally, Chicago, 1968, 130-1187

Hedquist, F.J. en B.K. Weinhold, Behavioral Group Counseling Socially Anxious and Sub-Assertive College Students, *Journal of Counseling Psychology*, 1970, 17, 237-242

Kanfer, B. en J. Philips, *Learning Foundations of Behavior Therapy*, New York, 1970

Kelly, G.A., *The Psychology of Personal Constructs*, Norton, New York, 1955

Kiesler, C.A. en S.B. Kiesler, *Conformity*, Addison-Wesley Publ. Cy, Reading, 1969

Kretch, D., R.S. Crutchfield, E.L. Ballachey, *Individual in Society*, McGraw Hill Book Cy, New York, 1962

Lazarus, A.A., Behaviour Rehearsal vs Non-Directive Therapy vs Advice in Effecting Behaviour Change. *Behav. Res. & Therapy*, 1964, 4, 209-212

Liberman, R. P., *A Guide tot Behavioral Analysis and Therapy*, Pergamon, New York, 1972

McFall, R.M. en D.B. Lillesand, Behavior Rehearsal with Modeling and Coaching in Assertion Training, *Journal of Abnormal Psychology*, 1971, 77, no. 3, 313-323

McFall, R.M. en A.R. Marston, An Experimental Investigation of Behavior Rehearsal in Assertive Training, *Journal of Abnormal Psychology*, 1970, 76, no. 2, 295-303

McPherson, E.L.R., Selective Operant Conditioning and De-conditioning of Assertive Modes of behavior, *J. Behav. Ther. & Exp. Psychiat.* 1972, 3, 99-102

Milgram, S., Behavioral Study of Obedience, *Journal of Abnormal & Social Psychology*, 1963, 67, 371-378

Moor, W. de, en J.W.G. Orlemans, *Inleiding tot de gedragstherapie*, Van Loghum Slaterus, Deventer, 1971, 1e druk, 2e druk, 1972

Oskamp, S., *Social Perception*, Wrightsman, 1972, H 15

Paulussen, M. en J. Schouten, *Durf nee te zeggen*, vertaling van Alberti & Emmons (1970), Werkgroep Organisatie Ontwikkeling en Gedragsverandering, T.H. Eindhoven, 1973

Rathus, S.A., An Experimental Investigation of Assertive Training in a Group Session, *J. Behav. Ther & Exp. Psychiat.*, 1972, 3, 81-86

Salter, A., *Conditioned Reflex Therapy*, Creative Age Press, New York, 1949

Schouten, J., C. Rosielle, M. Paulussen, M. Beekers en B. Nelissen, *Assertiviteit*, OOG-Pers, 1974

Schouten, J., J. Praagman en M. Paulussen, *De Primulaschaal: een instrument ter meting van subassertief gedrag*, Werkgroep Organisatie Ontwikkeling en Gedragsverandering, T.H. Eindhoven, 1975

Taylor, J.A., A Personality Scale of Manifest Anxiety, *The Journal of Abnormal and Social Psychology*, 1953, 48, no. 2

Wolpe, J. en A.A. Lazarus, *Behavior Therapy Techniques*, Oxford, Pergamon Press, 1966

Wolpe, J., *The Practice of Behavior Therapy*, Pergamon Press, New York, 1969

Wolpe, J., *Psychotherapy by Reciprocal Inhibition*, Stanford University Press, Stanford California, 1958

115 Aanbevolen literatuur

Alberti, R., *Recht van spreken*, Intro, Baarn, 1999

Dirkx, C. en T. IJzermans, *Beren op de weg*, Thema, Zaltbommel, 2001

Dirkx, C. en M. Koopmans, *Feedback. Commentaar geven en ontvangen*, Thema, Zaltbommel, 2000

Dijk, C. van, *Assertief op het werk*, Thema, Zaltbommel, 2001

Hustings, A., *Assertief gedrag: 'n Kunst om te leren*, Thema, Zaltbommel, 2000

Schouten, A., T. IJzermans en M. Zuidema, *CD Ontspannen. Een manier om zelf uw nodeloze spanning aan te pakken*, Thema, Zaltbommel, 1998

116 Assertiviteitstraining van Schouten & Nelissen

De meest gevolgde training van Schouten & Nelissen is *Persoonlijke effectiviteit: assertiviteitstraining voor mensen in organisaties*. Een uitermate praktische training voor mensen die het moeilijk vinden hun eigen prioriteiten te stellen en vaardigheden missen om verzoeken of opdrachten te weigeren. Mensen die het bijvoorbeeld lastig vinden in vergaderingen hun mening te geven en aan die mening vast te houden. Onder andere via rollenspel leren de cursisten assertieve vaardigheden te ontwikkelen en op het werk en (thuis!) toe te passen. Cursisten leren 'nee' te zeggen wanneer dat gewenst is, een standpunt in te nemen, grenzen te stellen en grenzen te verleggen. Cursisten leren bovendien rustiger te luisteren en adequater te reageren, zonder zichzelf geweld aan te doen of een ander nodeloos te kwetsen.

Elke trainer wordt door Schouten & Nelissen speciaal gecertificeerd voor de training. De voorwaarden voor deze certificering zijn bij het secretariaat van Schouten & Nelissen op te vragen.

Meer inhoudelijke informatie, exacte data en /of aanmelden: www.sn.nl of bel 0418 – 688666.